FRA-MUC-FRA

FRA-MUC-FRA
Einmal Beratung und zurück

Karsten Ivan Sauer
Michael Sahnau

Frankfurt / Bremen, 2002
Coverdesign: pylo aka Markus Ruehle / www.pylo.de
Fotos: Ute Bruno / www.ute-bruno.de
Lektorat: Florian von Berg
Herstellung: Books on Demand GmbH, Norderstedt
ISBN: 3-8311-4540-7

Inhaltsverzeichnis

Vorwort

Unternehmensberater – So sind sie halt

Unternehmensberater verdienen unanständig viel Geld, sind gebildet und hoch qualifiziert. Berater weisen eine schier unerschöpfliche Leistungsfähigkeit auf und sind irgendwie immer unter Strom und auf dem Sprung von einem Termin zum anderen. Berater sind gepflegt, souverän und haben geschliffene Umgangsformen und in der Kunst Hierarchieebenen übergreifender Konversation macht ihnen keiner was vor. Berater begreifen unheimlich schnell und klingen selbst beim Fragenstellen so, als kennen Sie die Antwort eigentlich schon. Berater sind so trainiert im Kopf, dass sie blitzschnell Zusammenhänge und deren Konsequenzen erkennen und bewerten können. Berater haben immer den Überblick und sind weitsichtig, was Wege anbetrifft, die es im Projekt einzuschlagen gilt. Berater sind vor einem Publikum rhetoriksichere Unterhalter und Vermittler komplexer Themen, die sich durch nichts aus der Ruhe bringen lassen und selbst vermeintlich unangenehme Situationen zum Positiven wenden können. Berater haben ein unheimlich sicheres Gedächtnis und haben beim Kopfrechnen eine Art Zusatzmodul ‚Aufwandszahlen und Budgets' eingebaut. Berater fahren wunderschöne, sündhaft teure Autos, oft süddeutschen Fabrikats, und tragen edle Anzüge von Yves Saint Laurent und Hugo Boss und ihre perfekt gebundenen Krawatten sind immer farblich souverän darauf abgestimmt. Berater haben immer das neueste am Markt verfügbare Notebook und den innovativsten PDA und kennen sich mit den letzten technischen Neuerungen aus. Berater sind mit teuren Designertaschen und Kleidersäcken auf Reisen. Berater können sich finanziell alles leisten und tun das auch. Berater sind immer gesund und voller Elan, unaufdringlich gebräunt und fit. Berater sind immer pünktlich und gut vorbereitet. Berater treten in Mannschaftsstärke oder alleine auf. Die Mannschaften wirken wie Delegationen einer Verschwörersekte, da sie auf ihre Weise uniformiert daher kommen und eine ihnen eigene Sprache zu sprechen scheinen. Sie schreiben gleichartige Protokolle, Konzepte, Agenda und Berichte. Die einzeln auftretenden Berater bewältigen so viel Arbeit wie eine ganze Mannschaft normaler Sterblicher.

Berater lieben das Hotelleben und sind überall zu Hause. Berater haben scheinbar keinen Wohnort im üblichen Sinne. Sie sind zu jeder denkbaren Uhrzeit dort, wo ein Kunde sie haben will. Berater haben kein Privatleben oder scheinen zumindest ohne etwas Derartiges auszukommen. Berater kann man immer anrufen und sie haben immer Zeit für ihre Kunden. Berater nennen ihre Kunden lieber Mandanten oder Klienten. Berater sind verrufen als moderne Raubritter, weil sie Projekte immer mit einem satten Honorar verlassen. Berater sind einfach eine faszinierende Spezies im modernen Berufsleben und ich habe es geschafft, einer von ihnen zu werden. Ich bin jetzt Berater.

Sonntag

Ich bin jetzt Berater

Seit gut vier Monaten bin ich jetzt bei einer Unternehmensberatung beschäftigt. Und bereits nach diesen kurzen vier Monaten, die verflogen sind wie nicht einmal vier Wochen, habe ich das Gefühl mehr gelernt zu haben, als in einem ganzen Jahr meiner Ausbildung. Dabei war bisher die wichtigste Lektion das Zeitmanagement, denn jede einzelne Stunde, die ich im Rahmen meiner Berufstätigkeit erbringe, muss ich am Ende eines jeden Monats einer Tätigkeit zuordnen. Nur dann kann die Firma das, was ich geleistet habe, einem Kunden in Rechnung stellen oder eben nicht. Diese Überlegungen haben mich auch in meinem persönlichen Zeitmanagement sensibel gemacht, denn: 24 Stunden hat der Tag, von denen ich acht Stunden – wenn möglich – verschlafe, zehn davon verbringe ich an einem Werktag mit Arbeit, zwei Stunden mit der Vorbereitung darauf (Aufstehen, fertig machen und Arbeitsweg) oder mit der Nachbereitung davon (Heim- und Herunterkommen vom Tag). Was werktags bleibt, sind vier Stunden, über die ich mehr oder weniger frei verfügen kann. Meistens weniger, weil außerhalb des Arbeitslebens auch noch diverse andere Dinge zu erledigen sind. Alles in allem habe ich momentan kaum echte Freizeit vorzuweisen. Seit dieser etwas erschreckenden Erkenntnis nutze ich jede Stunde, jede Minute, deren Verwendung ich allein kontrollieren kann, sehr genau.

Es ist Sonntag, 8 Uhr. Früher, als ich noch in der Schule, dem Wehrdienst oder der Ausbildung war, habe ich mich an freien Tagen wie diesem nie vor 11 Uhr dem Tageslicht ausgesetzt, höchstens einmal, wenn mir außerordentlicher Blaseninnendruck nicht mehr erlaubt hatte, länger liegen zu bleiben. Jetzt aber gehöre ich zu den Werktätigen dieses Landes, zahle sehr viel Steuern und nutze meine Zeit viel bewusster. Und genau deshalb darf mein Wecker auch heute zu dieser frühen Stunde das tun, wofür ich ihn an fünf Tagen der Woche hasse. Seit drei Monaten stehe ich mit diesem guten Gefühl sonntags spätestens um 8 Uhr 30 auf. Meine Freundin wundert sich zwar über meinen neu entdeckten Elan, aber sie akzeptiert ihn und unterstützt mich sogar dabei, indem sie solidarisch mit mir zusammen aufsteht. Meine Argumentation, dass man so mehr vom Tag – also auch mehr gemeinsame Zeit – habe und diese auch viel bewusster verbringen würde, bis hin zu dem Hinweis, dass für den folgenden Tag noch etwas vorzubereiten sei, ist aber auch einfach zu überzeugend. Und so belege ich am frühen Sonntagmorgen stolz, wie sehr mir das effiziente Vorgehen, das den Abiturienten vom aktiven Berater unterscheidet, in Fleisch und Blut übergegangen ist – zumindest ist das meine Sicht der Lage. Das zeigt sich bereits in der Küche bei den Vorbereitungen für das Frühstück. Gibt es einen kritischen Pfad in dieser Situation und wenn ja, welcher ist es? Richtig, der Toaster. Seine Arbeitsgeschwindigkeit ist das Einzige, was ich nicht beschleunigen kann. Von ihr allerdings hängt die schnellstmögliche Fertigstellung des Frühstücks ab. Also lade ich die beiden Röstschächte, nicht ohne vorher den zu erwartenden Verbrauch an Toastscheiben basierend auf empirischen Betrachtungen geschätzt zu haben. Alles Weitere kann ich während des Toastens erledigen. In Hochgeschwindigkeit wird der Tisch gedeckt, um die durch den Toaster vorgegebene Mindestzubereitungsdauer optimal zu nutzen. Währenddessen macht sich meine Süße im Bad fertig. In den ersten Wochen schaute sie noch ab und zu zur Tür hinaus und beobachtete scheinbar amüsiert, wie ich geschäftig um den Tisch wirbelte. Aber was weiß sie auch schon von Effizienz? Sie studiert noch in aller Ruhe und lässt sich dabei auch nicht drängeln. Sie habe ja jetzt einen Ernährer im Haus und könne sich also noch ein wenig zurücklehnen. Diese Denkungsart kann ich mir für mich selbst zwar nicht einmal annähernd vorstellen – es mag ja Hausmänner geben, also liegt die Vorstellung eines Studenten mit einer Beraterfreundin nicht allzu fern –, aber die Vorstellung, der Ernährer zu sein, spornt mich an. Toast, Toaster, Butter, Milch, Eier, Honig, Kakao, Wurst und Käse – alles in Sekundenschnelle aufgetischt. Die Alufolie wird nicht mehr von den Frischprodukten genommen. Das Argument, dass das gemütlicher aussehe, lasse ich nicht gelten, denn schließlich wird ja nicht alles davon gegessen und somit womöglich vergebens ausgepackt – unnötiger, aber zum Glück vermeidbarer Aufwand. Wenn ich das hier einreißen lasse, wohin soll das dann im Job führen? Undenkbar, beschließe ich. Am Frühstückstisch angekommen schlage ich die Sonntagszeitung auf. Sonst haben wir uns immer gemütlich unterhalten; meine neu gewonnene Priorität liegt jetzt allerdings darin, alle aktuell relevanten Informationen schnell in mich aufzusaugen, um in der kommenden Woche zu allen gesellschaftspolitischen und wirtschaftlichen Themen im Kollegenkreis auch etwas Schlaues sagen zu können. Nach dem Wochenende uninformiert wie ein Kleingartenplatzhirsch da zu stehen, wäre mir sehr peinlich. Dieser neue Anspruch lässt natürlich nicht mehr die Tageszeitungen von früher zu, in denen vorrangig Lokales behandelt wurde. Infrage kommen nur noch überregionale Zeitungen mit ausführlichem Wirtschaftsteil, denn ich möchte alles über die Branche wissen, in der ich mich bewege. Woher die Zeitung kommt? Natürlich war ich mit Jogginganzug bekleidet zuvor beim Zeitungshändler unten an der Ecke. Zum Sonntagsbäcker habe ich mich in diesem Aufzug allerdings nicht getraut und meine Süße wollte ich mit einer morgendlichen Anzieharie nicht wecken, also gibt es nur Toast. Der Mittelweg führt nach Rom.

Mitreden oder mitschweigen

Meine Süße ist nicht so recht damit einverstanden, dass ich den Morgen so stressig und unkommunikativ angehe und so leben wir vorerst einen Kompromiss, der es mir erlaubt, an dem einen Sonntag die Zeitung zu lesen und am nächsten nicht, was ich für einen fairen Deal halte. Heute aber ist die Zeitung dran. Wissbegierig studiere ich die Aktienkurse. Was ich allerdings aus den endlosen Zahlenkolonnen zu deuten habe, entzieht sich meinem Verständnis. Weder besitze ich Aktien, noch plane ich in nächster Zeit welche zu erwerben. Dafür sehe ich auch keinen Grund. Aktien kann ich schlecht herzeigen, sind also als Statussymbol somit denkbar ungeeignet. Dass mir Aktien zum Vermögensaufbau dienen können, ist mir jetzt erst einmal egal. Schließlich werde ich in spätestens drei Jahren so viel verdienen, dass ich ohne Probleme und großes Eigenkapital ein Haus werde kaufen können, soviel ist mal sicher. Wie viel das genau sein wird, weiß ich zwar heute noch nicht, aber dass es viel sein wird, das steht fest. Die Kollegen, die diese Marke schon hinter sich gebracht haben, sehen zumindest nach viel Geld aus. Mein persönliches Budget ist schon auf Monate hinaus für andere Sachen verplant: Ein größeres Auto muss her, Markenanzüge, Markenaccessoires und der Umzug in eine standesgemäße Wohnung sind schon beschlossene Sache. Die Aktienkurse werden trotzdem mitstudiert, sei es nur, um mitreden zu können, wenn über den letzten Kursschub oder eine Kapitalerhöhung gesprochen wird – als ob ich wüsste, was das genau zu bedeuten hat. Den Sportteil gönne ich mir auch noch, aber nur zur Entspannung, denn in meinem neu erworbenen Verwertungssystem für Informationsmaterial taucht Sport nicht auf. Aber wenn ich mal ehrlich bin, ist es das Einzige, was mich an der Zeitung wirklich interessiert. Politik ist der härteste Brocken. Mit meinem Mangel an Vorwissen verstehe ich die Gesamtzusammenhänge überhaupt nicht, noch nicht. Aber wenn ich nur ehrgeizig weiterlese, wird es mir als überdurchschnittlich aufnahmefähiger Arbeitnehmer, der ich als Berater nun mal sein muss, sicher in schnellster Zeit gelingen, auch bei solchen Themen kompetent mitreden zu können. Darum geht es ja auch nur: mitreden können und dabei einen möglichst umfassend informierten Eindruck machen. Promi-Nachrichten werden - wenn überhaupt - nur gelesen, wenn beim Artikel attraktive Frauen abgebildet sind. Mit der Supermarkt-Beilage der Zeitung vollzog ich in den ersten Wochen noch ein Ritual, das sich schnell selbst gerichtet hatte. In einer übermütigen Optimier- und Delegierlaune habe ich es mir in den Kopf gesetzt, dass ich die zu beschaffenden Artikel notiere und meine Süße beauftragen kann, diese vom nächsten Einkauf mitzubringen – quasi eine Wiedervorlageliste für den Supermarkt. Dieses Konzept krankt natürlich nicht nur daran, dass meine Süße sich nicht bereitwillig zum Einkaufssklaven degradieren lässt, sondern auch daran, dass ich mich am Folgewochenende sowieso nicht mehr erinnern konnte, was ich denn da eigentlich wollte, und mich deswegen damit begnügte zu essen, was auf den Tisch kommt.

Mit dem Ende der Zeitungslektüre haben mich der Sonntag und meine Freundin wieder. Mit ihrem Schwung und Tatendrang sind wir schon nach einer weiteren Viertelstunde aus der Tür verschwunden und machen einen ausgedehnten Spaziergang durch den nahe gelegenen Park. Und sie schafft es wirklich, mich meine neuen Aufgaben für ein paar Stunden vergessen zu lassen. Das kann sie gut, und dafür bin ich ihr auch sehr dankbar. Frische Luft – herrlich. Früher haben wir das regelmäßig gemacht, auch gerne mal unter der Woche. Aber das ist mit meiner Reiserei jetzt nicht mehr so einfach. Und so wusste ich schon gar nicht mehr, wie schön das ist, nach einem solchen Sauerstoffbad in einem Bistro

Bohnenkaffee und frisch gebackene Croissants zu genießen. Die einsetzende Dämmerung lässt mich dann aber wieder nervös werden, weil ich an den nächsten Tag denken muss. Ich habe noch einiges vorzubereiten und nicht zu vergessen: Ich muss packen. Ihren feinen Antennen entgeht aber auch gar nichts und so schaut sie mir demonstrativ tief in die Augen und atmet tief und lange durch. Dieses Na-das-war's-dann-wohl-für-heute-Durchatmen.

Packen muss ich, Protokolle lesen sollte ich noch und in das Thema von morgen wollte ich mich auch noch ein wenig einarbeiten. Das vortägliche Einarbeiten hat mir die ersten Illusionen vom allwissenden Berater ein Stück weit genommen. Oft ist es so, dass die Kollegen gar nicht über die scheinbare Allwissenheit über die einzuführende Software verfügen, sondern sich vieles erst in letzter Minute aneignen. Und das werde ich jetzt für morgen auch wieder mal tun. Welchen Mythos diese Erkenntnis allerdings gestärkt hat, ist der des enorm aufnahme- und lernfähigen Profis. Auch gut. Ich starte die Software, nachdem die telefonische Verbindung zum Firmenrechner aufgebaut ist. Ganz schön bunt, die neue Bedienungsoberfläche. Die Verzückung verfliegt leider schnell in der Viertelstunde, die ich mit dem neuen Tool herumspiele. Mir wird heiß an den Wangen, als ich die Komplexität der Software zu erahnen beginne und ich stütze den Kopf auf meine gefalteten Hände. Und das soll ich bis morgen soweit begreifen, dass ich so tun kann, als ob ich nie etwas anderes getan hätte? Mein resignierendes Stöhnen hallt durch das noch immer nicht vollständig eingerichtet erscheinende Arbeitszimmer, wobei der Begriff Arbeitszimmer ein wenig hoch gegriffen ist. Eigentlich ist es der romantischste Ort, den es in einer jungen Beziehungswohnung geben sollte. Es ist unser gemeinsames Schlafzimmer, das wir durch eine Schreibtischecke erweitert haben. Genutzt wird dieser Platz ausschließlich von mir, denn für sie ist so etwas nicht vonnöten, da ich derjenige von uns beiden sein werde, der Karriere machen wird – da sind wir uns einig. Aber jetzt muss ich mich erst einmal in dieses Stück Software einarbeiten. Nachdem das Stöbern im System mich eher verwirrt als erhellt hat, entscheide ich mich für den mühsamen Weg und lade mir die Dokumentation herunter. Dort lauert der nächste Schock: Allein die Beschreibung für den relevanten Part von morgen umfasst 178 kleingeschriebene Seiten mit wenig Bildern.

Mit meinem kühnen Plan, das Thema im Minutenbereich in den Griff zu bekommen, habe ich mich deutlich verkalkuliert. Was ich denn bitte heute noch essen möchte, fragt mich meine Süße, die den Kopf durch die Tür steckt.

- Oh, wie, schon so spät? Ähm, ja, was Leichtes oder so. Was magst du denn?
- Och, mir wird schon was einfallen. Machst du noch lange?
- Nein. Ich habe nur nicht bemerkt, wie spät es schon wieder ist. Ich bin gleich bei Dir.

Meine Vorbereitungen werde ich wohl besser sofort beenden, bevor erstens die Geduld meiner Süßen über Gebühr strapaziert wird und zweitens bevor mich meine momentane Verwirrung völlig verunsichert und mich später vor Sorge nicht schlafen lässt. Ohne meine Süße wäre ich wirklich aufgeschmissen, denn glühendheiß fällt mir ein, dass meine fünf Hemden noch nicht gebügelt sind. Mit schlechtem Gewissen nehme ich eines aus dem Wäschekorb und wedele damit schüchtern durch die Küchentür. Zum Glück nimmt sie es noch mit Humor und widmet sich umgehend meines sich derzeit noch durchaus überschaubaren Hemdenvorrats. Die fünf zu bügelnden Hemden entsprechen fünf Sechsteln meines gesamten Hemdenvermögens und sind aufgrund ihrer einfachen Qualität nicht gerade mühelos zu bügeln. Aber sie kann das. Unterhemden fehlen mir auch noch, aber weiße T-Shirts tun es sicher auch noch eine Weile. Es dürfen halt keine sein, die ein buntes Bildchen auf der Brust haben. Während sie fleißig bügelt, suche ich die Freitagnacht sauber wegsortierten Reiseartikel wieder zusammen und habe dabei panische Angst etwas zu vergessen. Mehrfache Kontrollen jedes einzelnen Schrankes ziehen das Kofferpacken – wie es mir vorkommt – auf Stunden hinaus. Dabei packe ich auch noch alles nach Möglichkeit in mehrfacher Ausfertigung ein, damit mich ein Missgeschick beim Essen nicht in einen Kleidungsnotstand bringen kann. Mit den zusätzlichen Kleidungsstücken flechte ich mir sozusagen mein Notfallnetz, wie im Zirkus. Koffer packen dürfte das bei mir streng genommen gar nicht heißen, da ich zum Zwecke des Kleidungstransports nur über eine knallbunte Sporttasche meines Lieblings-Fußballvereins verfüge. Und diese Sporttasche ist dann zu allem Überfluss durch meine konsequente Redundanzstrategie zum Bersten gefüllt und scheint nach außen hin eher für einen wochenlangen Aufenthalt bestückt zu sein. Die fertig gepackte Tasche wird offen, da der Kulturbeutel noch darin fehlt, direkt vor der Wohnungstür deponiert.

Über die großartige Unterstützung meiner Süßen bin ich gerade in dieser schwierigen Anfangsphase sehr froh, weiß sie doch eigentlich gar nicht, was ich den lieben langen Tag so treibe. Sie fragt auch schon nicht mehr, wie ich denn so den Tag verbringe. Berater ist eine Berufsbezeichnung, mit der deren Eltern und Freundinnen nicht viel anfangen können. Der genauere Begriff ‚Unternehmensberater' bringt ebenfalls keine Klarheit, da sich dahinter viele verschieden Arten der Beratung verbergen können, z. B. Strategie- und Prozessberater, Personal- oder eben wie ich IT-Berater. Weiterhin herrscht das Grundverständnis, dass Berater selbst eigentlich gar nichts tun, sondern nur hinter den Leuten stehen und sagen, was diese zu tun haben. Allenfalls schreiben sie mal ein Konzept. Auch wird immer wieder gerne davon ausgegangen, dass Berater nur dazu da sind, um zu optimieren und zu rationalisieren. Wenn ich ihnen dann erläutere, dass es um Computer und Software geht, haben sie nur PCs und Schreibprogramme vor Augen.

- Ach ja, das kenne ich, Word und so. Ich hab da so ein Problem ...
- Na ja, nicht ganz so.

Zu verstehen, dass ich mein Geld größtenteils mit Diskussionen, Interviews, Moderationen, Präsentationen und dem Schreiben von Konzepten verdiene, fällt Außenstehenden sicher schwer. Sie kann es sich nicht vorstellen, dass dafür so viel Geld bezahlt wird und dass ich all das beherrsche. Tue ich ja zum Teil auch noch gar nicht – aber sicher bald. Sie hat also ein zwiespältiges Verhältnis zu meinem Beruf. Trotzdem ist sie stolz darauf, wenn Sie erzählen kann, dass ich viel in Deutschland herumfliege, die großen Städte bereise und in den namhaftesten Hotels übernachte. Und meistens bringe ich ja auch von den Geschäftsreisen etwas Kleines mit.

Das Essen nehmen wir in gespannter Ruhe ein – keinesfalls entspannt. Sie ist unzufrieden mit dem bisschen Zeit und Aufmerksamkeit, die ich Ihr momentan entgegenbringe, bzw. entgegenbringen kann. Und ich bin unzufrieden mit meiner

Vorbereitung für morgen. Wäre ich bloß am Samstag nicht mit shoppen gegangen und hätte mich stattdessen besser vorbereitet. Was soll's? Ab ins Bett und hoffentlich schnell einschlafen, um zumindest morgen fit zu sein, denn es geht, wie so oft, recht früh los. Beim zu Bett gehen stelle ich noch eine unchristliche Weckzeit ein. In der Schule war mir sehr schnell klar, dass ich niemals Bäcker werden wollte, als ich hörte zu welchen Zeiten die aufzustehen haben. Dass aber auch andere Berufsgruppen unter solcher Frühaufsteherei zu leiden haben, war mir bisher fremd. Ich stelle den Wecker in der Gewissheit, dass es so gut wie unnötig ist, denn gerade in der Nacht von Sonntag auf Montag, wo montags in der Regel die Anreise zum Projektstandort ansteht, kann ich ohnehin nicht schlafen, da ich panische Angst habe zu verschlafen. Und so wird mich meine Unruhe in der kommenden Nacht immer wieder aus konfusen Traumsequenzen herausfallen, den Wecker kontrollieren und feststellen lassen, dass erst eine weitere halbe Stunde der Nacht vergangen ist. Das Einzige, was mich in diesem Zusammenhang positiv in die Zukunft blicken lässt, ist die sichere Vorstellung, dass diese Angstgefühle, zu verschlafen, bestimmt nachlassen werden. Wenn ich erst einmal ein halbes Jahr im Job bin, wird sich das schon legen. Sonst kann man das ja auch kaum aushalten. Ich muss einfach cooler werden. Komisch – sonst begann die Woche immer erst am Montagmorgen.

Montag

Vergolden

Zu einer Uhrzeit, die ich früher beim Blick auf den Wecker nur mit empörtem Grunzen und Ächzen quittiert und mich auf die andere Seite gedreht hätte, verlasse ich die Wohnung. Im Treppenhaus begegne ich meinem Nachbarn, den ich sonst nie zu Gesicht bekomme. Wie denn auch, bei den Uhrzeiten, zu denen ich sonst immer ein- und ausgehe? Er schaut mich grimmig und ungläubig an. Das Grimmige in seinem Blick kann ich um diese Uhrzeit sehr gut nachvollziehen, es kann allerdings auch daran liegen, dass wir uns das letzte Mal gesprochen haben, als ich mitten in der Nacht – schwer angeschlagen nach einer Feier – gegen seine Tür fiel, bei dem Versuch meine eigene Wohnungstür zu erreichen. Er war ob der späten Uhrzeit nicht sonderlich über meinen Auftritt erbaut. Der ungläubige Teil in seinem Blick rührt eher daher, dass er sich mich bisher nicht in einem Anzug vorstellen konnte; und gar um diese Uhrzeit.

- Guten Morgen.
- Hmm, Morgen

antwortet er. Wie ein Packesel trotte ich mit meiner knallbunten Sporttasche und meinem Notebook beladen zu meinem betagten Auto. Es ist etwas verbeult, aber noch gut in Schuss, und eignet sich durchaus noch für längere Fahrten. Hier treffen beim geschäftlichen Reisen zwei Welten aufeinander. Mein neuer Hochglanzjob und meine schon lange nicht mehr glänzende Karre. Aber gut, kommt Zeit – kommt schöneres Auto. Die Tatsache, dass mir dieses Gefährt früher die Haare vom Kopf, also die Scheine aus dem Portemonnaie gefressen hat, jedoch heute meine Geldmaschine geworden ist, entlockt mir ein breites Grinsen. Jeder Kilometer, den ich auf Geschäftsreise mit meinem Privatwagen zurücklege, bringt mir bares Geld. Jede Umdrehung des Kilometerzählers bedeutet ein ‚Tschitschinggg' auf meinem Konto und das ist gut so. Taschen in den Kofferraum und los geht es. Ich stelle das Radio an und von der uralten Kassette tönen zu lautstark für diese Uhrzeit die Klänge der Audio Two. Das ist ziemlich alter Hip-Hop, den ich am Wochenende voll aufgedreht gehört habe.

Vergangenen Sommer noch habe ich mir aus einem alten Paar Drei-Wege-Boxen die Lautsprecher ausgebaut, um damit das Klangerlebnis in meinem Wagen aufzuwerten. Und diese Bässe kommen in einem geschlossenen Wagen mit entsprechender Musik auch schön zur Geltung. Wenigstens das muss ein Auto haben: die Möglichkeit gute Musik laut zu hören, wenn man sich schon über Stunden freiwillig darin einsperrt. Die Audio Two kann ich jetzt allerdings nicht gut gebrauchen, das bringt mich zu sehr in Freizeitlaune. Das würde jetzt nur unnötig meine Einstimmung auf die bevorstehende arbeitsreiche Woche stören, lieber höre ich Radio. Keine zwanzig Minuten später geht allerdings schon das Sendersuchen los. Das alte Ding kann sich keine neuen Sender mehr merken, die einmal vor Jahren eingestellten Sender sind jetzt quasi für ewig in das Gedächtnis des Gerätes eingebrannt und lassen sich nicht mehr verstellen. Das ist so lange in Ordnung, wie das Fahrzeug einen Aktionsradius von vierzig Kilometern aufweist. Um ehrlich zu sein, ist mir dieser Schaden aus genau diesem Grunde nie aufgefallen. Jetzt allerdings verlasse ich die Homezone meines Unterhaltungsgerätes und bin aufgeschmissen. Ich kann mir die Frequenzen nicht merken, die mir jetzt über mehr als eine halbe Stunde Unterhaltung bieten können. Na, dann doch Kassette. ‚Milk does the body good' tönt es also kurz hinter der Landesgrenze wieder aus dem Lautsprecher und recht hat er, der Milk D. Gleich kommt eine Raststätte, die sicher Müllermilch und Croissants führt. Das brauche ich jetzt, also raus.

Bewaffnet mit meinem Frühstück der Champions, reihe ich mich an der Kasse in eine Schlange, die sich etwa folgendermaßen zusammensetzt: 70% Anzugträger, 20% LKW-Fahrer, 5% Urlauber, 5% Sonstige inklusive mir selbst. Das werden wohl für die nächsten Jahre auf diesen Reisen meine Weggefährten sein. Ob ich wohl ab und zu welche wieder erkennen werde? Hey, das ist doch der von der A3, oder so? Mal sehen, jetzt erst mal zahlen und weiter. Mein Frühstück wird übrigens von meinen Spesen nicht nur gedeckt, sondern sogar übertroffen. Noch einmal ‚Tschitschinggg'. Die Fahrt dauert etwa zwei Stunden, und geht über eine Distanz, die gerade noch mit dem PKW zurückzulegen ist, ohne Unfrieden mit dem Projektmanager zu riskieren. Längere Strecken stehen bei kilometerbasierter Berechnung natürlich außer Frage, da wird Zug gefahren oder geflogen, aber in diesen Genuss kam ich bisher noch nicht. Vielleicht beim nächsten Projekt. Fliegen – und der Arbeitgeber zahlt; das klingt genial und ich freue mich schon darauf! Und wenn ich meinen Chef richtig verstanden habe, ist es Mittwoch schon soweit. Dann ist die Kick-Off-Veranstaltung für das erste Projekt, bei dem ich von Anfang an mitarbeiten werde und wenn ich weiter richtig verstanden habe, wird dorthin geflogen! So richtig darauf festnageln lassen wollte er sich noch nicht. Das mit der Projektbesetzung scheint immer bis zuletzt ein wenig unsicher zu sein. Wer weiß, was da im Hintergrund abgeht. Aber eigentlich will ich es auch gar nicht wissen. Ein neues Projekt, bei dem ich von Anfang an dabei bin und dann ist es auch noch eines, zu dem man hinfliegt – so stelle ich mir das Beraterleben vor! Nach fast genau den veranschlagten zwei Stunden biege ich in die Tiefgaragenzufahrt des Kunden ein. Draußen gibt es zwar noch hektarweise Parkplätze, auf denen die normalen Angestellten ihre Kleinwagen abstellen, aber auf diese Odyssee muss ich mich zum Glück nicht begeben. Eigens für uns Berater sind Plätze gleich in der Nähe der Vorstands- und anderer Prominentenparkplätze reserviert worden. Wir werden schon hoch geschätzt, finde ich – die wollen eure Zeit, die sie ab der Abfahrt von zu Hause bezahlen, nicht mit Parkplatzsuchen verschwenden – meint mein Tutor.

Tarnen und Täuschen

Kaum bin ich im Projektraum angekommen wird auch schon die Tür von außen geöffnet und der Bereichsleiter steckt den Kopf hinein.

- Ist denn ihr Projektleiter zu sprechen?
- Nein, der Kollege ist im Hause unterwegs.
- Haben Sie mit seinem Thema denn etwas zu tun?

Ja klar, denke ich, immerhin hat der mich eingearbeitet, das tut er eigentlich immer noch, also:

- Ja, sicher.
- Na dann, richten Sie ihm mal Folgendes aus ...

Was folgt ist eine detaillierte Flut eigentümlicher Worte, die in ihrer Gesamtheit zwar grammatikalisch vollständige Sätze bilden, wie ich sie beim Vorbeigehen und –hören schon einmal gehört habe, die aber im vorliegenden Fall nicht entfernt in einem sinnvollen Zusammenhang stehen. Vergeblich warte ich auf die sonst nach einigen Sekunden einsetzende Stimme des Übersetzers, wenn in einer fremden Sprache gesendet wird. Vergeblich – und so nicke ich jeden Satz freundlich ab und versuche sinnvolle Nachfragen zu stellen, muss jedoch jedes Wort im Gedächtnis protokollieren, damit ich es notieren kann, sobald er von mir ablässt. Er lässt ab. Schließlich kommt er zum Ende und ich stürze mich auf Stift und Papier, um alles niederzuschreiben, bevor es seinen Weg durch das andere Ohr wieder nach draußen nimmt. Gerade noch rechtzeitig, denn mein Kurzzeitpuffer hatte seine maximale Kapazität beinahe erreicht.

Nachdem der Bereichsleiter die Tür – zum Glück von außen – geschlossen hat, herrscht endlich eine angenehme Stille um mich herum. Na ja, relativ still ist es. Die Rechner summen leise und durch die Wand höre ich ein angeregtes Gespräch im Nachbarsbüro. Hier sitze ich nun, inmitten eines laufenden, blühenden Projektes und bin Berater. In den Augen des Kunden mögen wir eine monolithische Front aus gleich gekleideten Drohnen sein, die ihre antrainierten Fähigkeiten einsetzen, um ihr enormes Wissen weiterzugeben. Sogar kosten tun wir alle fast gleich viel, außer die Partner, die ab und zu auf dem Projekt zum Entscheiden und Verhandeln hereinschauen. Aber ehrlicherweise muss ich sagen, fühle ich mich gerade gar nicht nach enormem Wissen, geschweige denn, nach der Fähigkeit, dieses gezielt einzusetzen, wäre es denn vorhanden. Wenn ich diese beiden Tatsachen jetzt gegenüberstelle – die Erwartungshaltung des Kunden und meine Einschätzung der eigenen Qualifikation – fühle ich mich, als hätte ich mir Schuhe angezogen, die mir viel zu groß sind – zumindest momentan noch. Und genauso unsicher fühle ich mich. Ich muss hier eine Rolle spielen, für die ich im Grunde genommen gar nicht vorbereitet bin. Ich soll Wissen weitergeben, das ich nicht habe. Wenn ich mir so über meine Kollegen Gedanken mache, die etwa zeitgleich mit mir bei diesem Projekt angefangen haben, kann es bei denen eigentlich nicht viel anders sein. Die meisten kommen ebenfalls frisch von der Uni, doch trotz ihrer Dienstjugend ist ihnen eine Unart gemeinsam: Sie führen sich mitunter auf, als hätten sie die Branche selbst erfunden. Da wird über Grundsätzliches schwadroniert und vorzugsweise mit

Fachkauderwelsch um sich geworfen, dass die Luft vor ihren Mündern ob all der heißen Luft zu flimmern scheint. Und dabei klingt das meiste davon wie auswendig gelernt. Ebenso widersprüchlich erscheinen mir auch die Kaufhof-Baukasten-Anzüge mit Papas alten Schlipsen. Wenn man bei diesen Labertiraden die anderen Kollegen oder die Kundenmitarbeiter beim Zuhören beobachtet, stellt man schnell fest, dass eine interessante Mischung aus Misstrauen gegenüber dem zur Schau gestellten theoretischen Wissen herrscht, aber gleichzeitig die nicht vollkommen unbegründete Hoffnung aufkeimt, dass derjenige vielleicht wirklich weiß, worüber er sich da so wortreich ausbreitet. Ihrerseits verfolgen die Schwadronierer fieberhaft die Reaktion des Gegenübers, um rechtzeitig zu erkennen, sollten sie sich einmal mehr wortgewaltig ins Abseits manövrieren. Und manchmal handelt es sich lediglich um ein Wechselspiel aus erlerntem aktiven Zuhören des vom Kunden Gesagten, gepaart mit flachen Rückfragen und hier und da ein wissendes Nicken voller Verständnis. Und das Beste ist: Es funktioniert! Meistens jedenfalls. In einer stillen Minute auf ihren tatsächlichen arbeitshistorischen Hintergrund angesprochen, entpuppen sich auf bohrende Nachfragen hin viele Tätigkeiten als ausgeschmückte Kurzpraktika in oft nur branchenähnlichen Bereichen. Aber wer forscht da schon genau nach? Der Kunde möchte schließlich lieber denken, er habe jemand Kompetenten vor sich. Das muss sie sein: Das ist die Disziplin, von der mein Tutor einmal gesprochen hat, in der jeder Berater zumindest ein wenig fit sein muss. Das ist der Stoff, mit dem die viel zu großen Schuhe aufgefüllt werden. Das ist SABVA: Sicheres Auftreten bei völliger Ahnungslosigkeit. Das permanente Errichten von verbalen potemkinschen Kompetenzdörfern, um den Kunden zu überzeugen, wir seien das teure Geld wert, das er für unseren Einsatz bezahlt. Das ist das beharrliche Bewahren eines selbstsicheren Gesichtsausdrucks auch bei totaler Abwesenheit eines Lösungs- oder auch nur eines Verständnisansatzes. Es ist die Kunst, einen Tag zuvor zum ersten Mal über ein Thema gelesen habend, scheinbar wissend darüber zu referieren – selbst wenn man nicht darüber gelesen hat. Es wäre ja auch ein organisatorisches Wunder gewesen, sich während der Ausbildung bereits ein so fundiertes wie breites Wissen über die Branche aneignen zu können, wie es hier darstellt wird. Einigen der Heißluftgebläse mag dies sicherlich ein Stück weit gelungen sein, aber sicher nicht so vielen, wie es hier den Anschein hat. So nach und nach trudeln die Kollegen im Projektraum ein. Sie reisen aus allen Ecken der Bundesrepublik an. Dass jemand hier aus der Region dabei ist, wie der für den ich eben die Notizen gemacht habe, ist eher die Ausnahme. Normalerweise verhält sich das immer entgegen jeder Sinnhaftigkeit: Ein Projekt ist im Süden, dann werden Mitarbeiter aus dem Norden und aus dem Osten darauf gestafft und umgekehrt. Der Regionalkollege trifft ein und wird direkt mit meinen ausführlichen Notizen versorgt. Sein etwas verzweifelter Blick sagt mir allerdings entweder, dass das Niedergeschriebene nichts Gutes bedeutet oder aber, was wahrscheinlicher ist, dass ich totalen Unsinn wiedergegeben habe. Ich plädiere für Ersteres, euer Ehren, und werde auf mein schüchternes Nachfragen hin zum Glück in meiner Annahme bestätigt.

Mitlaufen

Mir ist es ganz recht, dass ich in ein laufendes Projekt einsteigen konnte. So kann ich mich fast unbemerkt erst einmal in den neuen Job hineinfinden, ohne mich gleich ins Rampenlicht begeben zu müssen. Dieses hier läuft bereits seit einem halben Jahr und ist von seiner Besetzung her so großzügig ausgestattet, dass sich niemand wundert, wenn für ein paar Wochen ein weiterer Berater für eine besondere Aufgabe mit ins Boot kommt. Meine Aufgabe hier hat wenigstens im weiteren Sinne etwas mit dem zu tun, was ich in einem meiner letzten Praktika getan habe; das macht mich hier unter den Kollegen zu einem Experten - gewissermaßen zum Einäugigen unter den Blinden. Deswegen schaut mir keiner so genau auf die Finger und ich kann mich in Ruhe einarbeiten. Na ja, zumindest konnte ich das. Weil der geplante Fertigstellungstermin für meine Aufgabe langsam in greifbare Nähe rückt, muss ich mich öfters mit meinem fachlichen Gegenüber auf Seiten des Kunden auseinandersetzen. Und das ist nicht so einfach, wie ich es mir vorgestellt hatte. Ich hatte die Ausgangssituation sozusagen an Hand der Aktenlage eingeschätzt und hielt mich für gut vorbereitet für unsere ersten Gespräche. Ich habe mir intelligente Fragen zurechtgelegt, die meiner Meinung nach schon dokumentierten, wie gut ich mich mit dem Thema auskenne – dachte ich. Weiter dachte ich, dass die Gespräche einfach nur noch sukzessive die verbleibenden Lücken füllen würden, die für die Lösung der Aufgabe fehlen. Das alles dachte ich aber nur bis zu unserem ersten Termin. Hinein in das Gespräch ging ich noch frohen Mutes und mit drei großen Fragen im Gepäck, deren Klärung ich mir erhoffte. Heraus kam ich mit circa zehn Nachfragen, völlig verwirrt und mit ernsthaften Zweifeln, ob ich das Problem überhaupt begriffen habe. Weitere Termine beantworteten zwar einige der Fragen, aber immer wieder kam es zu fatalen Verständnisproblemen. Seitdem befinde ich mich in einer großen Zwickmühle: Möchte ich das Thema voranbringen, muss ich mir eine Strategie zurecht legen. Wann immer ich das Thema aber mit dem Kunden abstimmen möchte, kommen neue Aspekte hinzu oder alte werden in Frage gestellt. Dieser Mensch hat sich im Zuge dieser Verunsicherungs-meetings richtiggehend zu meinem Angstgegner entwickelt. Die Folge von alldem ist, dass ich vorwiegend im stillen Kämmerchen an der Lösung nach meinem Verständnis arbeite, denn ein anderes bietet sich ja nicht an, und hoffe, dass am Ende das Problem zur zusammengebastelten Lösung passt. Da beneide ich die Kollegen, die mehr als nur ein Thema beackern. Die können sich zwischendurch wenigstens mit etwas anderem ablenken und dort vielleicht Erfolge einheimsen. Und bei all dem Ärger kann ich froh sein, überhaupt eine Aufgabe zu bekommen, an der sich nicht noch jemand anderes versucht, und damit noch mehr Verwirrung vorbereitet hat.

Neu vs. gebraucht

Mein Tutor hat mich schon darauf vorbereitet, dass das immer wieder gerne mal passiert. Da wird einem eine Aufgabe in die Hand gedrückt mit den Worten: Hier, das ist ein sehr interessantes Thema, es wird dich weiterbringen. Außerdem hat jemand anderes schon eine Menge vorbereitet, ach was, also eigentlich ist es sogar schon fast fertig, du musst nur noch ein paar Kleinigkeiten erledigen und die Anwendertests durchführen. Super, denkt man sich dann. Je unauffälliger man in das Projekt eingebracht werden kann, desto besser. Da kann man sich dann eingewöhnen und schlau machen, wo man gelandet ist; nebenbei noch locker eine Aufgabe erledigen, die ohnehin schon fast fertig ist – erste Lorbeeren in Sicht! Pustekuchen. Der treue Glauben, dass der Vorgänger erstens alles sauber und umfassend dokumentiert hat, wird das erste Opfer der Realität. Meist findet man ein großes, umfangreich dokumentiertes Nichts vor. Und wenn doch etwas da ist, starrt es vor offensichtlichen Widersprüchen, mit denen sich der Vorgänger letzten Endes sicher selbst den Nerv geraubt hat. Als zweites muss die Annahme dran glauben, dass alle Beteiligten wussten, was das Ziel war und wie es zu erreichen sei. Jeder Beteiligte hatte in Wirklichkeit eine unterschiedliche Vorstellung und Meinung, wie das Thema denn nun vor meiner Zeit besprochen worden war und wie man dieses nicht definierte Ziel gemeinsam erreichen würde; Chaos und Verwirrung pur. Spätestens das bringt einen dazu, sich zu fragen, was es denn nun mit dem verschwundenen Vorgänger auf sich hatte. Es heißt dann sicher, gekündigt habe er nur aufgrund eines besseren Angebotes. Ah, ja. Schon bald stellt sich dann die Erkenntnis ein, dass das von Grund auf neu aufgezogen viel schneller und stressfreier hätte gemacht werden können. Lektion gelernt. Lernen geht in diesem Job ja wirklich schnell. Kein Wunder bei solchen Lektionen.

Ich freue mich schon darauf, endlich erste Erfolge vorweisen zu können. Denn, wie auf Kollegen zugegangen wird, die bekanntermaßen eine bestimme Aufgabe mehr oder weniger erfolgreich erledigt haben, gefällt mir sehr gut. Und wenn sich bisher niemand anderes mit einer vergleichbaren Aufgabe auseinander gesetzt hat, ist man somit der Experte auf diesem Gebiet und hat ein gewisses Kapital an Know-how aufgebaut – Wissenskapital, das es zu verrenten gilt. Dann wird die Sache zum Selbstläufer: Wann immer etwas zu dem Thema zu erledigen ist, wird man gerufen oder man soll jemanden einweisen. Dabei ist dann unbedingt darauf zu achten, dass man nie Zweifel darüber aufkommen lässt, dahinter stecke gar nicht so viel – eher noch viel mehr. Gleichzeitig muss man aber den anderen bestmöglichst befähigen, den Job später einmal selbstständig zu erledigen. Denn falls man das nicht hinbekommt, könnte einem ja womöglich nachgesagt werden, dass man nicht in der Lage sei, sein Know-how zu transferieren. Und das gehört schließlich zu den geforderten Grundfertigkeiten des Beraters. Außerdem: Wenn das mit dem Befähigen nicht klappt, muss ich am Ende alles selber machen und das lässt die eigene Lernkurve ja eher abflachen. Ich freue mich schon auf den Moment, in dem ich von den gestandenen Kollegen endlich einmal gefragt werde, wie etwas funktioniert. Es ist ein bisschen so, als ob jeder eine Schatztruhe mit sich herumträgt. Und sobald man etwas Wertvolles hinein gepackt hat, materialisiert sich ein entsprechendes Schild am Deckel der Truhe und jeder ist davon überzeugt, dass man richtig etwas drauf hat. Die Möglichkeit, meiner noch fast leeren Truhe ein solches Juwel hinzuzufügen, habe ich zum Glück schon bei diesem Projekt. Ein paar der Kollegen, die mit mir angefangen haben, sind da gleich zu Anfang in ganz andere Verhältnisse geschliddert. Die wurden quasi auf Expedition zu weitgehend unbekannten Kunden geschossen, um dann aus der Ferne überwacht zu werden. Die trugen dann so oder so einen permanenten Schaden davon: Entweder haben sie dort ihre Aufgaben derart mühelos gemeistert, dass sie sich von nun an für Alleskönner hielten, denen man nichts mehr sagen konnte, oder sie sind daran gescheitert und haben noch während der Probezeit fluchend das Unternehmen verlassen. Ich kann von Glück sprechen, dass mir diese Fallstricke erspart geblieben sind.

Sachbearbeiter

Der Tag heute zieht sich in die Länge, weil sich die für meine Aufgaben notwendigen Ansprechpartner allesamt auf einer Weiterbildungsveranstaltung befinden. Der heutige Tag wird mir aber ansonsten nicht weiter verhagelt werden, weil der Abend auf jeden Fall gut wird. Ich gehe nämlich mit meinem besten Freund einen trinken und zwar hier in der Stadt, in der ich mein Projekt habe! Er selbst hat zwar nur einen kurzen Termin, diesen aber hat er geschickt auf zwei Tage verteilt, so dass die Übernachtung irgendwie zu rechtfertigen ist. Nur dass wir im selben Hotel unterkommen klappte nicht; das liegt daran, dass seine Firma mit anderen Hotels Rahmenverträge hat als meine. Das wird trotzdem klasse. Wir beiden Geschäftsreisenden versaufen unsere Spesen – vielleicht aber auch noch ein paar Euro mehr. Das Tolle daran ist nicht nur, dass der Abend mitunter vom Arbeitgeber gesponsert wird, sondern auch, dass wir durch unsere geschäftliche Reiserei überhaupt mal wieder die Gelegenheit haben uns zu sehen, ohne ein ganzes Wochenende mitsamt dem Taschepacken, Stunden auf der Autobahn zubringen etc. dafür aufzuwenden. Aber vor den Abend hat der liebe Gott den Tag gelegt. Es ist, seit ich hier auf das Projekt gekommen bin, einer der wenigen Tage, an dem ich nicht mindestens einen Termin mit einem Sachbearbeiter habe. Und wenn ich ehrlich bin, vermisse ich diese Gespräche heute auch nicht. Es ist auf Dauer sehr mühsam, sich mit diesen Leuten zu unterhalten, weil sie dazu tendieren, mich mit einer enormen Detailflut zu verunsichern. Kaum meine ich ein Thema verstanden zu haben, taucht wieder ein Sonderfall auf, der mich alles bisher Erarbeitete wieder in Frage stellen lässt. Ein wenig irritiert mich, dass ich beginne, die Sachbearbeiter mit einer gewissen Geringschätzigkeit zu betrachten. Nehmen wir doch einmal ihre Arbeitsplätze, also die Büros und die Schreibtische. Da sitzen dann zwei bis drei Sachbearbeiter in einem Raum beieinander und jeder Schreibtisch sieht aus, als hätte sein Besitzer einen Dekorationswettbewerb ‚Unser Arbeitsplatz soll schöner werden' gewinnen wollen. Da findet sich allerlei Tinnef, der Platz wegnimmt und Staub fängt. Das mit den Bildern der Familie kann ich ja noch verstehen, aber müssen denn die bunten Marienkäferbildchenaufkleber an den Monitoren sein? Ich hingegen benötige als Arbeitsguerilla nichts weiter als einen Stuhl, einen Tisch zum Arbeiten – egal wo. Meinen Computer habe ich immer dabei und wenn ich mich einmal mit unserem firmeneigenen Netzwerk verbinden muss, genügt mir eine Telefondose, die nicht gerade an eine Telefonanlage angeschlossen ist. Außerdem finden in diesen Büros oft Kleinkriege mit gezielten Sticheleien statt; davor wird selbst in meiner Anwesenheit nicht Halt gemacht! Und wenn sie sich nicht gegenseitig beharken, ärgern sie die Taxifahrer, die an ihrem Standplatz vor dem Fenster auf ihre Aufträge warten, mit anonymen Anrufen. Darüber hinaus scheinen sie jeden Tag dieselbe Arbeit zu verrichten, wo hingegen ich mich jeden Tag auf neue Aufgaben einstellen muss und auch kann, denke ich jedenfalls. Seltsam, sehr seltsam. Was mir in jedem Fall einen Grund für Überlegenheitsgefühle geben könnte, ist das Wissen um das Computersystem, welches auf sie zukommt. Aber selbst was das betrifft, überraschen mich diese Leute. Anstatt sich auf das neue System zu freuen, da es ihre Arbeit wesentlich erleichtern wird, stehen sie dem ganzen Projekt und damit auch mir skeptisch und sogar ein wenig misstrauisch, ja fast aggressiv gegenüber. Wann immer ich mich nach Details zu Arbeitsprozessen erkundige, um sie in meinem Konzept zu berücksichtigen, reden sie um den heißen Brei und machen alles komplizierter, als es meiner Meinung nach wirklich ist. Wenn wir die so zusammen getragenen Anforderungen berücksichtigen würden, fände das Projekt niemals ein Ende. Da müssen die Leute sich schon ein wenig der Software anpassen – so einfach ist das. Da verstehe einer die Menschen. Was die wohl auf dieser Weiterbildungsveranstaltung treiben? Die Firma hat eine eigene Schulungsstätte auf dem Land und schickt mindestens einmal im Jahr ganze Abteilungen dorthin. Und was dann dort neben dem Schulungsbetrieb getrieben wird, wurde mir zwar schon ausführlich angedeutet, ich will es aber kaum glauben. Dort gehe es in jeder Hinsicht gut zur Sache. Ich mag mir lieber gar nicht vorstellen, welche Dämonen entfesselt werden, wenn Menschen, die sonst 37,5 Stunden in der Woche an ihrem Schreibtisch die weitgehend selbe Arbeit verrichten und ab und zu der Kollegin hinterher lechzen, zusammen auf dem Land mehrere Abende und Nächte verbringen. Ich will es mir wirklich nicht ausmalen. Unwillkürlich male ich es mir also aus, mit dem Ergebnis, dass mir der Appetit vergeht. Danke – ich wollte heute ohnehin nicht zu Mittag essen.

Manches ändert sich nie

Endlich ist der Arbeitstag vorbei und ein wenig schneller als sonst schreite ich durch die Empfangshalle des Hotels in Richtung Aufzug. Gerade kam der Anruf von meinem Freund. Er ist mit seiner Präsentation fertig und wir können uns jetzt gleich treffen. Da sein Termin einen ungewissen Schlusszeitpunkt hatte, haben wir uns zu keiner festen Uhrzeit verabredet, sondern quasi auf ein Abrufmodell geeinigt. Er ruft und ich verschwinde aus dem Büro. Der heutige Abend wird endlich mal nicht wie die vielen anderen, die einfach nur herumzubringen sind. Heute Abend werden wir Spaß haben. Ich werde nämlich mit meinem besten Freund unterwegs sein. In der Studienzeit haben wir so ziemlich jede freie Minute miteinander verbracht, wenn gerade mal nicht die Freundin dran war. Aber seit wir beide in der Beratungsbranche angeheuert haben, sind die gemeinsamen Unternehmungen sehr selten geworden, zumal er am anderen Ende der Republik wohnt. Aber heute kommen uns unsere Arbeitgeber mit ihrer Auftragslage entgegen und führen uns hier in der Fremde wieder mal zusammen. Sicher haben wir uns nach unser beider ersten Gehversuche im Job viel zu erzählen. Bevor wir heute aber auf die Piste gehen, werde ich meinen Anzug gegen ein Paar Jeans und einen Sweater tauschen. Neben der Bequemlichkeit ist auch die Tatsache, dass wir zusammen immer wieder mal gerne in brisante Situationen geraten, ein Grund für den Kleidungswechsel. Ich kann nicht einmal genau sagen warum, aber irgendwie zieht mein Kumpel Ärger geradezu magisch an. Nach rekordverdächtigen zehn Minuten verlasse ich wieder das Hotel und bezweifle, dass mich die Damen am Empfang beim Vorüberschreiten wiedererkennen. Ich stürme in Richtung des Bahnhofsvorplatzes und sehe ihn auch schon ungeduldig herumtrippeln. Auf seinem Rücken trägt er einen offenbar prall gefüllten Rucksack.

- Hey, alles klar?
- Klar!
- Na, dann los!

Und weil wir beide noch nicht zu Abend gegessen haben, stürmen wir die nächste McDonalds-Filiale, um anschließend mit den vollgepackten braunen Tüten im nächsten Laden reichlich Bier zu kaufen; so haben schon viele gute Abende begonnen. Das ist gut. Es ist nicht all zu weit bis zum Wasser und so suchen wir uns dort eine Bank mit schöner Aussicht auf selbiges - herrlich. Wie in alten Zeiten machen wir uns eifrig und genussvoll über das Mitgebrachte her. Der angenehme Unterschied ist, dass diesmal Kost und Logis von unseren Arbeitgebern bezahlt werden. Wir fühlen uns königlich und weltreisend. Die zunächst unbemerkt auf meine Hose gekleckerte Burgersauce bekräftigt mich noch einmal in meiner Kleidungswahl. Und als ob wir mit unserem Marschgepäck nicht schon unangenehm genug in dieser parkartigen Umgebung auffallen würden, beginnt mein Kumpel nach und nach den Inhalt seines Rucksacks zu enthüllen. Peinlichkeit Nummer eins: Aus einem Blechetui holt er zwei Zigarren, reicht mir die eine und zündet sich seine dann breit grinsend an. Oh Mann. Und weil sich dabei so schön entspannen lässt, schaltet er ‚Klick' – Nummer zwei – den mitgebrachten Kassettenrekorder ein und guter alter HipHop untermalt die skurrile Szene. Eigentlich ist mir die Situation fast unangenehm, aber die Tatsachen, dass uns hier ohnehin niemand kennt und mein drittes Bier so langsam seine Wirkung entfaltet, lassen die Schamgrenze und die Empfindlichkeit gegenüber der gesunkenen Außentemperatur in ausreichendem Maße sinken. Bevor wir allerdings nach dem nächsten Bier gegebenenfalls anfangen zu lallen, erledigen wir noch schnell die obligatorischen allabendlichen Anrufe zu Hause bei unseren Freundinnen. Seltsam finden wir, dass sie sich gar nicht so recht mit uns darüber freuen können, dass es uns hier so gut geht. Anscheinend haben wir gefälligst demütig im Hotel auf den nächsten Morgen und die bevorstehende Heimfahrt zu warten. Die Freundin meines Kumpels ist besonders barsch, da sie irgendwie mitbekommen hat, dass er mit voller Absicht die Terminsituation so gesteuert hat, um uns dieses Treffen zu ermöglichen. Und als hätten die beiden sich abgesprochen, beenden beide das kurze Gespräch schnell und in kühlem Ton, nicht ohne die Order ausgesprochen zu haben, dass sich nach der Ankunft im Hotel noch einmal zu melden ist – Unwetter werfen ihre Zeichen voraus. Aber davon lassen wir uns jetzt nicht stören und malen uns stattdessen lieber ausführlich aus, in welchen Metropolen der Welt wir im Laufe unserer bevorstehenden Karrieren Zusammenkünfte dieser Art zelebrieren können werden. Nach dem Ausgestalten einer entsprechenden Szene in Hongkong fordert das Bier seinen Tribut und so schlage ich mich in die Büsche, um meine Blase zu entlasten. Vor einer Stunde hätte ich mich das an diesem Ort nicht getraut, aber was macht der Alkohol nicht aus zwei High Potentials? Richtig, wieder die beiden Knallköpfe aus der wilden WG. Fröhlich ein Muster an die Baumrinde sprengend, pfeife und tänzele ich vor mich hin. So habe ich mich bisher noch nie auf einer Geschäftsreise entspannen können. Kollegen, auch die Nettesten, sind halt erst einmal Kollegen, da geht nichts über eine echte Freundschaft. So, Knöpfe wieder zu und zurück zu Stätte des Müßiggangs. Keine Sekunde zu früh erstarre ich im Schatten, den das Blätterdach des von mir gezeichneten Baumes in den Schein der Laterne schneidet, und erblicke den Bereichsleiter mit seiner Frau, wie sie am Ufer entlang promenieren. Au weia, gleich kommen sie an unserer Bank vorbei. Habe ich ein Glück: Wie ich es wahrscheinlich auch gemacht hätte, blicken die beiden meinen Kumpel abschätzig und herablassend an, wie er so zufrieden Zigarre paffend mit dem Bein zu ‚Leaders of the new School' wippend sein Bierchen leert. Das war knapp. Als sich die beiden in sicherer Entfernung über die nächsten Ärgernisse echauffieren, kehre ich zu unserem Picknickplatz zurück.

Eine weitere Stunde später wird uns dann doch ein wenig kalt und so beschließen wir, unsere Sachen zu packen, um uns ein wärmeres Plätzchen zu suchen. Die Burger sind längst verdaut, ein furchtbarer Geschmack macht sich auf der Zunge breit und so beschließen wir, uns ein nettes Restaurant zu suchen, um ein weiteres spätes Mahl einzunehmen. Dass das zusammen mit der neuen Abstinenz vom Sport nicht gerade einer vorteilhaften Figur zuträglich ist, stört uns jetzt nur noch wenig. Da macht es auch nichts aus, dass das erste Restaurant, das uns nicht zu fein für unsere Aufmachung erscheint, ein etwas in die Jahre gekommenes Steakhaus im Rotlichtviertel der Stadt ist – schließlich sind wir in Hauptbahnhofsnähe. Und dieses Steakhaus ist tatsächlich strategisch so gut gelegen, dass wir den Bordsteinschwalben bequem von unserem Tisch aus beim Broterwerb zusehen können. Geschickterweise haben wir uns nebeneinander – und nicht wie im Restaurant üblich: gegenüber – gesetzt, um das Gratisschauspiel gemeinsam zu genießen. Für jeden Dienstgang, den wir bei einer spontan ausgewählten Dame des Gewerbes beobachten, genehmigen wir uns eine Runde extra, was weitere Spuren bei uns hinterlässt. Die Bedienung scheint das allerdings nicht sonderlich zu wundern, vielmehr scheint sie nur körperlich anwesend zu sein und bedient uns, ohne auch nur das Gesicht zu verziehen. Verziehen sei ihr dafür.

Unverzeihlich hingegen ist die immens hohe Taxirechnung, die das Ende des Abends besiegelt, die nicht zuletzt daher rührt, dass mein Kumpel das Taxi wort- und geldlos verließ, um sich unverzüglich in den nächsten erreichbaren Mülleimer zu übergeben. Der Taxifahrer freut sich nicht einmal sichtlich über das horrende Trinkgeld, das ich ihm angesichts meines schlechten Gewissens in die Hand drücke. Ich glaube, wir waren nicht gerade seine Lieblingsfahrgäste de la nuit und haben neben unserem sinnfreien Geplapper auch noch ein paar Trinklieder zum Besten gegeben. Aber dieses hässliche Kapitel ist jetzt zum Glück beendet und ich trippele auf das große, schöne Gebäude mit den vielen bunten Fahnen oben drauf zu – das muss mein Hotel sein. In der Empfangshalle bemühe ich mich sehr nicht zu torkeln. Die Empfangsdamen denken sich jetzt sicher: tagsüber der feine Anzugtyp und nach Sonnenuntergang fallen alle Grenzen. Trotzdem lächele ich freundlich hinüber und lasse mir gern noch eine gute Nacht wünschen. Ob ich denn wohl noch ein Aspirin mitnehmen möchte, fragen sie mich grinsend. Strahlend nehme ich das fürsorgliche Angebot an und begebe mich auf dem kürzesten, mir in diesem Zustand möglichen Weg auf mein Zimmer.

Geschafft. Aber bevor ich mich bettfertig mache, rufe ich besser meine Süße an, sonst wird es ja noch später und dann wird sie noch sauerer sein, als sie sicher jetzt schon ist; besser gleich, denn später werde ich noch viel müder und noch betrunkener sein und es vergessen.

- Hallo Süße, ich bin jetzt im Hotel
- Oh, dann doch noch geschafft?
- Ja, klar, wieso?
- Du bist total betrunken, wir telefonieren morgen!
- Äh, ja, klar. Hab dich lieb.

Klick

- Hallo?

Na, das hätte ich mir auch sparen können. Puh. Ich fühle mich schon grauenhaft, wenn ich nur an morgen früh denke. Zum Glück wird morgen noch einmal ein ruhiger Tag, an dem ich ungestört werkeln kann. Einziger Engpass wird also morgen früh sein, wenn ich so meinen Kollegen entgegentreten muss. Muss ich das eigentlich? Frühstück gibt es doch auch aufs Zimmer, wenn es sein muss, oder? Also auf zur Zimmertür, da hängen doch immer diverse längliche Zettel mit einem großen Loch drin, damit man sie über die Türklinke hängen kann. Da suche ich mir jetzt mal den richtigen. Zeitung? Nö. Weckruf? Nö. Oh, viele kleine Kästchen für ein Wünsch-Dir-Was-Frühstück. Das ist der Richtige. Ja, was will ich denn? Oder vielmehr: Was werde ich wollen? Mal überlegen – was Salziges ist klasse. Ich kreuze das Rührei an und nehme dazu, äh, Speck. Ja. Aber danach ist mir immer nach etwas Süßem. Also noch das Croissant und die Marmelade, Honig, Butter oder doch Margarine? Und Durst werde ich sicher haben, aber Koffein werde ich auch benötigen. Fünf Minuten später mit qualmendem Kopf vom vielen Entscheiden hänge ich den Zettel von außen an meine Zimmertür und freue mich, an alles gedacht zu haben. Bei laufendem Fernseher schlafe ich ein.

Dienstag

Viertelfinale im Kopf

Der Signalton des Weckers bohrt sich durch das Nichts, das mein Bewusstsein ist. Im Dunkeln und trotz des elektronischen Terrors langsam meine nähere Umgebung abtastend, suche ich das verdammte Ding. Es fiept beharrlich vor sich hin; wenigstens habe ich gestern noch daran gedacht, die Uhr auf eine entschärfte Uhrzeit zu stellen, denn einen richtigen Wecker habe ich gar nicht. Was mich da zu Bewusstsein bringt, ist die Alarmfunktion meiner G-Shock. Zu Hause liegt sie immer direkt neben meinem Kopf auf dem Nachtschränkchen. Dieses Bett allerdings hat, wie ich nach verzweiflungsvollen zwanzig Sekunden feststelle, gar keine Seitenmöbel; es gibt nur die Ablage über meinem Kopfende. Endlich Ruhe. Der Terror ist beendet. 6 Uhr. Warum habe ich denn die blöde Uhr bloß auf so früh eingestellt? Ach ja, da war was. Noch dreißig Minuten bis zum Zeitfenster, in dem das Frühstück gebracht wird. Ach ja, ich hatte noch die brillante Eingebung, mir Frühstück aufs Zimmer bringen zu lassen. Als ich gestern die gewünschte Uhrzeit ankreuzen wollte, musste ich feststellen, dass ich nicht zu einem definierten Zeitpunkt mit der Lieferung meiner wichtigsten Mahlzeit dieses Tages rechnen darf, sondern dass sich das Hotel dafür eine halbstündige Frist ausbittet. Aber da hatte ich mich schon so fest auf Frühstück auf dem Zimmer eingestellt, dass ich mich spontan für den Vorschlag 6 Uhr 30 bis 7 Uhr entschieden habe und jetzt habe ich den Salat oder was auch immer genau ich bestellt haben mag. Wenn ich es mir so durch meinen innerlich geschwollenen Kopf gehen lasse, ist die Variante Frühstücksbuffet vielleicht doch entspannter, denn da kann ich wenigstens auftauchen, wenn ich bereit dazu bin. So muss ich mich jetzt vorbereiten, um dem bringenden Personal ein nicht allzu desolates Bild zu bieten. Aber dafür habe ich ja noch rund fünfundzwanzig Minuten Zeit. Zunächst betätige ich die Fernbedienung und die netten Menschen aus dem Frühstücksfernsehen schwatzen mich wach. In grellen Bildern erscheinen Nachrichten, Berichte und Interviews. Es vergeht eine Viertelstunde, ohne dass ich mich auch nur einen Millimeter rühre. Etwas ist anders als sonst, ich weiß nur noch nicht genau was. Als ich mich endlich besinne das

Badezimmer aufzusuchen, schwant mir langsam, was los ist. Ich habe leichte Koordinationsschwierigkeiten auf dem Weg zum Bad. Nach einer Kollision mit dem Schreibtisch und einem uneleganten aber erfolgreichen Ausweichmanöver um die Garderobe erreiche ich unbeschadet das Badezimmer. Ein unwilliger Blick in den Spiegel verschafft mir böse Gewissheit: Es war zu viel gestern. Ich bin kreideweiß und in meinem Kopf wiederholt sich gerade das Viertelfinale der WM in Mexiko mit seinem unglücklichen Ende für Deutschland. Es ist die Hölle. Millionen Fans schreien in meinem Kopf am frühen Dienstagmorgen ihre Mannschaft nach vorne. Ich beschließe Ruhe zu bewahren und den mir gegenüberstehenden käseweißen Spieler mit den blutunterlaufenen Augen erst einmal unter die Dusche zu schicken. Wenigstens der Eintritt in die Duschkabine erfolgt ohne schmerzliche Zwischenfälle, nur in meiner eigenen aufgedunsenen Stille; das ist doch nett. Das heiße Wasser tut gut. Natürlich hätte ein eiskalte oder gar eine Wechseldusche eine heilsamere Wirkung auf meinen vergifteten Zustand, die dafür erforderliche Härte kann ich heute Morgen aber leider nicht bieten. Ich möchte gar nicht mehr aufhören zu duschen; das Geprassel auf meiner Haut und die Rinnsale, die sich um meine Beine schnörkeln, lenken mich wie immer zuverlässig von den Wiederaufbauarbeiten hinter meinen Augen ab. Hier kann ich auch nichts falsch machen. Ich kann mich bewegen, wie ich will, muss niemandem zuhören, nicht schlau daher reden, muss keine Aufgaben erledigen, schon gar keine, die ich gar nicht richtig verstehe. Die Vernunft und der Gedanke an die herannahende Essenslieferung holt mich wieder auf den Boden der Duschkabine zurück und ich trockne mich, immer noch stark angeschlagen aber erfrischt, ab. Der Rest der frühmorgendlichen Prozedur verläuft ohne weitere Zwischenfälle. Zähneputzen, Haare stylen und das Rasieren werden mechanisch erledigt. Drei Minuten nach halb sieben werde ich bereits nervös und beginne, passendes Trinkgeld aus meinem Portemonnaie zusammenzusuchen, denn so viel Würde muss sein. Einen Aufpreis von zwei Euro kostet das Frühstück aufs Zimmer. Zählt man aber das angemessene Trinkgeld dazu, also die Entschädigung des Hotelpersonals dafür, dass sie einen Haufen Speisen in ein Zimmer bugsieren, das trotz intensiven Lüftens nach einer Bärenhöhle im Hochsommer riecht, wird das wirklich ein teurer Spaß. Das habe ich gestern Nacht natürlich nicht bedacht. Und so warte ich voll angezogen auf die

Ausführung meiner Order. In dieser Zeit hätte ich unten im Restaurant schon längst und ganz entspannt mein Mahl einnehmen können und die so vergeudete Wartezeit wiegt mit jeder verstreichenden Minute weniger die vermiedene Begegnung mit meinen Kollegen auf. Zehn endlos lange Minuten später klopft es an der Tür und meine Laune steigt sprungartig auf dankbares Logisgastniveau. Mein Blutdruck zieht nach, als ich nach dem ersten Tablett, das hereingebracht wurde, feststelle, dass nicht nur das oberste Tablett auf dem Wagen für mich bestimmt ist, sondern auch die beiden in den Fächern darunter. Und wie die junge Dame so eines nach dem anderen an mir vorbei ins Zimmer trägt, fällt mir beim Anblick der Speisen jedes einzelne Kreuzchen wieder ein, das ich am Vorabend so leichtfertig gemacht habe. Beim nächsten Mal muss ich bescheidener oder wenigstens gezielter bestellen. Fast wäre ich in Hektik ausgebrochen, weil mir nicht klar war, wohin denn die drei Tabletts zu stellen sind, aber die Dame kennt ihr Terrain und verteilt sie über den kleinen Beistelltisch und den Schreibtisch. Vielen Dank. Beim Verlassen des Zimmers stelle ich neben dem furchtbaren Geschmack im Mund, den die Melange aus Kaffee und Orangensaft trotz anschließendem Zähneputzen hinterlässt, fest, dass ich beim Frühstücken bereits die Tageszeitung, die an meiner Tür hing, hätte studieren können. Dafür hätte ich die Zeit auch sinnvoll nutzen können, anstatt zu versuchen mich selbst davon zu überzeugen, dass mir ein wenig Nahrung in fester Form wirklich gut tun wird. Das nächste Mal denke ich bestimmt daran, nehme ich mir vor, und schreite mit schnellem Schritt in Richtung Fahrstuhl.

Mittag

Erfolgreich vermeide ich jeden näheren Kontakt zu Kollegen und Kunden bis zum Mittagessen. Zum Glück sind die Sachbearbeiter noch immer auf ihrer Schulung. Ich bin froh, dass ich heute zu keinerlei intellektuellen Höchstleistungen genötigt werde, sondern den Tag sinnvoll mit ein paar Fleißarbeiten verbringen kann. Zu mehr bin ich heute auf keinen Fall im Stande. Also befasse ich mich den Vormittag über auch mit dem, was ich schon lange vor mir her geschoben habe: die Dokumentation. Da kann ich nichts kaputt machen. Erst gegen Mittag bekomme ich förmlich einen Energieschub, die Fans, die noch heute Morgen in meinem Kopf geschrien haben, verlassen das Stadion friedlich durch die zugewiesenen Ausgänge und hinterlassen zwar viel Unrat, aber dafür den Ort ihres Wütens auch in heilsamer Stille. Und weil ich heute Morgen trotz des üppigen Angebotes so wenig feste Nahrung herunterbekommen habe, beschließe ich wider meiner ursprünglichen Planung mit den anderen Kollegen zum Mittagessen zu gehen. An jedem normalen Tag erspare ich mir das gerne, da doch nur wieder von der Arbeit gesprochen wird. Meine Vorstellung von Mittagessen ist hingegen die, dass es neben der Nahrungsaufnahme auch zur Erholung und Konversation da ist. Und daraus könnte heute sogar mal etwas werden, denn es sind ein paar der brandneuen Kollegen dabei, die sicher neuen Wind in den Gesprächsablauf bringen werden. Also los. Schon im Aufzug nach unten verwickle ich einen Kollegen in ein lockeres Gespräch und siehe da, es gibt tatsächlich noch andere Themen als das Tagewerk. Vielleicht wird es ja doch noch angenehm. Mit einem abgewetzten orangen Plastiktablett stelle ich mich in die Schlange am Tresen für das Stammessen, wie es hier heißt; Schnitzel mit Pommes kommen mir gerade recht. Ich brauche Salz, viel Salz.

- Du musst auf deinen Elektrolythaushalt achten!

hat mir mein Freund gestern Abend noch beschwörend zugeraunt, als er sein blutiges und völlig versalzenes Steak heruntergeschlungen hat. Und bei diesem Gericht lässt sich Salz besonders kompromisslos beimengen. Leider ist der gute Eindruck, den ich vom Neuen habe, nicht von langer Dauer. Ab dem Moment, in dem er realisiert, dass wir uns in den Hörbereich des Projektleiters begeben, fängt er an, ununterbrochen und unnatürlich begeistert von der Arbeit zu reden. Dabei wechseln sich Lautstärkespitzen und Seitenblicke zum Projektleiter regelmäßig ab – forschend ob der denn auch mitbekäme, wie eloquent er sich hier über die Arbeit äußert. Die Show verfehlt beim Projektleiter, wie nicht anders zu erwarten, vollständig ihr Ziel, denn der unterhält sich angeregt mit seinem Gegenüber, einem älteren Kollegen, der ein wichtiges Teilprojekt leitet. Auch macht das Hervorgebrachte bei genauerem Hinhören deutlich, dass der Gute, außer über seine eigene Gehaltshöhe, nur über sehr wenig genau im Bilde ist, weshalb er sich auch mit allgemeinen unverfänglichen Floskeln schmückt. Mir wird wieder schwindelig und er mir immer unsympathischer.

Hoffnung stirbt als letztes, sagt man, aber die Phrasendrescher leider nie, denke ich.

Mit der Begründung, dass noch Dringendes zu erledigen sei, verlasse ich frühzeitig die Runde. Schließlich habe ich wirklich noch ein paar Dinge für unser wöchentliches, um 14 Uhr angesetztes Projektmeeting vorzubereiten. Zum Glück muss ich diesmal kein Protokoll schreiben. Das hasse ich, weil ich bei diesen Besprechungen immer nur einem Bruchteil der Themen überhaupt inhaltlich folgen kann. Nach einem solchen Meeting das Unverstandene in verständliche Worte zu fassen und das auch noch schriftlich zum anschließenden Verteilen, ist mir ein Graus. Aber unsere Projektmeetings sind sowieso immer eine merkwürdige Veranstaltung. Ursprünglich zur teamübergreifenden Abstimmung gedacht, ist diese Runde offensichtlich zu einem Selbstdarstellungsforum der einzelnen Projektmitglieder verkommen, das sich reger Nutzung erfreut. Da werden Detaildiskussionen ausgetragen, in der Hoffnung, in dieser Runde mehr zu erreichen als unter den Experten. Zudem ist meiner Beobachtung nach der Großteil der Veranstaltung reine Zeitverschwendung, da außer vielleicht dem Projektleiter nur eine Minderheit unter den Anwesenden mit den besprochenen fünfzehn Themen etwas anfangen kann. Der Rest sitzt dabei und macht mehr oder, mit der Zeit fortschreitend weniger interessierte Miene zum bekannten Spiel. So mancher driftet dabei in infantiles Gekritzel ab und versucht sich am Haus vom Nikolaus, um im Anschluss an das Meeting von seinen Kollegen eine präzise Malanleitung aus dem Internet zugeschanzt zu bekommen. Und das arme Schwein, das das Protokoll schreiben muss, verfolgt die kleinen Scharmützel angestrengt, um dann doch nach jedem Punkt fragen zu müssen, was denn im Protokoll festzuhalten sei. Der einzige Nervenkitzel im Projektmeeting ist, wenn ich die Fortschritte darstelle, die bei der Erledigung meiner Aufgabe zu verzeichnen sind, denn in jeder Woche ist ein benennbarer Fortschritt nachzuweisen. Dass ich einfach ein paar für die Projektallgemeinheit unverständliche Details in die Runde werfe und mit einem anerkennenden Nicken davonkomme, hat schon einige Male gut geklappt. Irgendwann kommt aber sicher der Tag, an dem jemand nachbohrt, was genau ich denn nun eine Woche lang hier getrieben habe und dann werde ich damit herausrücken müssen, dass es zäh vorangeht. Ein kleines

Highlight wird es hier und heute für mich allerdings geben, denn ich werde den großen Unbekannten kennenlernen. Sein Name ist bisher bei jedem Projektmeeting mindestens zehn Mal gefallen, mit allem hat oder hatte er zu tun. Dieser Mensch muss das Projekt mit aus der Taufe gehoben haben. Diese Entscheidung hat er herbeigeführt, den Standard durchgesetzt, jenes Teilprojekt eingestampft, etc., etc. In meinem Kopf hat sich mittlerweile das Bild eines James Bond-gleichen Machers entwickelt, der das Projekt aus dem Hintergrund fest im Griff hat. Viel schneller als sonst ging das Projektmeeting dieses Mal vorbei. Der große Unbekannte entpuppte sich als ein eher kleiner Bekannter. Um genau zu sein, habe ich ihn zuvor regelmäßig im Flur mit den verschiedensten Leuten in Gespräche verwickelt gesehen und mich dabei immer gefragt, was der wohl im Projekt für eine Rolle spielen möge. Na ja, jetzt weiß ich es.

Der richtige Zeitpunkt

Bloß nicht als Erster – wie sieht denn das sonst aus? Jemand könnte sonst auf die Idee kommen, ich sei faul oder womöglich gar freizeitorientiert. Trotzdem wird es so langsam Zeit, mir Gedanken über den Zeitpunkt der Heimreise zu machen. Anders als beim Zug- oder Flugzeugreisen entscheide ich beim Autofahren wenigstens selbst, wann es losgeht. Aber diese kleine Entscheidungsfreiheit bringt mich trotzdem jedesmal in einen ausgewachsenen Gewissenskonflikt. Einerseits habe ich in der wenigen Zeit, die ich hier war, mehr als genug geleistet, andererseits ist noch viel vom Tag übrig, den die anderen Kollegen zum Weiterarbeiten nutzen. Die Tatsache, dass ein paar von ihnen auch einfach nur länger arbeiten, weil sie erst morgens angereist sind oder erst in den nächsten Tagen abreisen, beruhigt mein Gewissen nicht. Denn selbst die Kollegen, die ebenfalls heute abreisen, machen keine erkennbaren Anstalten dies einzuleiten. Die haben sicherlich nur niemanden, der zu Hause auf sie wartet. Ich habe allerdings jemanden und deshalb will ich auch bald los. Meine Gedanken pendeln seit einer Stunde rhythmisch zwischen ‘lohnt sich das, diesen Arbeitsschritt heute noch anzufangen?’ und ‘ich will jetzt zu meiner Süßen nach Hause, jetzt!’. Der letzte Schwung des Pendels in Richtung ‘Weiterarbeiten’ war glücklicherweise ausreichend, um mich zu einer Tageszeit zu tragen, zu der die

Entscheidung zum sofortigen Gehen nicht mehr schwer fällt. Trotz meiner spontan erlangten Entschlossenheit packe ich nur ganz leise meine Sachen zusammen und während mein Rechner herunterfährt, hoffe ich, dass mich niemand anspricht und womöglich noch in ein längeres Gespräch verwickelt – gar über etwas Berufliches! In Flüsterlautstärke verabschiede ich mich von den anderen, als ich fast schleichend hinausgehe. Niemanden scheint es sonderlich zu stören und alle wünschen mir freundlich einen

- schönen Abend noch
- Euch auch, Danke!

Da hätte ich mir das Gezacker auch sparen können, denke ich mir beim Rausgehen. Jedesmal das Gleiche.

Mit der Auffahrt zur Autobahn beginnt die eigentliche Heimreise. Der ewige Stau auf dem Weg zur Autobahn könnte eigentlich auch ein Grund sein, später loszufahren, denn es ist streng genommen echte Zeitverschwendung, es um diese Zeit zu versuchen. Aber das Thema hatten wir ja schon, gut jetzt damit. Trotz der Distanz, die zwischen mir und dem Projekt wächst, und der Aussicht, den Rest des Tages mit meiner Süßen zu verbringen, lassen mich die Gedanken rund um die Arbeit nicht los. Und das liegt nicht nur daran, dass ich heute Abend noch meinen Koffer für den nächsten Morgen werde packen müssen, nein, etwas anderes macht mir Sorgen. Nun bin ich schon seit einigen Monaten hier im Projekt und habe in der Zeit auch schon viel geleistet – bilde ich mir zumindest ein. Aber je mehr Aufgaben ich dort übernehme, desto deutlicher wird mir, wie wenig ich eigentlich weiß. Wegen jeder Kleinigkeit muss ich die Kollegen fragen, wenn ich nicht gerade auf selbst gemachte wackelige Annahmen bauen will, was ich nicht will! Die müssen mich doch für blöd halten, oder? Da stehe ich dann nun zwei Mal am Tag und will alles genau wissen. Wieso? Weshalb? Warum? Üblicherweise wird mir geduldig geantwortet, aber vereinzelt schon nicht mehr, bilde ich mir ein. Ist mein Anfängerbonus schon aufgebraucht? Oder wissen die Kollegen zum Teil einfach selbst nicht weiter? Das würde meinen Glauben in sie schwer erschüttern, denn sie scheinen alle so souverän und allwissend. Zumindest haben sie zu jedem Thema etwas Profundes zu sagen. Als ich länger darüber nachdenke, fällt mir auf, dass es mittlerweile eine ansehnliche Ansammlung von Themen gibt, über die ich in der zurückliegenden Zeit ein Menge gelernt habe. Das realisiere ich ja erst jetzt: Was ich in dieser Zeit alles getan und gelernt habe, übersteigt locker jedes Pensum, das ich mir bis dahin in anderem Zusammenhang in vergleichbarer Zeit angeeignet habe. Mir das mal in einer ruhigen Freitagabendstauminute vor Augen zu führen, beruhigt nicht nur mein aufgerütteltes Gewissen, es macht mich sogar ein ganz wenig stolz auf mich selbst; kein schlechtes Gefühl. Mein Kopf müsste eigentlich ein Stück angeschwollen sein oder mein Hirn sollte sich über zu wenig Platz beschweren. Aber keines von beiden findet statt, und wenn doch dann zumindest nicht vom Dazulernen. Na ja, heute jedenfalls noch nicht.

Mit dem Passieren des nächsten Autobahnschildes erfahre ich mir mit meinem betagten Wagen einhundertundzwanzig mal den Kilometersatz minus die tatsächlichen Benzinkosten, Wartung, Steuer und Versicherung nicht eingerechnet – ein kleines Spesenvermögen. Auto fahren lohnt sich wieder. Eigentlich paradox: Noch nie hat mir das Fahren mit meinem Auto Geld eingebracht, sondern immer nur viel zu viel gekostet. Aber in meinem neuen Leben als Berater ist das andersherum. In meiner gewohnten mobilen Umgebung – mit meinen Kassetten, meiner Musikanlage, meinem Müll vom Wochenende, der im ganzen Wagen herumfliegt – freue ich mich auf zu Hause. Da ich außer meiner Süßen bis mindestens Donnerstagabend niemanden sehen werde, lasse ich wenigstens mal etwas von mir hören. Meine Leute sollen ruhig wissen, dass ich jetzt einer von den tausenden Geschäftsreisenden auf Deutschlands Straßen bin und auch noch Geld dafür bekomme. Tuuut Tuuuut.

- Hi, und wie? Alles klar daheim?
- Klar, wieso daheim?
- Na, ich bin mal wieder unterwegs.
- Aha.
- Aber schon wieder auf dem Heimweg.
- Cool, kommst du heute Abend mit ins Frahm’s?
- Öh, nö, wohl nicht. Ich sehe meine Süße nur heute Abend, weil ich dann morgen früh wieder unterwegs bin.
- Ach so, naja. Meldest Dich halt, wenn du mal wieder Zeit hast
- Klar, mach ich. Wochenende geht immer.

- O.K., Tschö.
- Tschö.

Keine Nachfrage, woher ich denn nun gerade komme, geschweige denn, was ich dort gemacht habe, warum die gerade mich dort brauchen, um ihr Problem gelöst zu bekommen, wie viel ich koste, in was für einem tollen Hotel ich untergebracht bin. Schade eigentlich. Ich war mir sicher, mein Beruf macht irgendwie Eindruck. Auf der anderen Seite: Mich interessiert sein Arbeitsleben auch nicht, wenn ich ehrlich bin. Zu Hause angekommen verleben wir den romantischsten Abend, den wir seit langem hatten. Das hässliche Telefonat vom Vorabend scheint vergessen. Unterbrochen wird der Abend nur vom Packen meiner Koffer für den folgenden aufregenden Tag, aber das ist der Preis und so ist das eben: Ich bin Anfang zwanzig und das ist die Zeit Dinge zu bewegen. Ich bin froh ein Teil davon zu sein und beides zu haben: Einen Job, der mich erfüllt und so einige Wünsche noch nebenbei und ein Leben mit meiner Freundin. Wir sehen uns zwar jetzt nicht mehr so oft wie früher, aber dadurch werden die seltenen Momente doch nur noch intensiver, schön sind sie ja ohnehin meistens. Später wird sich das alles einmal setzen und das Nomadenleben weniger exzessiv sein. Für ein richtiges kleines Familienleben wird dann genug Zeit sein. Aber das ist ferne Zukunftsmusik. Ich bin gespannt auf morgen.

Mittwoch

Mein erstes Mal

Das bevorstehende Ereignis lässt ein ganz, ganz flaues Gefühl in meiner Magengegend aufkommen, das mich an atemberaubende Achterbahnfahrten erinnert. Ich hätte nicht gedacht, dass mich dieser Termin derart nervös machen würde. In der Vergangenheit habe ich auch jede andere Herausforderung mit Bravur oder zumindest ohne grobe Schnitzer gemeistert, warum also nicht auch diese? Bei all der Aufregung rede ich mir tapfer ein, dass meine Vorfreude sich gegen die Nervosität durchsetzen wird. Trotzdem rebelliert mein Magen spürbar. Wie am Montag bin ich auch heute wieder mit dem Auto unterwegs und ich habe erst 150 von den zurückzulegenden 220 Kilometern geschafft. In hoch professioneller Voraussicht habe ich einen zeitlichen Sicherheitspuffer von etwa einer Stunde eingeplant, doch aufgrund der unablässigen Nervosität kann ich mich nicht richtig auf die ungewohnt hohe Geschwindigkeit bei dieser Autofahrt konzentrieren. Für die Anreise habe ich einen Mietwagen zur Verfügung gestellt bekommen, da die Entfernung doch deutlich zu hoch ist, um sie mit dem Privatwagen zurückzulegen und abzurechnen, aber zu gering, um eine Flugreise zu rechtfertigen. Das Resultat dieser Erwägungen hat deutliche Vor- und Nachteile. Als Vorteil ist sicher der, verglichen mit meinem Privatwagen, hier der Wortbedeutung gerecht werdende Fahrkomfort zu werten, der sich neben der gehobenen Innenausstattung auch in der maximalen Reisegeschwindigkeit äußert. Ebenso positiv ist die Möglichkeit, ein paar Meilen für mein Vielfliegerprogramm zu sammeln. Auf meinem Konto ist zwar noch nicht eine erflogene Meile notiert, aber das Konto gab es zu der Firmenkreditkarte dazu und jetzt fülle ich es eben mit Autobahnmeilen. Der erwähnte Nachteil ist der, dass ich im Tausch für dieses feine schwedische Automobil mein altgedientes Geldmaschinchen zu Hause lassen musste, also: keine Kilometerabrechnung, kein ‚Tschitschinggg' in der Haushaltskasse, kein Geldregen auf meinen Kontoacker. Der Schleudergang, der sich in meinem Magen nach und nach mit der gefahrenen Strecke gleich zieht, lenkt meine Gedanken wieder auf weniger abstrakte Ziele und überzeugt mich, die nächste Raststätte anzusteuern. Und weil ich mal für große und nicht für kleine Berater muss, ist nicht daran zu denken, einen kleinen Parkplatz anzusteuern, selbst solche mit WC kommen nicht in Frage. Wer jemals versucht hat, von diesen gut gemeinten, aber zum Verkommen verurteilten Einrichtungen Gebrauch zu machen, weiß, dass dort niemals Toilettenpapier vorzufinden ist. Entweder ist es zufällig aufgebraucht oder – was ich für viel wahrscheinlicher halte – niederträchtige Menschen haben sämtliche Rollen mitgehen lassen. Pfui. Aber selbst wenn Toilettenpapier vorhanden wäre, täte der desolate hygienische Zustand dieser Installationen sein übriges, um mich – Zähne zusammengebissen und Knie verschränkt – eine Autobahntankstelle mit regelmäßig gewischten Schüsseln anzusteuern. Wie erlösend zwei kleine Buchstaben auf einem Ankündigungsschild am Autobahnrand doch sein können, verheißt es doch die sehnlichst erwartete Erlösung in nur noch fünftausend Metern. Meine sämtlichen Innereien stellen sich darauf ein und geben das Signal an den rechten Fuß, noch einmal kräftig Gas zu geben. Der prüfende Blick ins Portemonnaie lässt mich bereuen, dass ich nur noch, wenn überhaupt, mit großen Münzen und Scheinen das Haus verlasse, denn jetzt bräuchte ich das Kleingeld für den freundlichen Mann vom Reinigungspersonal. Dort allerdings einen ganzen Euro hinzulegen, nur um fünfzig Cent Wechselgeld wieder vom Teller zu nehmen, scheint mir auch keine gangbare Lösung zu sein. Der schweigsame Mann macht also ein Geschäft mit meinem Geschäft, obwohl ich normalerweise ja nicht so verschwenderisch bin. Die Erleichterung lässt meine Laune steigen, aber der auf mittlerweile nur noch fünfundfünfzig Minuten geschrumpfte Zeitpuffer für die letzten siebzig Kilometer treibt mich schnell wieder hinter das Steuer meines Wagens, denn heute ist nicht irgendein Tag des Projektes.

Heute steht mir nämlich mein erster Kick-Off bevor! Den Begriff Kick-Off kannte ich bisher nur von einem Computerspiel auf meinem Commodore C-64. Die Fußballsimulation, in der dieser Begriff auftauchte, bereitete meinen Schulkameraden und mir immer viel Spaß. Bei dem Spiel konnte man sogar die Hymnen vieler Länder lernen, wenn man aufpasste und die kleinen Männchen in verschiedenen Farben gerne mal bediente. Und so ist das auch heute noch meine erste Assoziation mit diesem Begriff. Ich bin aber sicher, dass sich die neue Bedeutung schnell in meinem Gehirn festsetzen wird. Wobei mir die Gemeinsamkeit eines Projektstarts und dem Anstoß eines Fußballspiels nach wie vor nicht hundertprozentig einleuchten will. Ein Projekt ist doch kein Spiel, sondern hartes Business und ein bisschen gegen den Ball treten kann doch jedes Kind; als Berater hingegen bedarf es einer höheren Qualifikation. Wird schon. Die restliche Autobahnstrecke reiße ich problemlos ab. Jetzt muss ich nur noch den Weg innerhalb dieser großen Stadt finden. Der gemietete Wagen ist leider nicht mit einem GPS-System ausgerüstet, das mich zielgenau, mit chirurgischer Präzision sozusagen, wie die amerikanischen Waffen, für die es ursprünglich erdacht wurde, zum Ziel führen würde. Ich bin lediglich mit einem abgegriffenen Falkplan bewaffnet, den mir ein Kollege nur widerwillig geliehen hat. Flankiert wird er von den üblichen Papierausdrucken eines Routenplaners aus dem Internet. Ganze vierzig Minuten vor der Zeit erreiche ich mein Ziel und sehe schon das Logo des Kunden am Gebäude vor mir prangen. Sehr gut, so kann ich mich noch einmal in die vom Projektleiter zuvor verteilten Unterlagen einarbeiten. Jetzt muss ich nur noch einen Parkplatz finden, denn das nahe gelegene Parkhaus ist besetzt. Runde um Runde drehe ich meine immer größer werdenden Kreise um die zahllosen Häuserblocks, entferne mich immer weiter vom eigentlichen Zielobjekt und merke in meiner Konzentration auf das Autofahren nicht, wie schnell die Zeit verrinnt. Nachdem ich schon fast nicht mehr weiß, wie ich zur Niederlassung des Kunden zurück finden soll, erreiche ich eine sehr kleine Parklücke. Meine Einparkversuche errängen in ihrer Umständlichkeit nicht einmal einen Trostpreis aus der Hand einer Grundschullehrerin und das plötzlich einsetzende laute Piepen meiner Uhr macht es auch nicht leichter. Das ist das Signal, dass schon in zehn Minuten der Termin beginnt. Mist, jetzt hat sich das mit Vorbereiten erübrigt. Der gesamte Zeitpuffer ist aufgebraucht und dann steht mir noch der Weg zu Fuß zurück bevor. Die Notebooktasche und den Pilotenkoffer mit den Akten in festem Griff eile ich im Laufschritt Richtung Kunde. Die Luft wird dünner. Der Meinung ist auch mein Körper, und startet die Schweißproduktion. Ich darf in keinem Fall zu spät kommen! Nach endlosen Minuten kann mir der Pförtner Gott sei Dank den Raum sofort nennen, in dem der Kick-Off stattfindet. Vom Lauf- wechsle ich in den Stechschritt, um meinen Puls ein wenig herunterzuregeln und nicht völlig außer Puste peinlich in den Raum zu stolpern. Meine mühsam aufgebaute Souveränität scheint dahin. Jetzt heißt es zusammenreißen.

Der Raum steht offen und es dringt Gemurmel daraus hervor. Ab jetzt muss ich seriös auftreten und vor Kompetenz nur so strotzen, denn schon für die Kick-Off-Veranstaltung zahlt der Kunden für jeden Berater den regulären Tagessatz, weil sie bereits zur eigentlichen Projektarbeit gehört. Und da diese Veranstaltung mit sieben Beratern besetzt ist, verursacht sie allein dem Kunden kostenmäßig den Gegenwert eines fabrikneuen japanischen Kleinwagens. Das muss man sich mal vorstellen! Beim Betreten des Raums werde ich freundlich von unserem Projektleiter empfangen, der sich gerade mit seinem Pendant auf Kundenseite unterhält, dem ich sofort vorgestellt werde. Der Kundenprojektleiter fixiert mich sehr genau. Er scheint sich förmlich mit seinem Blick in mich hinein bohren zu wollen; irgendetwas hat es mit ihm auf sich. Für einen Moment erscheint er mir wie ein Dämon mit glühenden Augen. Wahrscheinlich schaut er so, weil er mit jedem Berater, der den Raum betritt, ein dickes Bündel Geldscheine in Flammen aufgehen sieht. Ohne weitere Höflichkeiten beginnt er mir Fragen zu bereits durchgeführten Projekten und meinem beruflichen Werdegang zu stellen.

- Welche Projekte haben Sie denn so im letzten Jahr erfolgreich über die Bühne gebracht?

Ich fange wieder an zu schwitzen und werde allmählich unsicher, als er immer mehr und immer weitere Projekterfahrung von mir fordert und fest davon auszugehen scheint, dass ich stundenlang so weitererzählen könnte. Unser Projektleiter bemerkt die Richtung, in die das Gespräch zu driften scheint, und rettet es, indem er mich als junges Talent, das frische Ideen in die Abteilung gebracht hätte und so weiter und so fort entlarvt. Er tut das so überzeugend, dass sogar ich für mich selbst ins Schwärmen komme. Doch inmitten dieses Traums platzt der offizielle Beginn des Kick-Off. Allein dieses Geplänkel im Vorfeld des eigentlichen Ereignisses drückt meinen Zweckoptimismus und macht mich ein wenig wütend. Was erlaubt sich der Kundenprojektleiter eigentlich, Zweifel an meiner Qualifikation zu schüren? So zumindest habe ich seine penetrante Fragerei aufgefasst. Was bildet der sich ein, als leitender, aber schnöder Angestellter eines Mittelstandunternehmens? Der Name der Firma, die auch ich repräsentiere, sollte eigentlich für die Qualität der Professionals bürgen, die hier aufgefahren werden. Dem werde ich im Laufe dieses Projektes, wenn nicht sogar schon heute beweisen, dass ihm mit mir kein faules Ei ins Nest gelegt wurde, sondern er sich glücklich schätzen kann, mich in diesem Projekt zu haben, jawohl!

Beim Platz nehmen schaue ich mich bemüht unauffällig in der großen Runde um. Es ist ein witziges Bild: Auf der einen Seite sitzen die Berater in ihren dunklen Anzügen und souveräner, freundlicher Miene. Auf der gegenüberliegenden Seite sitzt die Kundenfraktion mit neugierigen, wachsamen gespannten Augen. Bei manchen scheint mir sogar erster Enthusiasmus erkennbar zu sein. Als ob eine Firma die Ladung Droiden in Empfang nimmt, die sie bestellt und seit langem erwartet hat. Selten habe ich mich so beobachtet gefühlt. Da sind wir ja wieder – SABVA. Ich lehne mich – nicht zu lässig, aber entspannt – in meinen Stuhl zurück und höre den einleitenden Worten unseres Projektleiters bewundernd zu. Er verkörpert in meinen Augen absolute Selbstsicherheit gepaart mit überragender Kompetenz. Das Einzige, was die Wirkung seiner Ausstrahlung ein wenig dämpft, sind die Überreste einer Portion Spagetti mit Pesto alla Genovese, die seine sonst strahlend weißen Zahnreihen an ein paar Stellen grün einfärben. Aber das sieht außer mir sicher niemand. Aber selbst wenn sie es sähen, würde das seiner Ausstrahlung keinen Abbruch tun. Alle Anwesenden lauschen andächtig und aufmerksam. Er strahlt Ruhe aus, verdeutlicht allen Beteiligten in kristallklaren Sätzen, zu welchem Zweck wir uns hier zusammengefunden haben und welches das gemeinsame Ziel des Projektes ist: nämlich die Einführung einer neuen Software, gepaart mit ein paar kleineren Umstrukturierungen. Der Kunde will all das erreichen und wir sind hier, um ihm dabei zu helfen. Es muss schon ein besonderes Projekt sein, in das man mich hier gesteckt hat, denn es wird vom Beginn einer langfristigen Partnerschaft gesprochen. Und ich werde Teil dieser Partnerschaft sein, gleich von Beginn an.

Mein Tutor erklärte mir, das Beste an einem solchen Einstieg sei, dass ich so nicht in schon verkrustetes Gefüge hineinkäme, in dem einige schon nicht mehr miteinander reden, Entscheidungen nicht mehr gefällt werden, um sich gegenseitig zu ärgern oder einfach eine grundnegative Stimmung herrscht. Hier ist alles anders. Es ist an uns, dieses Projekt so zu gestalten, dass solche Probleme gar nicht erst auftauchen. Wir haben es in der Hand. Und selbst wenn sich daran etwas ändert, dann bekomme ich das wenigstens live mit und verstehe die Hintergründe. All das hat mir unser Projektleiter letzte Woche mit auf den Weg gegeben, als er mich auf dieses Projekt als Newbie eingestimmt hat. Ich folge weiter begierig seinen Ausführungen und mache mir eifrig Notizen, wie viele der Mitarbeiter des Klienten auch, um allerdings nach einer Weile festzustellen, dass ich beratungsseitig damit der Einzige bin. Ich beschließe, das Mitschreiben unauffällig einzustellen. Die anderen werden schon wissen, warum sie nicht notieren, was da in bunten Lettern durch den Beamer an die Wand geworfen wird. Nach dem allgemeinen Teil der Präsentation ist jedes Mitglied unseres Teams an der Reihe, seine eigene Person, seinen Aufgabenschwerpunkt in diesem Projekt und seine Erfahrungen aus anderen Projekten darzulegen. Gerade der Punkt Erfahrungen ist natürlich bei meiner Person etwas kritisch, wie mir das einleitende Gespräch noch einmal ernüchternd vor Augen geführt hat. Hierbei hilft mir aber der ‘Klientenschutz’, die Vorschrift, nach der ich keine Namen von ehemaligen Auftraggebern nennen darf. Lediglich die Art der Projekte wird berichtet. Da ich ja eigentlich erst eines in dieser Firma hatte, weite ich meinen wiedergegebenen Background auf ein paar Praktika und Ferienjobs aus, die ich zuvor schon als Erfahrung deklariert hatte. In diesem Punkt haben wir im Vorgespräch zum Kick-Off festgelegt, was ich sagen soll. Da bin ich also auf der sicheren Seite. Auch was ich gleich selber präsentieren werde, ist alles abgesprochen. Das Layout meiner Folien wurde mir vorgegeben und ist als Gesamtdokument noch einmal durch das Backoffice geprüft worden. Ich bin wach, fit und ausgeschlafen, Teil eines Spitzen-Consultingteams. Was soll also noch schief gehen? Ich werde leider der letzte Sprecher sein. Mein Projektleiter erwähnte in seinem Vortrag eine sinnvolle Reihenfolge, was für mich als rote Laterne nur die Qual des Wartens bedeutet. Ich hätte gerne direkt nach ihm gesprochen, dann hätte ich in der Schleppe seiner brillanten Präsentation glänzen oder aber auch vor ihrem Hintergrund verblassen können; wenigstens hätte ich es gleich hinter mir gehabt. So kann ich mich zumindest in Ton und Ausführlichkeit etwas an meinen Vorrednern ausrichten. Die Reihe ist schneller an mir als ich erwartet hätte, da wird auch schon die Maus an mich übergeben. Die Maus als Zepter für den aktuellen Sprecher des Raumes. Eine Maus, die neben dem Anfordern der nächsten Folie und dem Starten von aufwändigen Animationen auch in der Lage ist, einem Scharfschützen gleich, einen roten Laserstrahl an die Wand zu werfen.

Meine Folien haben keine Animation wie die vieler anderer und sind zum Glück nicht so komplex, wie die Folien des Projektleiters; das wäre auch vermessen gewesen. Mein letzter Blick, bevor ich loslege, sucht ihn, um Blickkontakt aufzunehmen. Er nickt mir lächelnd aber kaum sichtbar zu. Während die Maus noch ein wenig in meinen feuchten Händen hin und her rutscht, kommen meine ersten Worte in ähnlich wackligem Ton heraus, wie ich sie das letzte Mal in der Pubertät im Stimmbruch von mir gegeben habe; doch schnell stellt sich Sicherheit bei mir ein. Die erste Folie ist doch recht kompliziert aufwändig und ich kann mich eine Weile daran festhalten. Von einer Ecke deute ich mit dem Laserpointer in die andere und baue meine kleine Darbietung logisch auf. Leider verstärkt die Distanz von mir zur Leinwand die Zitterbewegungen, die der rote Lichtpunkt verstärkt abbildet. Was die anderen jetzt wohl von mir denken? Doch nicht etwa, dass ich übernervös bin? Lieber wäre es mir, sie dächten ich sei starker Raucher, der zu lange keine Kippe mehr hatte. Ein etwas verunsicherter Blick in die Runde gibt mir wieder Auftrieb: Die Anwesenden hören gespannt zu und folgen aufmerksam meinen Ausführungen; und nicht nur auf der Seite des Kunden, auch meine eigenen Kollegen scheinen sehr interessiert. Kein Gemurmel im Raum, kein Gähnen offenbart Desinteresse, das macht mich glücklich. Offensichtlich kann ich einen ganzen Raum unterhalten, indem ich einfach nur erzähle, an welchen Stellen im Projekt ich welche Aufgaben übernehmen werde und warum ich dafür so wunderbar geeignet bin. Während ich rede, versuche ich mit der linken Taste der Beamer-Maus zur nächsten Folie zu wechseln, was mir aber nicht gelingen will. Hitze steigt in mir auf und ich versuche mir nichts anmerken zu lassen, trockne meine rechte Hand am Sakko ab und versuche es erneut. Aber es will nicht funktionieren; das verdammte Ding springt nicht um. Mit routiniertem Blick erkennt unser Projektleiter das Dilemma, während auf Kundenseite niemand von meinem Malheur Notiz nimmt, und wechselt unaufgefordert am Rechner manuell zur nächsten Folie. Warum diese verdammte Maus jetzt nicht funktionieren will, ist mir ein Rätsel. Ich fürchte es liegt an meinen vor Nervosität klammen Händen. Anscheinend war ich so unsicher, dass mein im Übermaß produzierter Schweiß seinen Weg in das Plastikgehäuse gefunden hat, um dort die Funktion der Maus zu sabotieren. Der Rest des Vortrages verläuft ohne weitere Zwischenfälle. Die Anwesenden lauschen weiter geduldig und ich leite abschließend elegant zur Kaffee- und Rauchpause über. Überstanden.

Die Mitarbeiter des Kunden gehen geschlossen vor die Tür und unterhalten sich angeregt über das, was auf sie zukommt. Das Beratungsteam bleibt im Raum und bereitet den restlichen Verlauf des Nachmittags vor. Leise, damit die Kundenmitarbeiter es nicht unbedingt mitbekommen, wird mir zum gelungenen Vortrag gratuliert. Alle scheinen ehrlich erleichtert zu sein, dass ich meinen Part, trotz der Schwierigkeit mit der störrischen Maus, gut absolviert habe. Die Tatsache, dass das kleine Gerät seinen Dienst während der Pause wieder anstandslos aufnimmt, unterstützt meine These vom verhängnisvollen Handschweiß, die ich aber zunächst einmal für mich behalte. Als nach der Pause aber auch unser Projektleiter Probleme mit der Maus hat, wird schnell klar, dass die Batterien erschöpft waren. Während mich diese Tatsache völlig aus der Bahn geworfen hätte, erzählt er, mit diesem Problem konfrontiert, eine kurze Anekdote, wechselt in aller Seelenruhe die Batterien aus und fährt dann in nun schon gewohnt souveräner Weise mit seinen Ausführungen fort. Er ist wirklich mein Vorbild, wenn es darum geht kritische Situationen zu meistern. Der Rest der Veranstaltung läuft nach Plan und so finden wir uns anschließend mit unseren direkten Arbeitspartnern für das Projekt zusammen und besprechen die weiteren Schritte. Bei mir sitzt der Projektleiter, während ich die Termine mit dem Kunden ausmache. Dass meine Zeit fast frei verfügbar ist, scheint ihm nicht ungewöhnlich vorzukommen. Das wird hoffentlich unter Kundenorientierung verbucht und nicht der momentan noch mangelnden Nachfrage nach meiner Person zugeschrieben. Mein Gegenüber ist mir sympathisch. Wir stimmen noch die wichtigsten Vorbereitungen für den Workshop ab, den ich morgen moderieren werde, und verabschieden uns schon bald voneinander. Die letzte offizielle Handlung des Tages ist die interne Manöverkritik unseres Projektleiters, die für alle Beteiligten durchweg positiv ausfällt. Die anderen hören kaum zu, während ich seine Worte förmlich absorbiere.

Essenfassen

Der gemeinsame Weg zum Hotel erfolgt in Schweigen. Als wir das Taxi bestiegen, fragte unser Projektleiter lediglich, für wie viele Personen er den Tisch im Restaurant reservieren soll, um anschließend die Reservierung per Handy an das Restaurant weiterzuleiten. Lediglich ein Kollege schert aus und beruft sich darauf, noch einen privaten Termin in der Stadt zu haben. Ich bin natürlich bei dem Essen dabei. Mein Mietwagen bleibt bis morgen stehen, wo er ist. Ganz cool, ohne mit der Wimper zu zucken, ruft er die Auskunft an, um sich dann teuer zum Restaurant weiterverbinden zu lassen. Als wäre es so abgesprochen, verlassen alle schweigend die Rezeption nach dem Einchecken in Richtung Fahrstuhl. Als ich – das abonnierte Schlusslicht des Tages – in den Fahrstuhl steige, schaue ich erst einmal nervös auf die Uhr. Ich habe noch geschlagene fünfundvierzig Minuten Zeit bis zum Treffen in der Lobby. Was soll ich denn mit der ganzen Zeit anfangen? Am besten unterziehe ich erst einmal die Souvenirabteilung meines Zimmers der Prüfung, was sich denn so zur Mitnahme eignet: Seife, Duschgel, Nähsachen, Streichhölzer und Kugelschreiber. Zumindest die Nagelfeilen für meine Freundin und die Kugelschreiber für meine Mutter sind Pflicht. Auf die Übergabe meines Präsentes folgen dann die Fragen wie:

- In der Stadt warst du auch schon? Kempinski, das ist doch sündhaft teuer, und da darfst du wohnen?

Das sind alles natürlich perfekte Steilvorlagen für mich, um bei meinen vierzehntäglichen Besuchen bei meinen Eltern ausführlich von diesen besten Hotels Deutschlands in epischer Breite zu berichten. Es ist ein schönes Gefühl, wenn die eigene Mutter stolz auf einen ist! Und wenn ich in diese Augen sehe, während ich erzähle, nehme ich mir fest vor, ihr auch einmal zu ermöglichen, in einem dieser Hotels zu übernachten, sobald ich genug Geld verdiene.

Nachdem ich die wichtigsten Checks des Hotelzimmers durchgeführt und es mir ein wenig gemütlich gemacht habe, will ich mich gerade entspannt noch ein wenig auf das Hotelbett legen, als mich der zufällige Blick auf die Armbanduhr in Panik versetzt: Schon in 12 Minuten treffen wir uns in der Lobby und ich habe noch nichts für meine hygienische Wiederinstandsetzung getan: Ein wenig Gesichtswäsche und vor allem geputzte Zähne lassen mich doch deutlich sicherer in den Kreis der Kollegen zurückkehren. In Rekordzeit wird die Katzenwäsche inklusive einer Auffrischung meiner Deo-Applikation unter den Armen erledigt. Ohne einen weiteren Blick auf die Uhr zu wagen sprinte ich zum Lift und traktiere den Knopf, der sein Kommen anfordert. Viel zu lange lässt der Aufzug auf sich warten. Als er da ist und ich mein Fahrziel wähle, wundere ich mich, warum noch gar kein Kollege an Bord ist, so kurz vor dem vereinbarten Zeitpunkt. Nach zügigem Verlassen des Fahrstuhls – sprinten wäre jetzt äußerst unsouverän – stelle ich fest, dass außer mir noch kein Kollege zu sehen ist. Nun sprinte ich doch kurz, und zwar vor die Eingangstüren des Hotels, um nachzusehen, ob in aller Ungeduld aufgrund meines späten Erscheinens die Warterei nach draußen verlegt wurde. Ein kurzer Rundumblick versichert mir aber, dass mir die Kollegen doch nicht zuvor gekommen sind. Erst jetzt komme ich auf die Idee, doch noch einmal auf die Uhr zu schauen. Noch geschlagene neun Minuten ist Zeit. Vielen Dank auch. Ich muss ruhiger werden. Die verbleibende Warterei wird zum Horrortrip. Gäste kommen in Gruppen herein und verlassen die Lobby dann genauso schnell auch wieder. Selbst die aufmunternden Blicke der hübschen Mädels hinter der Rezeption verschaffen meiner inneren Ruhe nicht die Oberhand. Ich bin viel zu früh da und muss warten. Meine sich ständig wiederholenden Blicke auf die Uhr fordern die Minuten scheinbar geradezu zum Schlendern auf, sind aber so ziemlich das Einzige, was mir zum Zeitvertreib einfällt. Konzentrieren kann ich mich ohnehin auf nichts, da ich jedes Mal, wenn der Fahrstuhl dieses vertraute Kling macht, erwartungsvoll dorthin schaue. Immer wieder neue fremde Leute, die mich freundlich grüßen; wahrscheinlich, weil ich sie wie ein Irrer anstarre und sie befürchten, ich falle sonst über sie her – peinlich. Tausende Japaner haben sich offenbar spontan entschlossen, eine Parade vor mir abzuhalten, aber kein Kollege in Sicht. Doch dann kommt endlich einer und mir fällt ein Stein vom Herzen. Auf mich zu kommt er allerdings nicht; er ignoriert mich förmlich und steuert direkt die Rezeption an. Er diskutiert heftig und hinterlässt offensichtlich irgendwelche Notizen. Ich beobachte ihn dabei derart konzentriert, dass ich gar nicht mitbekomme, dass der Rest der Projektmannschaft mittlerweile längst vor mir steht. Die Frage, ob ich denn schon lange warten würde, verneine ich selbstverständlich, selbstredend, selten habe ich so was von nicht gewartet.

- Nein, nein, auch gerade erst gekommen.

Nachdem wir schnell vollzählig sind, gehen alle schweigend vor das Hotel. Peinlich ist mir, dass ich der Einzige bin, der seinen Schlips nicht abgebunden und auf dem Zimmer gelassen hat, aber zum Korrigieren dieses Fehlers ist es jetzt zu spät, denn wie ein Nachahmer will ich nun nicht erscheinen. Angekommen im recht exklusiven Restaurant bestellen alle die Getränke sofort, ohne auch nur in die Karte geschaut zu haben. Das würde ich mich privat nie trauen, weil ich erst einmal wissen möchte, was das Pils denn nun kostet. In dieser Runde scheine ich mit dieser Angewohnheit allerdings allein zu stehen. Die offensichtlich fundierten Weinkenntnisse der Kollegen imponieren mir. Etwa die Hälfte bestellt Wein. Favorit ist hier ein italienischer, dessen Namen ich vorher nie gehört habe. Die andere Hälfte bestellt Bier. Am meisten Lust hätte ich auch auf Bier, da ich aber einen Platz zwischen den ganzen Weintrinkern erwischt habe und gerne zu den Kennern gezählt werden möchte, schließe ich mich dem am meisten bestellten Wein an. Mein Platz am Tisch ist leider sehr ungünstig, da ich jedes Mal die Kollegen zum Aufstehen werde auffordern müssen, wenn ich die Toilette aufsuchen will. Da kommt mir der Wein gerade recht, der treibt nicht so. Das stille Studieren der Speisekarte macht mich nach ein paar Minuten erneut unsicher, weil ich nicht weiß, ob heute Abend auf Firmenkosten gegessen wird oder ich selbst zahlen muss? Bestelle ich etwas Kleines und geht es dann auf die Firma, ärgere ich mich zu Tode. Entscheide ich mich für ein üppiges Mahl und zahlen wir selbst, halten die mich für größenwahnsinnig oder für einen Snob. Also habe ich eine fifty-fifty Chance. Mit 2 Gerichten im Hinterkopf warte ich ab, was die anderen bestellen, um mich dann dem Steakwunsch anzuschließen. Ein etwas teureres Gericht. Die attraktive Bedienung nimmt die Bestellungen auf und ich hoffe still, dass sich nach dem Essen einer der erfahreneren Kollegen die Rechnung schnappt und bezahlt.

Das Schweigen beim Lamm

Unmittelbar nach dem Bestellen lockert sich die Stimmung in der Runde deutlich auf. Der Projektleiter – ganz der souveräne Moderator vom Vormittag – beginnt die Runde mit einem sicheren Thema aufzulockern. Sichere Themen sind in dieser Runde nicht, wie zu Hause, die Bundesligaergebnisse vom Wochenende, die Ereignisse in einer populären Fernseh-Soap oder ein aktueller Pop-Song aus den Charts. In diesem Kreis gelten die Diskussionen über den absolvierten Kick-Off und das bevorstehende Projekt als sichere Themen, bei dem nun wirklich jeder irgendetwas beizutragen hat. Bis auf mich. Während ich die aktuelle Tendenz bei den Bundesligaergebnissen durchaus wortreich kommentieren könnte, fällt mir jedes qualifizierte oder zumindest nicht offensichtlich unqualifizierte Wort in dieser Runde schwer und so halte ich mich – ebenfalls schwer – zurück und beschränke ich mich auf aktives Zuhören, wie ich es bei meinem ersten Verhaltens-Kurs als Berater gelernt habe. Ungebrochene Aufmerksamkeit und zustimmendes Nicken bei jeder Gelegenheit, also nahezu allen Beiträgen meiner Kollegen. Anstrengend. Einen Blick auf die Uhr zu werfen traue ich mich nicht, da ich nicht unhöflich wirken möchte, dabei knurrt mein Magen lautstark. Hoffentlich hört das niemand. Zu Hause habe ich um diese Uhrzeit immer schon zu Abend gegessen; mein Magen rechnet fest mit einer Lieferung und er ist ein ungeduldiger Kunde, der sich schnell beschwert.

Mittlerweile ist es schon halb neun und es wurde noch immer nicht serviert. Ist das etwa ein Erkennungszeichen eines hochklassigen Lokals? Na hoffentlich nicht, denn in Etablissements dieser Güte werde ich zukünftig sicher öfter speisen. Nach weiteren endlosen Minuten kommt eine andere, ebenso attraktive Bedienung und beginnt die bestellten Speisen zu verteilen. Mein Steak sieht einfach klasse aus. Das Gemüse auf dem Teller kann ich nicht eindeutig identifizieren. So ist das eben bei Gemüse der Saison. Bei Muttern wäre das: Gemüse, das weg muss. Hier ist es das Gemüse der Saison. Beim Beobachten der Kollegen, was sie denn so mit Ihren Servietten anstellen, erkenne ich, dass es da wohl keine festen Regeln gibt, im Sinne von: ‚neben den Teller legen', ‚über bzw. auf den Schoss legen'. Bis hin zum albern anmutenden Einhängen in den Hemdkragen sind im Kreis meiner Kollegen über das schon Erwähnte hinaus alle denkbaren Varianten zu beobachten. Ich entscheide mich für die Schoßlösung, die ich so auch zu Hause beigebracht bekommen habe; auch wenn diese Lösung ein deutlich höheres Risiko für Hemd und Krawatte bedeutet. Das Essen schmeckt einfach großartig, fantastisch zartes Fleisch. Das Gemüse schmeckt leider nach gar nichts. Das mag auch daran liegen, dass ich mein Steak eher stark gesalzen und gepfeffert habe. Einige Kollegen nutzen die nun herrschende Stille und beginnen mit vollem Mund in die Runde zu blöken. Leidenschaftlich wird von den Kollegen über Projektthemen diskutiert, die mir nicht im entferntesten etwas sagen. Verglichen mit meinen Wochenendgesellschaften komme ich mir in dieser Runde wie die allerkleinste Nummer vor.

Mir kann das mit dem Losblöken nicht passieren, da ich damit beschäftigt bin, mich darauf zu konzentrieren, das Essen in den Mund zu bugsieren und nicht etwa auf Schoß oder Hemd. Auf die unerwartete Frage des Projektleiters, wie ich denn diesen, meinen ersten Kick-Off empfand, passiert es: Von der plötzlichen Ansprache überrascht, lasse ich einen dicken dunklen Tropfen Steaksoße von meiner Gabel auf mein Hemd platschen – zum Glück auf den unteren, für die Tischrunde nicht sichtbaren Teil. Der gemeinsame Abend als entspanntes Ausklingen des Tages ist damit für mich gelaufen, denn entspannt bin ich jetzt sicher nicht mehr und wünsche mir nur noch schnell zum Hotel zurück zu kommen. Hinzu kommt, dass mich langsam die Müdigkeit überkommt. Es war doch ein harter Tag. Entsprechend kurz antworte ich. Das laufende Tischgespräch nehme ich zunehmend nur noch als Dauergemurmel wahr, das ich weiterhin hier lächelnd und da nickend an mir vorbeiziehen lasse. Je mehr der Begriffe sich aus dem Umfeld Bullshit Bingo rekrutieren, desto weniger scheint es mich anzugehen: Prozesse, Effizienz, Optimierung. Mein Limit ist für heute erreicht, in jeder Hinsicht. Die einzige Frage, die jetzt noch vorhandene Konzentrationsreserven mobilisiert, ist, ob ich den Mut aufbringe als Erster in die Runde zu verkünden, dass ich zurück ins Hotel gehen werde, oder aber auf den ersten Kollegen warte, der das für mich tut. Vertieft in diese Diskussion mit mir selbst – ich bin überzeugt, früher keine inneren Diskussionen geführt zu haben – vernehme ich dann aus der Runde den erlösenden Hinweis eines Kollegen, dass er jetzt gehen müsse, um für den folgenden Tag noch etwas vorzubereiten. Ganz kollegial verkünde ich, den Kollegen begleiten zu wollen, da ich selbst auch noch ein wenig Präparation für den folgenden Tag mit meinem ersten Workshop zu erledigen hätte. Artig bedanke ich mich bei unserem Projektleiter, der, die Frage im Raume stehen sehend, sofort sagte, dass das Thema Rechnung schon geklärt sei, und verlasse mit dem Kollegen das Lokal. Den gesamten Rückweg legen wir – wieder – schweigend zurück. Mir fällt kein passendes Thema für eine abendliche Unterhaltung unter vier Augen mit ihm ein und ihm schon gar nicht. Und so beschränken wir uns auf kurze Erörterungen, ob der gewählte Weg denn auch der Richtige sei. Zu mehr wäre ich jetzt auch nicht in der Lage. Endlich im Hotel angekommen wünschen wir einander eine nicht zu lange Nacht und verschwinden in verschiedenen Gängen, um unsere Zimmer aufzusuchen. Freunde berichteten mir, dass es beispielsweise bei Bankangestellten üblich sei, sich auf Geschäftsreisen ein Zimmer mit einem Kollegen zu teilen. Das finde ich unfassbar. Ein Glück, dass unter Beratern solche Arrangements gar nicht erst erwogen werden – zumindest hoffe ich das. Schließlich brauchen wir unsere Ruhe, um uns auf den nächsten Tag vorzubereiten. Außerdem, finde ich, sind wir als Arbeitskraft wertvoll genug, alleine auf Zimmern untergebracht zu werden, zumindest wenn ich bedenke, was wir der Firma pro Tag einspielen. Im Zimmer angekommen schalte ich sofort den Fernseher und das Licht ein und erst einmal die Kleidung vorsichtig auf den Hosenbügel gehängt. Danach gönne ich mir ein paar Minuten auf dem Bett, nur mal kurz ausruhen, und versinke dann doch in tiefen Schlaf. Gegen 3 Uhr werde ich noch vollständig angezogen wach und fluche. Es ist bitterkalt im Zimmer, wofür die leise aber nichtsdestotrotz wirkungsvolle Klimaanlage verantwortlich ist, die zu regulieren ich vergessen hatte. Mein Gewissen bedrückt mich zwar, nicht richtig auf den folgenden Tag vorbereitet zu sein, aber die Erschöpfung lässt mich wieder in einen tiefen Schlaf fallen.

Donnerstag

Vorhang auf: Von Null auf Schrittgeschwindigkeit

Ich habe so schlecht geschlafen, dass ich mir nicht sicher bin, ob ich mein morgendliches Programm so schnell durchführen kann, wie ich es mir angewöhnt habe. Also schreite ich, mit der mir verbliebenen Effizienz und ohne Verzögerungen oder gar Unfälle, durch meine Prozedur und anschließend zielstrebig in Richtung Frühstücksbuffet. Bei jedem Schritt lässt der dicke, weiche Teppich meine Schuhe scheinbar zentimetertief und damit meine Gedanken in folgende Bahnen versinken: Wie viele Quadratmeter dieses edlen und sicherlich teuren Teppichs werden wohl in diesem Haus verlegt worden sein? Und warum nur müssen ausgerechnet diese Teppiche so furchtbar hässliche Muster aufweisen? In den paar Monaten, die ich nun in Hotels unterwegs bin, habe ich immer wieder die grässlichsten Muster gesehen: von orientalisch rot durchzogenen Ornamenten über psychedelische Episoden eines offenbar vollends mit der Welt gebrochenen Teppichwebers bis hin zu popartig anmutenden, bunten Konstellationen. Bevor ich jedoch zu konkreten Ergebnissen dieser Überlegungen komme, erreiche ich schon den Frühstücksraum, der mir sogleich die nächsten Rätsel aufgibt. Warum begrüßt sich hier jeder? Die Leute kennen sich doch gar nicht und werden einander mehrheitlich auch nie wieder sehen. Trotz meines Unverstehens beuge ich mich dieser Eigenheit und wünsche allen dieser Sitte Verfallenen höflich ebenfalls einen guten Morgen. Von der Dame hinter dem umfunktionierten Rednerpult werde ich höflich, aber bestimmt, nach meiner Zimmernummer befragt; die anschließend zu leistende Unterschrift macht mich aber irgendwie nervös. Wird uns in diesem Hotel nicht eine Rate inklusive Frühstück gewährt? Und hätte ich das jetzt sagen müssen? Ich hoffe die geleistete Unterschrift macht mein Zimmer nicht teurer als die Zimmer der Kollegen. Nach unsicheren Blicken durch den von Frühstücksmenschen halb bevölkerten Raum entdecke ich den ersten meiner Kollegen, der mich seinerseits noch nicht gesehen zu haben scheint, denn er liest tief versunken weiter in seiner Zeitung. Leider sind die anderen noch nicht da. Nur zu zweit an einem Tisch, das kann sehr anstrengend werden, befürchte ich, denn um diese Uhrzeit ist es mit meiner Fähigkeit zur Konversation nicht weit her. Und bei einem Frühstück zu zweit bietet die Mischtaktik aus aktivem Zuhören und verständigem Nicken nur bis zu einem bestimmten Punkt Zuflucht. Da werde ich wohl auch aktiv etwas von mir geben müssen. Demonstrativ lasse ich meinen Zimmerschlüssel auf den Tisch fallen, um den Morgengruß unbeachtet hinterher zu schieben. Er senkt die Zeitung für einen Moment und lässt ein einfaches

- Morgen!

verlauten, um sich sogleich wieder in seine Zeitung zu vergraben. Beim darauf folgenden Gang zum Buffet zieht ein weiteres Gedankenkurzgewitter durch meinen Kopf: Hätte ich ihn lieber alleine am Platz sitzen lassen sollen, mich woanders hinsetzen? Hätte ich mich einfach still hinsetzen sollen, so dass er mich am besten gar nicht bemerkt? Ein Blödsinn eigentlich, denn immerhin sind wir Kollegen. Also Quatsch, weiter zum Quark. Das Sortiment sieht sehr lecker aus. Der Buffetraum – endlose Scheiben! Wurst, Käse, Putenbrust, sogar Sülze. Verschiedenste Joghurtsorten, Quarkspeisen, Marmeladen, Säfte, Eierzubereitungen usw. Besonders überrascht mich die Vielfalt der Darreichungsformen warmer Frühstücksspeisen. Da sind nicht nur die oft gesehenen und immer seltener auf den Sammelteller geladenen englisch-amerikanischen Köstlichkeiten, wie Beans, Bacon and Beef und die im Original bis zur Unkenntlichkeit hart-gebratenen Würstchen, etc. Auch finden sich auf dem meterlangen Buffettisch die lecker anzuschauenden Kreationen halber, überbackener Tomaten, kleiner, mit Marmelade gefüllter Crêpes, überbackener Fleischspezialitäten und so weiter und so fort. Freudig habe ich beim Betreten des Raumes festgestellt, dass hier ein Koch angestellt ist, der nur darauf wartet, dass man ihm seinen Wunsch nennt, in welcher Form man die Eier heute am liebsten zubereitet haben möchte: als Rührei, Omelette, mit Käse, Zwiebeln, Champignons? Darf es ein Spiegelei sein? Belgisch, englisch, pochiert? Es ist schon sehr viel angenehmer, sich Eier so zubereiten zu lassen, wie man sie an diesem Morgen wünscht, und natürlich auch appetitlicher, als sie einer silbernen Schüssel zu entnehmen, in der sie schon Gott weiß wie lange liegen und wo sie von früher aufgestandenen Gästen mit, ich will nicht wissen was, benetzt, beträufelt und bekrümelt worden sind. Normalerweise mache ich mir darüber keine Gedanken, aber heute überlege ich angesichts eines derart allumfassenden Angebots, dass diese Art der Frühstückspräsentation noch nicht einmal übertrieben ist. Viel mehr finde ich es absolut angemessen, wenn man das Publikum hier betrachtet. Andererseits ist es allerdings auch selbstverständlich, dass meine Freundin und ich bei der nächsten vierzehntätigen Urlaubspauschalreise mit Halbpension mit weniger zufrieden sein werden. Warum eigentlich? Sollte ich dort im Urlaub nicht die gleichen Ansprüche an ein Frühstücksbuffet stellen, wie hier im Inland auf Geschäftsreise? Wäre es nicht schön, auch dort eine ähnlich zuvorkommende Atmosphäre zu erleben? Im Urlaub gebe ich mich einfach willenlos mit deutlich weniger zufrieden. Ich brauche dann keinen Koch, der mich persönlich begrüßt, aber das liegt sicher daran, dass ich mich dann durch meine Süße angenehm begleitet fühle, ich sie bei mir habe und das im Grunde das Wichtigste für mich ist.

Ich ordere ein Omelette mit Käse und fahre fort, den Rest meines Frühstücksmenüs zusammen zu tragen: Brötchen, Butter, Schinken, Ei und Müsli werden am Tisch platziert. Anschließend erlaube ich mir noch, einen frischen Orangensaft zu pressen. Der ist gesund und trägt vielleicht sogar seinen Anteil dazu bei, den letzten Wein von gestern Abend auszugleichen. In Gedanken bin ich schon beim Workshop, der heute ansteht und schon ist es passiert: Der Druck auf die Orange war wohl etwas zu fest; ich rutsche ab, werfe den Pressautomat um und sorge für eine Riesenschweinerei auf dem Buffet. Natürlich ist das mit dem Buffet schlimm, meine erste Sorge jedoch gilt unwillkürlich meiner Kleidung. Sie wurde nicht von dem Desaster in Mitleidenschaft gezogen – Gott sei Dank. Während ich mich mit hoch rotem Gesicht, welches einem englischen Doppeldecker-Bus gleichen muss, an die Schadensbegrenzung mache, eilen schon zwei junge Damen – jung bedeutet in diesem Fall gleichaltrig mit mir – herbei und erklären mir, dass sie das gerne übernehmen würden und ich mich doch bitte meinem Frühstück widmen möge. Wahrscheinlich wollen sie vermeiden, dass ich der nicht rückgängig machbaren Panne auch noch die Peinlichkeit eines auf den Knien herumrutschenden, Fruchtsaft aufrubbelnden Anzugträgers hinzufüge. In diesem Moment fängt der englische Doppeldeckerbus sogar an zu glühen, als er die glamourösen Sphären der Beratung hinter sich lässt und unaufhaltsam dem Boden der Tatsachen entgegenrast. Man könnte jetzt die Beleuchtung im Raum löschen – mein Kopf würde noch genug Licht erzeugen, um das Frühstückstreiben zu illuminieren. Selbst ihre Zeitungen könnten die Anwesenden dabei noch weiterlesen. Mit gesenktem Haupt begebe ich mich an meinen Platz. Ich spüre die Blicke der anderen Gäste; ich selbst würde mir den Trottel mit dem flammenroten Kopfende auch noch eine Weile anschauen. Um meinem Blutdruck durch Ablenkung vom gerade Geschehenen wieder den Weg in normale Bereiche zu ermöglichen, beginne ich, die Zusammensetzung meines das Starren sukzessive einstellenden und mehrheitlich wieder zur Nahrungsaufnahme zurückkehrenden Publikums zu analysieren.

Die Mischung der Anwesenden im Frühstücksraum sieht also folgendermaßen aus: Etwa 80% sind Anzugträger; von diesen 80% sind 50% alleinreisend und 50% wohl mit Kollegen unterwegs. Die erwähnten 80% teilen sich zudem wiederum in 50% ‘schlipstragende Frühstückler’ und 50% ‘oben ohne’ auf, die sicherlich auch nur Angst haben, die Krawatte mit der Frühstücksmarmelade zu bekleckern. Im Benehmen sind sie nicht zu unterscheiden. Alle sind leise, nehmen das Frühstück viel zu schnell zu sich und 20% studieren die aktuelle Tageszeitung, nach Möglichkeit in der eigenen Landessprache. Die übrigen 20% wurden aus gutem Grund bis hierher vernachlässigt, denn sie sind noch gar nicht zum Frühstück erschienen. Es sind solche, die nicht fragen, ab wann es Frühstück gibt, sondern wie lange das Buffet zur Verfügung steht; und sie sind entsetzt, wenn das Morgenmahl auf 10 Uhr 30 beschränkt ist. Aus diesem Grund bin ich froh schon so früh beim Frühstück zu sein; da stehen die Sachen nicht schon seit vier Stunden am Buffet, sondern sind hoffentlich direkt aus dem Kühlschrank in die Auslage gekommen. Ich esse mein Brötchen und vertiefe mich in die Wirtschaftstageszeitung, die ich beim Eintreten glücklicherweise mitgenommen hatte. So kann ich mein Gesicht ohne unnatürliche Verrenkungen vergraben. Jeder weitere Unfall, der jetzt noch passieren kann, wird durch die vorgehaltene Zeitung verborgen. Als ich gerade die erste Hälfte des Brötchens in neu aufkeimendem Seelenfrieden genossen habe, reißt mich ein sanftes

- Entschuldigung

aus meinen Gedanken. Oh natürlich – mein Omelette ist fertig. Der Koch stellt es mir neben den halb zerpflückten Frühstücksteller. Ich bedanke mich artig und erleichtert und das Wasser läuft mir im Munde zusammen. Es duftet genial, sieht wie gemalt aus und lässt mich das Brötchen zur Seite legen, um mich gleich über diese Köstlichkeit herzumachen. Beim ersten Happen des Omelettes ist der Orangenpressautomat-Unfall schon fast vergessen und ich bin wieder dabei, mich mental auf den gleich zu haltenden Workshop einzustimmen. Ich beende das Frühstück heute vorzeitig, da ich mich nicht noch einmal in die Nähe des Buffets begeben werde. Die Kollegen unterhalten sich leise und wie so oft kann ich nur mit vereinzelten Begriffen der Unterhaltung am Tisch etwas anfangen.

Workshop

Heute steht mein erster Workshop auf dem Programm. Nicht, dass ich nicht schon an verschiedenen Workshops teilgenommen hätte, aber zum ersten Mal werde ich selbst einen Workshop moderieren. Ein Workshop ist in meinen Augen grundsätzlich erst einmal etwas Gutes, denn im Gegensatz zu einer Präsentation, wo man alles alleine macht und es sich zumeist um eine Monologveranstaltung handelt, ist es beim Workshop so, dass jeder Teilnehmer etwas zu dessen Gelingen beiträgt. Soweit zumindest die Theorie. In der Praxis wird auch heute wieder von uns jungen Anzugträgern erwartet, dass wir die gesamte Veranstaltung in der Hand haben: präsentieren, moderieren und das Ergebnis herbeiführen. Das bedeutet eine Atmosphäre zu erzeugen, in der die Mitarbeiter des Kunden so weit eingebunden werden, dass am Ende des Tages die Überzeugung herrscht, man habe das Arbeitsergebnis gemeinschaftlich erreicht. Nur dann werden die Teilnehmer anschließend stolz damit hausieren gehen, dabei gewesen zu sein und die Lehren unter ihresgleichen bringen. Eine unentbehrliche Eigenschaft des Beraters ist demnach das ‚Gönnen können'. Denn ein – auch mit sich – zufriedener Kunde ist später sicher eher bereit, Zusatzaufträge zu vereinbaren, als ein unzufriedener. Den Workshop muss ich nicht alleine halten und das ist mir auch ganz recht so. Ein erfahrener Kollege steht mir als Sicherheitsnetz zur Seite, um mich gegenbenenfalls wieder auf Kurs zu bringen, sollte ich wider Erwarten zu irgendeinem Zeitpunkt die Veranstaltung aus dem Ruder laufen lassen. Natürlich ist es nicht das, was dem

Kunden verkauft wird. Der Kunde ist der Meinung, er bekomme einen erfahrenen Berater, den er schließlich teuer bezahlt, der andere kostet mitunter nichts extra und ist lediglich zum Helfen da, zum Austeilen von Blättern, zum Notizenmachen und so weiter und so fort. Als wir das Kundengebäude betreten, haben mein Kollege und ich die letzten Details besprochen: wie ich mich zu verhalten habe, wer beim Kunden besonders viel Aufmerksamkeit verlangt. Wer in einer möglichen Diskussion besser schnell auszubremsen ist, haben wir gestern noch besprechen können. Ich habe mir die Namen der Teilnehmer bereits zu Gemüte geführt und versucht, sie so gut es geht auswendig zu lernen.

Der für unsere Veranstaltung ausgewählte Raum ist bereits fast vollständig gefüllt und die milde Außentemperatur kann nicht verhindern, dass mir trotz der guten Vorbereitung warm, sogar sehr warm bei dem Gedanken wird, den kompletten Tag aktiv steuern zu müssen. Mir wird so warm, dass ich das Gefühl habe, nicht mehr ausreichend Luft zu bekommen, aber es hilft ja nichts, da muss ich jetzt durch. Ich teste mit einem freundlichen

- Guten Morgen!

meine Stimme in diesem Raum und die Aufmerksamkeit der Anwesenden und es wird, wie von einer gut erzogenen Grundschulklasse, unisono erwidert. Wie gerne hätte ich Sie mit einem gewohnten ‚Moin' begrüßt, wie ich es zu Hause tun kann, aber der Kunde hat auch in solchen Kleinigkeiten Anspruch auf korrekte Umgangsformen. Die Werkzeuge des Tages liegen bereit: Blöcke mit dem Firmenemblem des Kunden, Stifte und Heißgetränke stehen parat, ein Beamer wartet darauf, eingeschaltet, und ein Flip-Chart darauf, mit meiner unleserlichen Schrift befrachtet zu werden. Die großartige Erfindung Flip-Charts fasziniert mich nach wie vor. Wie gerne hätte ich ein solches Tool in meiner Schulzeit zur Verfügung gehabt. Die Möglichkeit, etwas vorne im Raum für jeden lesbar schriftlich festzuhalten, ohne vorher etwas mit einem ranzig miefenden Schwamm zu reinigen, ohne sich die Hände mit Kreide dreckig zu machen und vor allem ohne Gefahr zu laufen, unausweichlich das schreckliche Geräusch über die Tafel kratzender Fingernägel an der Tafel zu verursachen. Heutzutage gibt es Flip-Charts, die viel angenehmer zu verwenden sind und nach getaner Vortragsarbeit vom Backoffice noch einmal in elektronischer Form erfasst werden können. Bevor ich mit der Show beginne, nehme ich einen dieser wunderbaren Stifte für das Flip-Chart in die Hand, weil ich sonst nicht weiß wohin mit meinen Händen. Konzentration und ein letzter Blick zum Kollegen und es kann los gehen. Manege frei, hier ist euer Dompteur.

Um das Publikum nicht gleich zu Beginn zu irritieren, beginne ich mit der klassisch-deutschen Begrüßungsformel 'Herzlich Willkommen zu ...', obwohl ich finde, dass nichts steifer und unorigineller klingt als das. Schnell gehe ich dazu über, etwas zu meiner Person zu erzählen, um die Runde aufzulockern. Dabei erwähne ich diverse Projekte, die ich schon in dem hier vorliegenden Kontext realisiert habe, natürlich ohne diese Kunden beim Namen zu nennen – wegen der Vertraulichkeit, wie ich dazu anmerke. Das kennen die meisten ja schon von gestern, aber es sind auch einige dabei, die nicht am Kick-Off teilgenommen haben, was mich spontan Überlegungen zur Rangordnung in der Abteilung anstellen lässt. Meiner Bitte an die Anwesenden, sich kurz vorzustellen, wird gehorsam nachgekommen und so gewinne ich ein wenig Ruhe, während ich auf meinem Notizblock die Sitzordnung nachzeichne und neben den Namen die dazugehörigen Funktionen vermerke. Schade ist nur, dass ich mir im Zuge der Vorbereitung nicht alle Namen habe einprägen können und der entsprechende Zettel ist selbstverständlich nirgends aufzufinden. Natürlich verstehe ich nicht alle Namen richtig und so notiere ich möglichst phonetisch-exakt, was ich höre, und kann mich jetzt schon darauf einstellen, dass ich im Laufe des Tages irrwitzige Satzkonstrukte werde bauen müssen, um die direkte Namensansprache von Teilnehmern zu umgehen. Ich notiere das Ziel des Tages auf dem Flip-Chart und beginne das ganze frisch gelernte Workshop-Moderations-Ritual ins Laufen zu bringen. Den Anfang bildet die Aufgabe, in kleinen Gruppen Begriffsassoziationen zu Teilfragestellungen zu sammeln. Die Einteilung der Gruppen nehme ich, der Einfachheit halber, entlang der Sitzordnung vor. Aus dem wunderbaren Fundus des Medienkoffers verteile ich bunte Karten, auf denen genannte Assoziationen zu notieren sind. Ein Medienkoffer ist eine fantastische Sache. Er scheint immer alles Brauchbare zu bergen und sieht verdammt wichtig und professionell aus. Als Schüler hatte ich das hartnäckige Verlangen, einen solchen Koffer mit all seinen Innereien zu besitzen, um beispielsweise die vielen bunten Stifte zu benutzen, mit den bunten Karten etwas zu basteln oder ihn ganz einfach nur zu besitzen. Heute bin ich der Herr über diesen Koffer. Von außen sieht er aus wie ein Kamerakoffer – und innen wie eine Schatzkiste.

Arbeiten und arbeiten lassen

Ich gebe den Teilnehmern ein paar Minuten Zeit, um miteinander warm zu werden und beginne dann, die erste Gruppe zu besuchen. Diese Besuche haben allein den Zweck über Schultern schauen und eingreifen zu können, falls das sich entwickelnde Ergebnis nicht den Zielvorstellungen des Workshops entsprechen sollte. An der Diskussion der ersten Gruppe beteilige ich mich ein wenig und mir wird schnell klar, dass die Einteilung nach Sitzordnung die suboptimale Lösung war. So sind natürlich nur Mitarbeiter der selben Abteilung in einer Gruppe, was kontraproduktiv ist, kommt es doch gerade in dieser Übung auf den abteilungsübergreifenden Austausch an. Den unsäglichen Begriff 'suboptimal' habe ich in den ersten Wochen im Büro so oft aufgeschnappt, dass er sich untrennbar im meinem Wortschatz festgekrallt hat. Schon bald sind alle Gruppen mit ihren Arbeiten fertig und jeweils ein Gruppenmitglied darf das Ergebnis ihrer Bemühungen präsentieren. Bingo – zu 80% treten genau die Punkte auf, die mein Kollege voraussagte, und die ich in meinen Unterlagen vor mir liegen habe. Mit jedem Blick auf mein Manuskript setze ich in Gedanken kleine Häkchen hinter die Punkte. Wenn ich schon so dicht am vorhergesagten Ergebnis dran bin, kann ich eigentlich auch noch einen draufsetzen. Um optimal und nahtlos auf die weiteren Unterlagen eingehen zu können, stelle ich noch die eine oder andere Suggestivfrage und wir kommen ganz dicht an die 100 % ran. Nicht nur ich, sondern alle Beteiligten scheinen mit dem Erreichten höchst zufrieden zu sein. Da ein gutes Klima in der Gruppe auch bestens meiner eigenen Unsicherheit entgegenwirkt, lobe ich die Leistung aller Teilnehmer und wage kühn die Behauptung, ein solch hoch qualitatives Ergebnis sei in dieser Form bisher in noch keinem anderen Workshop erreicht worden, und dass sich eine sehr kreative und harmonische Gruppe in diesem Raum befindet. Sie lieben mich! Ab jetzt bin ich ihr Freund. Ob ihnen klar ist, dass ich auf die konstruktive Zusammenarbeit der

Gruppe genauso angewiesen bin wie sie? Egal, unser gemeinsames Boot ist auf dem richtigen Kurs. Durch die Annäherung an die hundertprozentige Übereinstimmung mit meinen Unterlagen passen die Anschlussfragestellungen perfekt, um den Workshop in die nächste Runde zu bringen.

In dieser Hochstimmung entlasse ich die Gruppe in eine Zigarettenpause. Fast scheinen Sie ein wenig enttäuscht zu sein, nicht sofort an der nächsten Aufgabe weiter arbeiten zu können, dennoch bestehe ich auf einer Pause und füge scherzhaft hinzu:

- Sonst sind wir ja gleich fertig, bei Ihrem Tempo!

Ich selbst rauche natürlich nicht. Rauchen ist das Laster von Programmierern und Administratoren, Sachbearbeitern und Aktenhengsten. Berater müssen auch zum Thema Gesundheit eine professionelle Einstellung haben. Neben der sportlichen Figur sollte es schon ein wohlgebräunter Teint sein und selbstverständlich inkludiert das auch den Verzicht auf das Rauchen. Des Beraters Willensstärke und Souveränität machen ihn resistent gegen Laster dieser Art. Allerdings muss ich ehrlicherweise hinzufügen, dass diese scheinbare Standhaftigkeit oft nur bis zum Abend anhält. Die regelmäßigen Gelage, die bei vorangegangenen Projekten nach getaner Arbeit begannen, öffneten mir schnell die Augen für die verborgenen Seiten der Kollegen. Der Berater – Art Dr. Jekyll und Mr. Hyde. Tagsüber nett, adrett, souverän und energiegeladen, ohne Laster, unbefleckt wie ein frisch erblühtes Gänseblümchen, jedoch am Abend kommen die wahren Menschen zum Vorschein. Da wird getrunken, was auf die Spesenrechnung passt, denn schließlich wurde tagsüber ja genug für die Firma verdient. In der Pause sind mein Kollege, ebenfalls Nichtraucher, und ich ungestört, da auch die Nichtraucher unter den Teilnehmern die Chance ergreifen, sich zu den Rauchern zu gesellen. Zunächst bestätigt mein Kollege mich in allem, was ich in der letzten Stunde gesagt und getan habe. Er schafft es, mir zu vermitteln, ich habe die Gruppe absolut im Griff, das Ergebnis sei absolut im Zielkorridor und es herrsche eine gute, konstruktive Atmosphäre in der Gruppe. Dieses positive Feedback motiviert mich ungemein, ich fühle mich ganz oben am Olymp, wie ein fertiger Berater. Das war jedoch nur die psychologisch wohl gezielt gewählte einleitende Ansprache, um mich sofort darauf wieder in irdischere Sphären zurückzuholen. Er macht mich sachlich darauf aufmerksam, dass es sich beim Erreichten keinesfalls um ein reines Gruppenergebnis handelte. Zu viele Punkte wurden von mir mehr als nur moderiert, vielmehr souffliert, und auf Kundenseite arbeitet nicht mal die Hälfte der Anwesenden aktiv mit, sondern konsumiert vielmehr den Output der anderen, kaut ihn allenfalls wieder. Wie ernüchternd. Ich stehe wieder mit beiden Füßen fest auf dem staubigen Erdboden. Um ehrlich zu sein, sehe ich mich gerade Auge in Auge mit Grashalmen und irritierten Nagern und mit meinen Füßen in deren Wohnhöhle – Zeit mich wieder auszubuddeln. Ich gelobe Besserung und entschließe mich, den weiteren Fahrplan erst einmal auf dem Overhead – Projektor zu notieren, bevor die Gruppe zurück kommt.

Der kleine Dämpfer ist schnell vergessen, als im Verlauf der nächsten Einheit meine Begeisterung für all die bunten Elemente des Medienkoffers bis zu dem Punkt wächst, an dem ich beginne alle möglichen Dinge daraus zu verwenden, ob – wie es scheinen mag – geplant und sinnvoll oder nicht. Als ich dann auch noch feststelle, wie jedes Mal, wenn ich ein neues Kaninchen aus diesem Hut zaubere, die Aufmerksamkeit der Gruppe einen Höhenflug erlebt, bin ich nicht mehr zu halten. Und wenn das Repertoire aus der silbernen Schatztruhe versiegt, habe ich immer noch das Flip-Chart, den Overhead-Projektor und den Beamer, um eine ausgewachsene Multimedia-Vorstellung zu geben. Wobei ich beim Overheadprojektor achtgeben muss, um nicht in eine Falle zu geraten, von der ich gehört habe. Es kursiert im Team die Legende, ein Kollege habe mit den bunten, garantiert wasserfesten Stiften auf die Glasfläche des Projektors geschrieben, ohne zuvor eine Folie darauf gelegt zu haben. Man stelle sich die Peinlichkeit beim Entdecken dieses Fehlers vor; da tritt selbst der Sachschaden in den Hintergrund. Ich werfe einen Blick auf meine Notizen zu den restlichen Arbeitspaketen des Tages. Schön, wie das alles passt, der Zeitrahmen ist damit voll ausgefüllt. Einer der Teilnehmer kommt verfrüht und ohne die Gruppe im Schlepptau zurück in den Raum und wie ich aus dem Augenwinkel feststellen kann, fixiert er mich mit seinem Blick. Er stellt sich mit verschränkten Armen schweigend in meiner Nähe und beobachtet jeden meiner Handgriffe, jedoch ohne mich anzusprechen. Zwar bin ich mir seiner Gegenwart bewusst, jedoch lasse ich ihn noch einen Moment zappeln. Nach einer für ihn sicher langen Minute frage ich ihn freundlich, ob ich etwas für ihn tun könne. Da bricht der Damm und ein kleiner, hektischer Redeschwall über mich herein. Meine Arbeit als Berater interessiere ihn doch so sehr, und ja sogar in seinem Bekanntenkreis arbeite auch jemand als Berater und nun sei er zu dem Entschluss gekommen, dass er das jetzt auch gerne machen würde. Was glaubt dieser Mensch eigentlich, wer er ist und wen er hier vor sich hat? Soll das eine verbale Bewerbung sein? Vielleicht erwartet er auch noch eine begeisterte, spontan einberufene Vier-Augen-Recruitingveranstaltung. Weil er mir ohnehin nicht sonderlich sympathisch ist und die Firma, soweit ich weiß, nicht mehr einstellt, beschließe ich, ihm eine kalte Dusche zu verpassen, indem ich detailreich über die knallharten Aufnahmekriterien der Firma referiere. Das sollte ihm klar machen, dass er in dieser Liga, der Champions League der Berufswelt sozusagen, nicht mitspielen kann. Das ist nichts für Leute, die, mit verschränkten Armen herumdrucksend, sich nicht trauen Fragen zu stellen.

Der aus der Rauchpause wiederkehrende Teilnehmertross rettet mich vor weiteren Ansprachen seinerseits und ich kann mit gestärktem Selbstbewusstsein den Rest des Workshops plangemäß durchziehen, welcher auch ohne unangenehme Überraschungen verläuft. Es gibt keine Abweichungen vom vorgesehenen Pfad und mit gleichmäßiger Geschwindigkeit kommen wir direkt ans Ziel, sogar eine ganze Stunde früher als erwartet. Und so kann ich die Gruppe schon um 15 Uhr entlassen. Mir wird ein wenig warm ums Herz, als sich die Teilnehmer von uns mit einem Handschlag verabschieden und behaupten, sie hätten selten an einem so erfolgreichen Workshop teilgenommen. Nachdem endlich alle den Raum verlassen haben, sacke ich erschöpft in meinen Stuhl, denn ich bin völlig kaputt. Das war ein heftiger Tag dauernder Konzentration und permanenter Präsenz und so bin ich bereits um 15 Uhr so kaputt, als hätte ich schon die vorige Nacht durchgearbeitet. Wie automatisch mache ich das Mobiltelefon an, meinen Draht zur Außenwelt, um meine Mailbox abzuhören. Zur Zeit sind es noch ausschließlich private Anrufe, die meinen digitalen Anrufbeantworter erreichen oder eben Anrufe aus der Niederlassung, von Projektleitern, die nach meiner freien Kapazität fragen. Kunden rufen leider noch nicht bei mir an, um etwa dringende Fragen an mich zu richten, um Verhandlungen mit mir zu führen, um den Kontakt zu mir zu pflegen. Dazu gibt es einfach noch zu wenige. Aber ich bin mir sicher, dass ich mich in Zukunft kaum vor Anrufen werde retten können und darauf freue ich mich schon, wenn ich ehrlich bin. Das vertraute Surren des Mobiltelefons verrät mir, dass Nachrichten auf mich warten.

Erst die Predigt, dann der Abgang

Ein kurzes Feedbackgespräch mit meinem Kollegen, das neben der mit dem Kunden geteilten Begeisterung für mich leider auch die Kritik vom Mittag wiederholt, entlässt mich auf die Autobahn. Ich bin sehr zufrieden mit dem heutigen Tag, denn ich habe meinen ersten fakturierbaren Workshop weitestgehend alleine gehalten und kann mich nach erledigter hochklassiger Arbeit auf den Weg nach Hause machen. Und zu meinem Glück gesellt sich zusätzlich die Aussicht, meine Süße damit überraschen zu können, bereits vor 20 Uhr zu Hause einzutreffen. Diese Aussicht verbaut mir auf den ersten hundert Kilometern allerdings eine Vollsperrung der Autobahn, die mindestens eine Stunde meiner wertvollen Zeit rauben wird. Mein Telefon klingelt und bringt mich damit in einen kleinen Gewissenskonflikt: Denn obwohl es die Firmenrichtlinien untersagen, Mobiltelefone im Auto ohne Freisprecheinrichtung zu betreiben, ist es doch ein ungeschriebenes und nicht minder gültiges Gesetz, dass man erreichbar zu sein hat. Es meldet sich ein Mann mittleren Alters, dessen Namen ich weder im Organigramm unserer Firma gelesen noch in einer Besprechung oder auf dem Gang schon einmal gehört habe. Ob er sich verwählt hat? Seine Ausführungen klären schnell auf, dass er als Mitarbeiter einer großen europäischen Personalberatung für einen Auftraggeber in Deutschland erfahrene Berater sucht und so auf meine Person gestoßen ist. Auf die Frage, ob ich denn frei reden könne, folgt die Frage, ob ich Interesse an einer Jobveränderung hätte. Jobveränderung? Ich? Ich bin doch erst wenige Wochen bei meinem ersten Arbeitgeber. Ich frage ihn, für wen er denn auf der Suche ist und was dort zu verdienen sei. Darauf faselt er von Auftraggeberschutz – das Argument kann ich natürlich nachvollziehen – und sichert mir zu, ich würde mich mit der angebotenen Position sicher nicht verschlechtern. Ich sei genau die Person, die sie bräuchten. Im Stillen frage ich mich trotz meiner jüngsten Erfolge natürlich, warum er gerade auf mich kommt. Hat sich bei den Kollegen meine Leistungsfähigkeit schon rumgesprochen oder sogar der heute so gut gelaufene Workshop? Kann denn so was sein? Mir erscheint die Sache etwas unseriös und verfrüht, und so erlaube ich ihm, sich in einem halben Jahr erneut an mich zu wenden und das Gespräch ist beendet. Zum zweiten Mal am heutigen Tage wurde mir warm um das Herz. Ich war wie benebelt. Headhunter telefonieren mir nach! Hätte ich vielleicht doch einem Termin zusagen sollen? Vielleicht hätte ich wirklich schon jetzt mein Gehalt verbessern können und wäre vielleicht sogar gleich in das Management aufgestiegen! Ich bin der Größte, Wichtigste, Beste und Gefragteste – obwohl der Mensch eigentlich gar nicht so genau wusste, was ich so mache und wie gut ich darin bin. Aber was soll's? Wieder habe ich etwas zu erzählen und das werde ich auch; diese Neuigkeiten müssen sofort verbreitet werden. Bevor ich allerdings wähle, fällt mir meine letzte Handyrechnung ein. Kam ich früher noch mit 30 Euro locker zurecht, so hat mir die letzte Rechnung von weit über 100 Euro einen echten Schrecken versetzt, bis ich mich daran erinnerte, dass es sich ja um ein dienstlich genutztes Gerät und damit um abrechenbare Umsätze handelt. So beruhigt rufe ich meine Süße an, damit Sie sofort erfährt, wie beharrlich ihr Freund jetzt schon von Headhuntern wahrlich gejagt wird. Der Verkehr rollt wieder. Das Telefon macht 'Tut' und jeder vorbeiziehende Spurstreifen bringt mich der Heimat ein Stückchen näher. Erst langsam und dann schneller, immer schneller.

Freitag

Thank God it's Friday

Endlich kann ich einmal zu einer humanen Uhrzeit aufstehen. Ich habe wunderbar geschlafen, mein Kreislauf ist nach dem Aufstehen sofort auf Deck und ich irre nicht plan- und noch halb besinnungslos in den Tag hinein. Mein Gott, ist das schön. Ist aber auch kein Wunder, denn im Gegensatz zum Beginn der Woche erwache ich in meinen eigenen vier Wänden und zum Stammsitz meines Arbeitgebers habe ich nur knappe zehn Minuten Fahrweg vor mir. Spätestens ab dem Donnerstagmittag freue ich mich auf den regelmäßigen Casual Friday, den Office Tag, den Tag, den ich ohne direkten Kundenkontakt im Büro verbringe. Der Office Tag hat mit Arbeit an sich nicht allzu viel zu tun. Und trotzdem ist es nicht so, dass die zur Weiterberechnung vorgesehene wöchentliche Stundenzahl nicht erreicht würde. Das Gegenteil ist aus zwei Gründen der Fall: Zum einen ist mit dem donnerstäglichen Feierabend meist – und das mit beängstigender Zuverlässigkeit – bereits die Vierzig-Arbeitsstunden-Grenze erreicht. Nein, nicht nur das. Ein Teil der Freitagsstunden wird, beim Kunden erbrachten Stunden gleich, auf Projektnummern gebucht. Viele Kollegen arbeiten ja wirklich an solchen Freitagen so einiges nach, was dann einem der jeweiligen Kunden zuzuordnen und auch zu berechnen ist. Aber ein nicht unbeträchtlicher Teil der Freitagsstunden wird für ganz andere Dinge verwendet; ist nur eine Frage des Zahlenjonglierens. Immer wieder höre ich auf dem Flur Kollegen prahlen, dass mal wieder der und der Kunde diese Plauderei bezahlt. Ich bin heute nicht zum Plaudern hier; ich habe alles, was mit Abrechnungen und administrativen Dingen zu tun hat, auf den Freitag verschoben – als ob ich neben meinen wenigen Reisekosten bisher groß etwas zu administrieren hätte. Aber dafür – all die unspektakulären und wenig repräsentativen Aktivitäten smarter Berufsüberflieger – ist der Freitag nun mal da. Hier kann ich endlich meine E-Mails durchgehen, die im Laufe der Woche so eingetrudelt sind und denen ich mich nicht gleich widmen konnte. Beim Kunden ist es ja leider nicht immer so, dass eine TAE-Dose zur uneingeschränkten Verfügung steht. Das kann unter der Woche zu einem fühlbaren Mangel an den elektronischen Flüsterbriefchen führen und zu der dann unweigerlich über mich hereinbrechenden Lawine der aufgestauten ungelesenen Korrespondenz. Gut ist dabei nur, dass die meisten E-Mails ohnehin am Freitag geschrieben werden; ist alles also halb so wild. Aber bevor ich hier den ersten Handschlag tun kann, muss ich mir erst einmal einen Platz zum Arbeiten besorgen. Wir 'hotellen' nämlich seit kurzem in unserer Firma. Das heißt nicht, dass wir Arbeitsräume für Übernachtungen vermieten, sondern, dass ich zu allem Überfluss nicht nur beim Kunden keinen festen Schreibtisch habe, sondern auch hier jeden Freitag aufs Neue schauen muss, wo ich mich für ein paar Stunden niederlassen kann. Eine feste Zuordnung von Mitarbeitern zu Räumen und den darin befindlichen Schreibtischen gibt es nicht mehr. Zum Glück sind die Leute aus meinem Projektteam darin schon routiniert. Die blockieren auf Monate hinaus nebeneinander liegende Räume, damit wir überhaupt Plätze zum Arbeiten haben, und die noch beieinander. Das ist gut, klappt aber nicht immer; heute zum Beispiel. Sehr schade.

Gast im eigenen Haus

Nach dem komplizierten Anmelden am Rezeptionsrechner suche ich den mir zugewiesenen Platz. Das ist so ähnlich wie im Kino: Da bekommt man auch einen Platz Vierzehn in der Reihe Sieben. Ich habe den Arbeitsplatz Fünf A in Raum Vier-Eins-Vier. Heute habe ich einen Platz in einem Büro bekommen, in dem ein Rudel Kollegen versammelt ist, die an einem anderen Projekt zusammenarbeiten. Wie ein Eindringling komme ich mir deswegen vor.

- Guten Morgen!
- Guten Morgen.

Es wird für ein paar Minuten still als ich den Raum betrete. Zwar hat dieses Team den kompletten Raum geblockt, jedoch wird bei ausbleibendem Einchecken eines Mitarbeiters dessen reservierter Schreibtisch wieder freigegeben und steht zur Verfügung, mir in diesem Fall. Mein Sakko hänge ich über meinen Stuhl. Es wird vom Dagegenlehnen zwar am Kragen zerknittert, aber dieses trage ich sowieso nur auf dem Weg von der Tiefgarage zum Schreibtisch. Meinen besten Anzug hebe ich mir für unterwegs auf. Im guten Anzug fühle ich mich auch viel besser angezogen und den kleinen Schub für mein Selbstbewusstsein kann ich unter der Woche beim Kunden gut gebrauchen. Wobei – 'Unter der Woche' ist gut, als ob die Woche schon vorbei wäre. Zumindest das Schaulaufen auf Zeit beim Kunden ist für diese Woche vorbei. Die Notebooktasche lasse ich gelöst und schwungvoll auf den Tisch schliddern Diese Kollegen scheinen nicht alle so entspannt zu sein wie ich. In aller Seelenruhe packe ich meinen Rechner aus und schließe ihn an Strom und Netzwerk an. Innerhalb der nächsten halben Stunde muss ich nun im Intranet meinen Platz du jour einchecken, da er sonst erneut vergeben wird.

Microsoft Outlook – das zweischneidige Tool

Als erstes wird die wichtigste aller Anwendungen auf meinem Rechner gestartet: Microsoft Outlook. Mittlerweile bin ich so an den steten Strom von Informationen und Neuigkeiten in Form von E-Mails gewöhnt, dass ich unruhig werde, wenn am Tag im Schnitt nicht mindestens zehn E-Mails in meinen Posteingangskorb eintrudeln. Da kommt es vor, dass ich mich manchmal sogar über die allgemeinen Mitteilungen der Verwaltung oder des Betriebsrates freue. Wow, vierunddreißig ungelesene E-Mails. Gott sei Dank: Es gibt Neuigkeiten. Erst einmal muss ich schauen, ob eine E-Mail von meiner Süßen dabei ist. Sie müsste zu dieser Zeit schon vor ihrem PC im Büro sitzen. Tut sie anscheinend noch nicht oder sie hat keine Lust mir etwas zu schreiben. Wieso auch, wir haben uns vor einer halben Stunde erst voneinander verabschiedet. Eigentlich ist Outlook mein Freund, doch zuweilen leider auch ein hinterhältiger. Gut, es ist schnell und kann sich furchtbar viele Adressen und E-Mails merken; man kann Leuten etwas mitteilen und sie gleichzeitig darauf aufmerksam machen, wen das sonst noch angeht, indem man – unter Umständen taktisch geschickt – das CC-Feld nutzt. Wenn man seine Korrespondenz gerne in Geheimdienstmanier aufziehen möchte, kommt das BCC-Feld ins Spiel. Aber manchmal, ganz selten, ist Outlook ein echtes Schwein und linkt mich hinterhältig. Einmal habe ich bereits eine halbe Stunde lang eine E-Mail an recht wichtige Leute verfasst. Diese umfasste in Summe lediglich zwanzig Zeilen. Diese waren jedoch vom Feinsten, denn bei gewissen Verteilern tut es Not, dass der Text hundertprozentig passt, damit er die beabsichtigte Wirkung erzielt. Da saß ich nun, hochkonzentriert und durch keinerlei

Umgewöhnung, von beispielsweise Microsoft Word, in meinem Schreibfluss gehindert. Da schreibe ich nun; noch hier eine Tabelle ergänzt, möchte ich einen Seitenumbruch einfügen, damit der folgende wichtige Absatz nicht zerrissen wird. Ohne groß darüber nachzudenken, drücke ich – ein Reflex – <Strg+Enter>: das Fenster schließt sich, mein Posteingangskorb gähnt mich leer an. Mir wird heiß. Ich hatte gerade eine halbfertige E-Mail an die Gesamtprojektleitung abgeschickt. Augen geschlossen, Zähne knirschend und den Kopf langsam und ungläubig schüttelnd hatte mich das hinterlistige Biest wieder einmal dran gekriegt. Sonst vergesse ich mit unheimlicher Verlässlichkeit schon mal, das Attachment hinzuzufügen, aber so etwas Peinliches ist mir nur einmal passiert. Unglücklicher sind da nur die Pechvögel, die es fertig bringen sich in der Firma einen Namen zu machen, indem sie die an alle Mitarbeiter gesendete Ankündigung einer Veranstaltung mit einer E-Mail – ebenfalls an alle – quittieren: Bin dabei! Der Allen-Antworten-Button sieht dem Antworten-Button aber auch zu ähnlich – Zufall? Schön, dass du dabei bist Georg Haberkorn. Jede Rose hat ihren Dorn, aber auch in der Kommunikation mit bestimmten Kollegen und mit Kunden leistet Outlook wunderbare Dienste. Es gibt Leute, zu denen kann man nicht einfach nur mal gehen und eine Frage stellen, die man hat. Nicht nur, dass Nachfragen gestellt werden, die unter dem Strich mehr verwirren als die ausführliche Erklärung, nein, manche Leute halten dir bei der Gelegenheit auch gerne all deine Versäumnisse vor.

- Wo du gerade da bist: Wie weit ist denn das Teilprojekt X?

oder

- Wo ist denn die Aufstellung Y?

Für die Kommunikation mit diesen Leuten ist Outlook ein wahrer Segen. Die Frage kurz und knackig in eine E-Mail geschrieben. So lange und präzise formuliert, wie es eben sein muss und wie es mündlich manchmal nicht geht, abgeschickt und schnell mal einen Kaffee holen bevor ein direkter Anruf den Vorteil der Wahl des nur bedingt interaktiven Austauschmediums ‚E-Mail' zunichte machen kann. Wenn ich nicht umgehend erreichbar bin, muss der sich doch zwangsläufig Gedanken machen, wie meine Frage zu beantworten ist; hoffe ich zumindest. Oft funktioniert das, manchmal leider nicht. Mir genügt der gute Schnitt. Aufbewahren sollte ich besser jede einzelne E-Mail, hat mir mein Tutor geraten. Nur so zur Sicherheit, sagte er. Das verunsichert mich allerdings ein wenig.

Während ich meine E-Mails bearbeite, höre ich ständig Begriffe, die mir so gar nicht bekannt vorkommen. Sonst höre ich immer dieselben Formulierungen und Schlagwörter im Projekt. Hier wird von völlig anderen Sachen völlig anders gesprochen. Ein fremdes Projekt kommt mir immer vor wie ein unbekanntes Universum. Nicht nur, dass dort nie gesehenen Wesen – Kollegen, die jemals gesehen zu haben ich mich wirklich nicht entsinnen kann, die sich freizeitmäßig kleiden und mit bösartig schlechtem Geschmack schockieren – einen Planeten bewohnen; einen Planeten, der in einer fernen Galaxie – Stadt – liegt. Nein, es wird dort auch eine eigene Sprache gesprochen und die Gesellschaftsordnung verschließt sich mir zu guter letzt völlig. Bei dem Projekt, in das ich hier herein geplatzt bin, ist der Projektleiter zuerst ein Kollege unter vielen. Erst durch ein paar gewisse Formulierungen und Gesuche, er möge bitte dies und das unterschreiben, wurde erkennbar, wer da der Boss ist. Dann war klar, wem man das

- Bringt mich zu eurem Anführer!

im Falle des Falles vorzutragen hätte. Begriffe, die auch bei uns vorkommen, werden in völlig anderen Zusammenhängen und Bewertungen verwandt. Irre. Und dabei arbeiten wir alle für dasselbe Unternehmen. Wie soll das werden, wenn ich nach dem Ende unseres Projekts mal in ein anderes komme? Ich darf gar nicht daran denken. Ich fühle mich wohl in unserem kleinen Kosmos. Wir haben auch unsere eigene Sprache. Bei uns gibt es so wunderbare Sachen wie Brüller, Showstopper, No Go's, Ansagen und Benamsungen. Also gibt es bei anderen Projekten auch diese fremdartige Vokabeln. So ist das wohl.

Die Reisekostenmine

Um meinen Reisekostenreichtum zu mehren, muss ich mich von meinen bescheidenen linguistischen Studien abwenden. Die ganze Woche über habe ich sie konsequent und fleißig gesammelt, die kleinen unscheinbaren Wertpapiere: Taxiquittungen, Parkscheinquittungen, Hotelrechnungen und einmal im Monat auch die Handyrechnung, falls ich mal mehr als zehn Euro im Namen der Firma auf meinem Handy vertelefoniert habe. Dabei komme ich mir lächerlich vor, unter den zweihundert Verbindungen diejenigen zu markieren, die kundenbezogen sind. Und dann muss ich auch noch den prozentualen Anteil der geschäftlichen an den Gesamtgesprächen errechnen, damit ich in der dafür vorgesehenen Zeile die zu erstattenden Fixkosten ausweisen kann. Da sind sie nun und sind alle bares Geld wert. Zwar habe ich die kleinen Beträge bereits in bar ausgegeben, sie belasten also bereits mein Budget - aber die großen, also die fetten Beträge für das Hotel und Bahntickets, werde ich dank unserer schnellen Reisekostenstelle einen guten Monat später auf dem Konto haben, bevor die Kreditkartengesellschaft sie wieder abbucht. Es ist natürlich eine Milchmädchenrechnung, aber so bleibe ich momentan immer gut im Haben. Ich muss mich zusammenreißen, um der Versuchung zu widerstehen, das Geld zu verprassen. So, um aber erst einmal in diese Zwickmühle zu kommen, muss ich das Formular ARK-C ausfüllen. Uhrzeiten runde ich immer auf Viertelstunden auf oder ab. Meistens ab, aus Anstand, doch mein Tutor hat mir geraten immer schön aufzurunden, damit ich im Zweifelsfall den höheren Spesensatz erreiche. Ich traue mich zwar noch nicht so richtig; allerdings bin ich mittlerweile recht gut geübt darin, die Uhrzeiten im Projekt wie auch auf dem Papier so zu steuern, dass ich auf den vollen Satz komme. Glücklicherweise sehen meine Wochen bisher alle relativ gleich aus. So brauche ich nur das Formular der Vorwoche zu kopieren und die Datumsangaben und Uhrzeiten ein wenig anzupassen – fertig ist das Mondgesicht. Jetzt noch die dazugehörigen Belege auf saubere weiße DIN A4-Blätter kleben, wie in der Bastelstunde – die Damen in der Reisekostenstelle stehen auf saubere Belege, das ist wie beim Finanzamt, sagt mein Tutor. Der Satz Papiere, den ich so anfertige, ist rund achthundert Euro wert. Nett. Einmal kopiert für meine Unterlagen – die sammeln sich in einer Schublade in meinem Schreibtisch zu Hause, denn hier habe ich ja keinen festen. Aber das ist in Ordnung, das gehört dazu.

PPT

Ein paar von den Jungs an den Nachbartischen sind richtig fleißig am Schaffen. Das liegt wohl daran, dass sie ihre Tasks in der angesetzten Zeit nicht ganz hinbekommen haben. Das ist aber auch immer eine Herumjonglierererei. Für Task A schätzt du 2 Tage, für B schätzt du 3. B ist in 3 Tagen rum, aber an A bearbeitest du seit einer Woche. Und dann muss schon mal der Freitag dafür herhalten; dann siehst du zu, dass du das abhakst, weil die nächsten Teilaufgaben schon in der Pipeline liegen – wieder so ein Wort aus dem Projekt. Manchmal nehme ich mir kleine Sachen mit in den Freitag, damit ich früher abhauen kann, aber nicht heute, denn heute besuche ich ein PPT: ein Peer-to-Peer-Training. Das ist eine Schulung über ein Spezialthema, gehalten von einem Kollegen, der da gerade drin steckt, für die anderen Berater, die das Thema interessiert; sei es, weil sie bald ähnliche Aufgaben angehen werden, oder weil sie einfach neugierig sind. Mal schauen, was das Thema hergibt. Ich kann mir nicht viel darunter vorstellen, aber mein Projektmanager hat mir empfohlen, zuzuhören. Außerdem meint mein Tutor, dass ich auch in den nächsten Monaten ein PPT halten sollte; einfach, um mich bekannt zu machen. Er hat was von Netzwerk gemurmelt. Funktioniert das hier nur so mit dem Fortkommen – mit einem Netzwerk? Vielleicht sehe ich ihn heute dort. Alle vier Wochen haben wir offizielle Tutor-Schützling-Termine miteinander, bei denen wir nach einer Agenda bestimmte Themen durchdiskutieren. Vorher soll ich immer Artikel oder Studien lesen und darüber diskutieren wir dann. Meistens komme ich mir dabei etwas blöd vor, so nach Textbuch zu diskutieren, aber er zieht mich immer mit einem aufmunternden Lächeln durch. Ich vertraue ihm. Er weiß schon, was wichtig ist. Er ist ein Senior Associate. Wer es bis dahin geschafft hat, der muss einfach wissen, wie der Hase läuft. Manchmal sind mir diese Meetings unheimlich, weil wir einerseits ein gutes Vertrauensverhältnis haben und sich mittlerweile sogar so etwas wie eine Freundschaft abzuzeichnen scheint, andererseits muss ich immer wieder daran denken, dass er mir zugeordnet wurde. Ja, zugeordnet, weil er gerade frei war, also gerade keinen anderen Schützling hatte. Aber angefreundet haben wir uns trotzdem. Kann ja auch sicher nicht schaden. Dann ist er halt mein erster Knoten im Karrierenetzwerk. Ich muss mich schon bald aufmachen; das PPT beginnt in einer Viertelstunde und findet in einem entlegenen Teil des Gebäudekomplexes statt, wo alle Schulungsräume dieser Niederlassung versammelt sind. Mein Time-Sheet schaffe ich bis dahin nicht mehr. Dazu brauche ich immer noch fast so viel Zeit, weil ich mir zu viele Gedanken darüber mache, was ich da an Zeiten eintrage, dass ich für das

Eintragen an sich eigentlich auch eine Nummer bräuchte. Oh Mann, diese Nummern! Na gut, das mache ich später. Dafür brauche ich Ruhe. Also los in die heiligen Hallen der Wissenserweiterung.

Auf dem Weg dorthin freue ich mich, dass ich, was permanente Weiterbildung angeht, mit der Beratungsbranche einen Volltreffer gelandet habe. Hier werde ich geschliffen bis ich eines fernen Tages mal ein hochbezahlter und furchtbar teurer Diamant sein werde. Ja, mit der Aussicht kann ich leben. Der Raum ist zwar offen, dennoch scharen sich die Kollegen vor dem Eingang wie Teenager im Einkaufszentrum. Die meisten sind sicher in gemeinsamen Projekten und nutzen das hier als Social Event. Andere scheinen sich hier seit langem wiederzusehen. Hier und da wird sich lauthals lachend begrüßt.

- Wie hat der bloß wieder zugelegt?
- Wie ist denn das Leben so als Papa?
- Was macht deine erste Projektleitung?

Einer der Jungs, die bei der Einführungsveranstaltung in der Fragestunde zur Verfügung standen, ist auch hier. Ich will auch eine Clique haben. Ein Netzwerk halt. Aber das kommt sicher im Laufe der Projekte. Gott sei Dank, da kommt mein Tutor. Im Vorbeigehen begrüßt er fast alle Leute, lässt sie aber stehen und kommt direkt auf mich zu. Er weiß wohl noch, wie verloren man sich als Neuzugang in dieser Runde fühlen kann. Er freut sich sichtlich. Verantwortung empfindet er auf jeden Fall für mich, das merke ich. Aber statt sich in aller Ruhe mit mir zu unterhalten, stellt er mich nach drei Sätzen einigen Kollegen vor, mit denen er scheinbar besonders gut auskommt. Nach drei weiteren Sätzen mit ihnen verschwindet er in einem der benachbarten Pulke, nicht ohne mir noch aufmunternd zuzulächeln. Im nächsten Moment weiß ich auch warum. Die Leute, mit denen er mich zurücklässt, sind schwer in Ordnung, sie nehmen mich wie selbstverständlich auf und beziehen mich voll in das Gespräch ein. Die sind nett. Bevor wir das Gespräch vertiefen können, werden wir hereingebeten und strömen in den Raum. In der Tür steht mein Tutor kurz neben mir und lässt mich wissen, dass ich mein nächstes Projekt voraussichtlich mit den mir gerade vorgestellten Kollegen bestreiten werde. Woher weiß er das denn nun wieder? Er sei aber nicht dabei. Ist auch nicht schlimm, sagt er. Aus der Entfernung könne er mich auch viel besser, objektiver coachen.

Er setzt sich zu seinen Kumpels auf der gegenüberliegenden Seite des Hufeisens, an dem wir Zuhörer uns niederlassen. Wenigstens haben wir Blickkontakt. Meine neuen Kollegen in spe setzen sich rechts und links von mir. Ich fühle mich wohl. Noch zwei Minuten Geschnatter und es wird still im Raum, weil sich der Dozent auffällig in der Mitte des Hufeisens räuspert und alle Anwesenden nacheinander fixiert. Jetzt bin ich gespannt. Der Beamer läuft und wirft eine Willkommensfolie im Corporate Design auf die aus der Decke herabgelassene zwei mal vier Meter große Leinwand. Das kenne ich doch irgendwoher. Anfangs habe ich zwar über die blöden standardisierten Vorlagen für Präsentationen geschimpft, aber diese Wiedererkennbarkeit schafft unwillkürlich ein spürbares Gemeinschaftsgefühl. Unser Corporate Design habe ich offensichtlich bereits verinnerlicht. Das Thema des Vortrages ergibt, selbst in faustgroßen Buchstaben an die Leinwand projiziert, nicht sonderlich viel Sinn für mich. Mal sehen. Eine saubere Einleitung lenkt auch die Aufmerksamkeit jener Zuhörer auf die Optimallinie, die wie ich noch relativ planlos da sitzen. Fünf Minuten und vier Folien später bin ich zumindest sicher, erfasst zu haben, worum es geht und jetzt geht es ans Eingemachte. Davon muss ich nicht alles verstehen, denke ich. Aber die vorkommenden Begriffe werde ich nach dieser Veranstaltung immerhin dem passenden Thema zuordnen können. Auf einmal passiert etwas Seltsames: Ein Berater im Publikum fängt an, sich über einen Detailpunkt auszulassen, unqualifiziert daran herumzumäkeln, als ob der Vortragende diese Tatsache selbst geschaffen hätte. Der Berater beginnt abfällig zu werden; er wirft einige schnittige Anglizismen in den Raum und fischt jetzt nach zustimmenden Blicken in der Runde. Ich suche den Blick meines Tutors. Als er mich bemerkt, verdreht er mit einem Seitenblick auf den Querulanten unmerklich die Augen. Hier passiert offensichtlich etwas schon Gewohntes. Vielleicht tut sogar genau dieser Kerl das schon zum wiederholten Male. Ich verstehe es nicht; das macht für mich keinen Sinn. Da steckt jemand einen Haufen Arbeit in die Vorbereitungen für eine solche Veranstaltung, ist überhaupt bereit so etwas zu machen: Gut, den Raum ordert man samt Verpflegung per Anruf beim Sekretariat, trotzdem ist die Präsentation ein

Haufen Arbeit. Und dann kommt so ein Clown dazwischen, der den Fluss der Präsentation völlig zerstört. Zeit für Zwischenfragen ist ja im Anschluss in ausreichendem Maße vorgesehen. Aber weil die meisten offensichtlich zu schätzen wissen, was ihnen geboten wird, halten sich die Nachfragen des restlichen Publikums in einem gesunden Rahmen. Nach weiteren vierzig Minuten ist die Show vorbei. Bei einem Brötchen und einem Bier – ich trinke lieber Saft, wie sieht das sonst aus – erklärt mir einer der neuen Kollegen in verschwörerisch leisem Ton, dass der Querulant fast jedes PPT besucht und nur nach angreifbaren Punkten sucht, um dann lautstark seine vermeintlichen Erkenntnisse aufzudrängen. Er habe wohl fachlich einiges drauf, sei aber ein komplexbeladenes Paket, das auf Projekten immer wieder aneckt. Da soll sogar schon richtig böses Blut beim Kunden geflossen sein. Wie kommt es nur zu diesem Vertrauen, dass mir das erzählt wird. Ach ja, er weiß sicher schon von meinen nächsten Aufgaben. Das Netzwerk, ich vergaß.

To charge or not to charge

Bei der Rückkehr an meinen Schreibtisch du jour platze ich wieder hinein in die friedlich einige Welt des Nachbarprojektes. Wenigstens ist die durch mein Erscheinen hervorgerufene Stille diesmal kürzer als heute morgen. Ich werde sogar begrüßt.

- Hi, und wie war es?
- War gut. Interessant, wer von euch hält demnächst mal ein PPT?
- Von uns? Vorerst wird das niemand von uns machen. Wir haben bald Produktivstart und alle Hände voll zu tun.

Das klingt in meinen Ohren, als ob sie bald eine Fabrik in Betrieb nehmen, einen Produktionsbetrieb sozusagen. Als ich schon nachfragen will, was es damit auf sich hat, fällt mir mein unausgefülltes Time-Sheet glühend heiß wieder ein. Also los. Es ist so, als ob man über die Zeit, die man wochentags verbringt, ein enges Raster legen würde. Während des Studiums habe ich mich darüber gefreut, dass nicht jede Stunde im voraus verplant ist, sondern dass ich meine Zeit größtenteils selbst bestimmen konnte. Im Arbeitsleben, so dachte ich, ist dann mit dem Gitter endgültig Schluss. Doch weit gefehlt. Ich muss mich regelmäßig hinsetzen und jede Stunde meiner Arbeitswoche in ein Time-Sheet eintragen.

Und damit meine ich nicht einfach protokollieren, wo ich mich wann wie lange womit aufgehalten habe. Die Wissenschaft des Time-Sheet Ausfüllens geht dann erst los. Bei jeder zu erfassenden Zeiteinheit ist eine wesentliche Unterscheidung zu treffen; 'Zeiteinheit', weil es sich ja nicht immer volle Stunden handelt, die zu erfassen sind. Der Projektleiter hat mir eingeschärft, maximal halbstundengenau zu erfassen, weil er aufgrund von Viertelstunden oder womöglich noch kleineren Zeiteinheiten sonst unnötig viele schiefe Zahlen in seinem Projektcontrolling hätte. Also gut, dann halbstündig. Aber zurück zu der wesentlichen Unterscheidung. Was meinen Arbeitgeber am Ende des Monats wirklich interessiert, ist: Kann er meine Arbeitszeit einem Kunden in Rechnung stellen? Wenn ja, dann sind das billable hours, chargable hours oder einfach: weiterberechenbare Stunden. Mit der Erfassung dieser Zeiten ist es aber bei weitem nicht getan. Damit wir uns selbst und auch allen anderen schön dokumentieren, was wir mit der übrigen Zeit gemacht haben – in der wir Weiterberechenbares hätten treiben können und sollen – muss der Rest auch noch sorgfältig aufgegliedert und beim Namen genannt werden. Dann muss ich mich entsinnen, ob ich da gerade an einer Schulung teilgenommen habe, ob ich auf einer Firmenveranstaltung war oder womöglich einen regionalen Feiertag begangen habe. Sicher gibt es ein paar unauffällige, wenig hinterfragte Nummern für das Kaffee trinken und auf dem Flur herumlaufen. Nach dem rechnungsrelevanten Teil klingt das für mich ein wenig wie Selbstzweck oder das Schüren eines schlechten Gewissens. Andererseits ist es gar nicht schlecht, wenn ich darauf achte, so viel wie möglich weiterberechenbar zu machen, denn die Summe dieser Stunden ist die Basis für meinen jährlichen Bonus. Und der soll ja bitte auch unanständig hoch ausfallen! Worauf ich meine Stunden von heute buche, weiß ich noch gar nicht, aber da finden sich sicher auch noch Nummern für. Einige Kollegen machen das anders. Die sind nicht so ehrlich wie ich, sondern stehen lieber auf dem Flur, unterhalten sich mit Kollegen, die sie womöglich auch noch beeindrucken wollen, und tönen dann lauthals herum, dass diese und jene Stunde mal wieder von dem und dem Kunden bezahlt wird. Andererseits habe ich mir sagen lassen, dass das teilweise deswegen so ist, weil die Jungs wirklich schon fünfzig Stunden in dieser Woche beim Kunden geschafft haben, der aber nur zehn Stunden pro Tag akzeptiert. Also werden die elfte und alle weiteren bis zum Donnerstag erbrachten Stunden am Freitag abgefeiert. Andererseits, wenn man am Donnerstagabend schon sein Wochenarbeitszeitsoll erfüllt, eher noch um Tage übererfüllt hat – ist es dann nicht einfach überflüssig, den Freitag in der Niederlassung zu verbringen, um diesen Umstand auch noch zu propagieren?

Reisezeit ist bei meinen Projekten gleich Arbeitszeit. Das scheint nicht überall so zu sein, aber was soll es denn da sonst geben? Wenn ich zum Kunden fahre, dann doch wohl zum Arbeiten und nicht zu meinem Vergnügen. Wie kann da Reisezeit nicht Arbeitszeit sein? Klar, im Zug sitzen und vielleicht auf dem Laptop für den Kunden arbeiten ist sicher unstrittiger, aber dem Zurücklegen hunderter Kilometer auf dem Weg zu einem Kundentermin Freizeitwert zuzuschreiben, wem fiele denn sowas ein? Ich finde es zwar aufregend und es macht mir tatsächlich viel Spaß, aber das ist nur inoffiziell und trifft sicher nicht auf jeden Geschäftsreisenden zu. Na gut. Das Excel-Sheet der vergangenen Woche kopieren und unter aktuellem Namen mit Kalenderwoche speichern. Das ist wie Tagebuch schreiben. So, erst mal der Montag. Montag war ich auf dem Mitlauf-Projekt. Die Projektnummer kenne ich schon auswendig. Losgefahren wie immer, gearbeitet wie immer. Dienstag bin ich heimgefahren wie immer, also muss ich in der Kopie letzter Woche nur das Datum anpassen. Der Mittwoch, der Kick-Off-Tag, hat noch keine Nummer, weil anscheinend das Vertragliche noch nicht hundertprozentig klar ist und wir deswegen ohne echte Projektnummer loslegen. Dafür buche ich diese Stunden jetzt auf eine Schwebenummer. Das ist dann Zeit, die man verbringt, die keinem Kunden direkt berechnet werden kann, aber für die Bonusberechnung zählt, wie echte gearbeitete Stunden. Ich frage mich, ob mein Tutor eine solche Nummer hat und diese dann bebucht, wenn er sich mit mir beschäftigt. Eine Schwebenummer - als ob ich nicht wirklich dort arbeiten würde, nur, weil ein blödes Papier noch nicht mit Tinte versehen und von A nach B geschickt wurde. Also die Stunden von Mittwoch und Donnerstag auf diese neue Nummer. Reisezeit auch gleich Arbeitszeit, sehr schön. Nach einer halben Stunde bin ich fertig, weil ich alles immer mehrfach kontrolliere, damit mir niemand nachsagen kann, ich versuchte mehr Stunden zu erfassen, als ich geleistet habe. Ob eine Stunde der Anwesenheit auch eine geleistete ist, scheint mit ein völlig eigenes Thema. So, alles was ich heute noch zu tun habe, ist die Ergänzungen vom meinem Projektbeurteilungsgespräch in der letzten Woche in die entsprechenden Formulare einzufügen, auszudrucken, unterschreiben zu lassen und abzugeben, dann geht es bald heim. Endlich.

Persönlich

Auf dem Weg zum Drucker, der sich am Ende des Flurs befindet, und den sich heute alle in diesem Flügel des Gebäudes teilen müssen, treffe ich wieder den Berater, der bei der Einführungsveranstaltung die Fragestunde gemacht hat. Ich setze schon an, ihn zu grüßen, lasse es aber, weil ich denke, dass er sich nicht an mich erinnert. Wir waren immerhin siebzig Leute. Neulinge werden immer Quartalsweise zusammengefasst und dann zu diesem Lehrgang geschickt, um auf das Beraterleben eingestimmt zu werden und die Firmenphilosophie und –struktur nähergebracht zu bekommen, mit blöden Rollenspielen und so einem Quatsch. Das mag bei vielen funktionieren, aber mir fehlen wohl die Disziplin und die Fantasie, mir einen jungen, noch pubertierenden Kollegen als den Geschäftsführer eines Unternehmens vorzustellen. Und für eine dieser Sitzungen hat die Firma zwei Berater eingeflogen, die schon etwa ein Jahr dabei sind und Rede und Antwort stehen sollen. Die übrigen Dozenten verließen bewusst den Raum, damit wir keine falsche Scham an den Tag legen und so wurde dann gefragt:

- Seid ihr wirklich nur auf Projekten eingesetzt worden, die euren Qualifikationen und Zielen entsprachen?

Als ob da grundehrliche Antworten zu erwarten gewesen wären. Diese Jungs hatten ja auch noch ein wenig in der Firma vor und werden sich kaum mit Negativmeldungen selbst ein Ei in die Personalakte legen. Die ‚verbale' Personalakte meine ich. In etwa einem Jahr möchte ich auch gerne da vorne stehen und respektiert werden, weil ich das Geschäft immerhin schon zwölf Monate länger kenne als die Anwesenden. Jetzt erstmal die Projektbeurteilungspapiere fertigmachen, dann zurück an meinen Platz, Papiere zusammenheften und wegbringen. Für den Verbleib in der Personalakte.

Letzte Woche hatte ich ‚es' – mein erstes Projektbeurteilungsgespräch. Es war in seiner Methodik wirklich sehr überzeugend. Und das geht jetzt in regelmäßigen Abständen so weiter. Alle paar Wochen findet eines statt, um die hohe Qualität unserer Arbeit zu gewährleisten. Es ist zwar in seiner Vorbereitung und Durchführung ein wenig anstrengend. Wer macht sich schon gerne ausführliche Gedanken über seine eigenen Stärken und Schwächen. Stärken geht ja noch, aber Schwächen? Zu allem Umstand musste ich meine Selbsteinschätzung auch noch eine Woche vor dem eigentlichen Gesprächstermin an meinen Projektleiter übergeben, damit er sich Gedanken dazu machen kann. Im Gespräch führen wir unsere Auffassungen dann zusammen und diskutieren sie; vor allem natürlich die Abweichungen in unseren Beurteilungen. Das findet auf Formularen mit Kreuzchen und ein paar Freitextfeldern statt. Zur Bedeutung der Kreuzchen, ob sie nun bei ‚trifft voll zu' oder ‚trifft überhaupt nicht zu' liegen, gibt es unter der Hand vielerlei Auffassungen darüber, wie sie zu lesen sind. Eben wie bei einem Arbeitszeugnis. Langfristig hat das sicher den Effekt, dass ich mich ständig verbessere. Anders als im Leben gibt jemand darauf acht, dass du ständig besser wirst, deine Fehler erkennst und behebst, deine Stärken siehst und sie ausbaust. Na das hat schon etwas von einer Diamantschleiferei. Wo kann denn das bloß hinführen? Eigentlich nur zum perfekten Berater und dazu noch zum – unter Arbeitnehmergesichtspunkten – optimierten Mensch, selbstreflektiert und sich all seiner Qualitäten bewusst. Außerdem wird die Produktivität und Professionalität ins Unendliche gesteigert. Kein Wunder, dass die ganzen Seniors so eine leuchtende Aura um sich haben – oder bilde ich mir das nur ein, weil ich auch gerne eine hätte? Jedenfalls haben diese ganzen Sitzungen eines gemeinsam: Ein leicht bitterer Beigeschmack ist immer dabei, wenn es um die Dinge geht, die nicht optimal gelaufen sind. Aber diese Punkte werden im Minutenbereich abgehandelt – eigentlich im Sekundenbereich. Es wird kurz angesprochen, was schief gelaufen ist, und dann direkt dazu übergegangen, zu relativieren und Vorkehrungen zu treffen, wie ein weiterer Schnitzer dieser Art vermieden werden kann. Dabei bekomme ich dann auch das eine oder andere Mal zu hören, dass es bei den Koryphäen auch nicht immer so glatt läuft, wie es nach außen hin scheint. Andererseits haben die Jungs in der Regel auch schon so viel geleistet, dass sie sich einen Patzer durchaus erlauben können. Das macht die Helden dann etwas menschlicher und rundet das Bild ab. Wie dem auch sei. Ich muss jetzt schleunigst nach Hause fahren, um meine Polarsachen aus dem Keller zu holen.

Samstag

Free at last

Durchdringendes Gefiepse reißt mich aus tiefem Schlaf. Wie automatisch fluche ich innerlich, dass wohl der nächste Arbeitstag begonnen haben muss, denn es ist das Fiepsen des Weckers, den ich auf Reisen bei mir habe. Der mechanische Griff zum Wecker ist trotz meines noch reichlich hohen Alkoholpegels im Blut einigermaßen zielsicher. Schade, denn ich habe geschlafen wie ein Baby, sogar die Speichellache auf meinem Kopfkissen könnte von einem Säugling sein, wäre sie nicht zehn mal zehn Zentimeter groß. Meine Freundin knurrt nur kurz vor sich hin und dreht sich schnaufend auf die andere Seite. Kein Wunder, dass sie geschafft ist: Immerhin war das gestern ein recht anstrengender Abend. Wer kommt schon auf die Idee, mitten im Winter eine Gartenparty zu feiern? Richtig: unser Gastgeber. Als Kind hatte er alljährlich seine Freunde beneidet, die Ihre Geburtstage mit Gartenpartys begehen konnten. Als nun mehr oder weniger Erwachsener übermannte ihn der Trotz und so feiert er seit einigen Jahren sein Wiegenfest ebenfalls im Grünen – oder eben im Weißen, weil es ja Winter ist und es dieses Jahr nach langem wieder geschneit hat. Da werden neben den Lagerfeuern ein paar mit der Flex zerlöcherte alte Öltonnen mit Holz befüllt und anschließend mit reichlich Benzin begossen ghettoromantisch in Brand gesteckt. Dazu wird gegrillt und aus voluminösen Behältnissen literweise Glüh- und heißer Apfelwein gezapft. Das schafft natürlich. Die Gegenwart meiner Süßen und ein Moment des Nachdenkens festigen meine gerade erlangte Erkenntnis, dass ich mich endlich im Wochenende befinde – und das lässt ein warmes Gefühl in mir aufsteigen. Heute bin ich mein eigener Herr, bin nicht mehr der Handlanger anderer. Ich rebelliere gegen den Wecker, der unter der Woche das trillerpfeifengleiche Startsignal zum Arbeiten gibt. Vor meinem geistigen Auge läuft das Bild von Kämpfern der französischen Revolution ab, und – ganz der Rebell, der ich bin – nehme ich meine Freundin in den Arm und schlafe wieder ein.

Zwei weitere Stunden später lässt sich allerdings der zunehmende Harndrang nicht mehr ignorieren und zwingt mich, das warme, kuschelige und vor allem endlich wieder eigene Bett in Richtung Badezimmer zu verlassen. Während ich bei der Morgentoilette langsam mein Bewusstsein wieder erlange, wächst gleichermaßen die stille Empörung, dass mich die restriktiven Ladenöffnungszeiten Deutschlands dazu zwingen, alle möglichen Erledigungen – zumeist Einkäufe – am Samstagvormittag zu erledigen. Unter der Woche drängelt sich der Ladenschluss immer gerne vor meinen Feierabend, obwohl er da eigentlich nichts zu suchen hat, oder? So bleibt mir nur dieses doch sehr beschränkte Zeitfenster, von dem ich ausgiebigen Gebrauch machen werde, denn heute ist der Tag der Kreditkarte: unterwegs mit den Ziffern, die die Welt bedeuten – meiner Kreditkartennummer. Im Schlafzimmer ziehe ich mich leise und behutsam an und kann dabei beobachten, wie meine Süße langsam wach wird. Als sie erkennt, dass ich mich bereits ausgehfein mache, wird sie hektisch und beginnt sich aufzurappeln. Zwar hat sie alle ihre Erledigungen unter der Woche machen können und müsste daher nicht in die Stadt, doch möchte sie gerne die knappe Zeit mit mir nutzen und schickt sich an, sich ebenfalls fertig zu machen.

- Ohne mich in die Stadt? Läuft nicht! Ich habe die Woche über schon wenig genug von Dir!

Der darauf folgende Dialog über das unnötige Frühaufstehen wiederholt sich jetzt seit einem Monat zuverlässig an jedem Samstagmorgen. Beteuerungen, sie könne ruhig zu Hause bleiben, verklingen unbeachtet. Na dann. Um den Samstag so stressarm wie möglich zu beginnen, überrede ich sie mit mir die Straßenbahn zu nehmen. Wenigstens einmal in der Woche möchte ich die Dienstleistungen anderer wahrnehmen und das – um die Abwechslung zu vervollkommnen – mal außerhalb eines Hotels. Jemand anderem das Steuer überlassen, das klingt doch fein. Meine Süße ist allerdings gar nicht begeistert von dieser Idee. Es sei unbequem, die eigene Musik könne man nicht laut hören und wenn wir dann noch ein weiteres Shoppingcenter außerhalb der Innenstadt aufsuchen wollten, würde es riesig kompliziert werden. Der Einwand wird gehört und verworfen, denn heute bestimme ich das knapp bemessene Freizeitprogramm, also begeben wir uns in den meiner Süßen so unsympathischen und für mich heute so verlockenden öffentlichen Personennahverkehr. Das Frühstück lassen wir in der von mir verbreiteten Hektik ausfallen und begleitet von meinem Versprechen, sie gleich in der Stadt zu einem leckeren Snack einzuladen, machen wir uns auf den Weg zur nächsten Haltestelle.

Wenn ich ehrlich bin, könnte ich heute Morgen beim besten Willen noch nichts Festes zu mir nehmen; Schübe bitterböser Magensäure mahnen die Verfehlungen des Vorabends an. So extrem hatte ich dieses Problem seit meiner Studienzeit nicht mehr. Hoffentlich habe ich gestern nicht zu sehr aufgedreht. Sollte ich mich selbst zum Deppen gemacht haben, wäre das eine Sache. Sollte ich jedoch auffällig geworden sein, könnte das auf meine Firma zurückfallen, da ich in meiner Freizeit ständig in der Windjacke mit dem Firmenlogo auf dem Rücken unterwegs bin. Je länger ich über den gestrigen Abend nachdenke, um so mehr Unsägliches fällt mir wieder ein. Anfangs haben wir uns alle noch gut benommen und ganz seriös über unsere jeweils eingeschlagenen Karrierepfade gesprochen. Jeder hatte eine Menge Spannendes zu erzählen. Später allerdings lockerte sich die Stimmung soweit auf, dass wir völlig pubertär niveaulose Sprüche gelallt, gemeinsam Erlebtes wieder aufgewärmt und diverse Gläser verschlissen haben, bei mehr oder weniger erfolglosen Versuchen einander die Glasböden bündig abzuschlagen. Auf dem kurzen Weg zur Haltestelle mault meine Kleine wieder:

- Wenn wir das Auto genommen hätten, müssten wir nicht so weit laufen!

Mit dem Hinweis auf den fantastischen Tag mit toller Luft und Sonnenschein entkräfte ich auch diesen Einwand. Und tatsächlich lerne ich die frische Luft wieder neu zu schätzen. Unter der Woche stehe ich den ganzen Arbeitstag unter dem Einfluss allgegenwärtiger Klimaanlagen, die dafür sorgen, dass nun wirklich jeder Mitarbeiter einer Etage von der Erkältung etwas abbekommt, die ein Einzelner eingeschleppt hat. Und das Bombardement der Keime wird abends in den Hotels munter fortgesetzt, nicht zuletzt, weil ich immer vergesse, sie auszuschalten. So kommt es, dass ich die Samstagmorgenluft schnaufe wie ein Ackergaul.

Aha – ÖPNV

Die Wartezeit von knappen vier Minuten bis zur nächsten Bahn nutze ich dazu, sie aufzuheitern und zu unterhalten, damit sie erst gar nicht dazu kommt, sich weitere abzuschmetternde Argumente gegen den ÖPNV einfallen zu lassen. In die vorgefahrene Bahn steigen wir vorne bei den bar zahlenden Fahrgästen ein. Die Tatsache, dass wir die Einzigen sind, die das tun, lässt in mir die Vermutung aufkeimen, dass wir von Dienstleistungs-Erschleichern umgeben sind, die auf die Seltenheit von wochenendlichen Fahrausweiskontrollen setzen. Ich nenne artig unser Fahrziel und erwarte die Ansage des zu entrichtenden Beförderungsentgeltes, während ich meine Geldtasche suche – ein Prozedere, wie ich es noch aus Kindertagen kenne. Was ich zu hören bekomme, haut mich fast um:

- Fünf Euro zehn Cent!

Ich schaue den Fahrer ungläubig an und bin sicher, dass er sich im nächsten Moment korrigieren wird, denn wir wollten ja nur in die Stadtmitte fahren, also in die Nachbarschaft und nicht in die Nachbarstadt! Er bemerkt meinen fassungslosen Blick und wiederholt den Betrag laut und langsam, als ob ich schwer von Begriff wäre. Wie in Trance schließe ich das Münzfach und wechsle in das Quartier der Scheine, um unser Ticket zu bezahlen. Fassungslos überprüfe ich noch einmal den soeben entrichteten Betrag, als wir uns hingesetzt haben, und stelle fest, dass ich tatsächlich nicht betrogen wurde. Als ich mich das letzte Mal diese Strecke habe entlang chauffieren lassen, kam ich noch mit ein paar Pfennigen hin. Für den Preis, den ich gerade bezahlt habe, hätte ich früher sogar bis in das nächste Bundesland und zurück reisen können – vermutlich sogar erster Klasse. Unfassbar. Ich brauche einen Moment, um mich wieder zu sortieren. Die für das Ganze Verantwortlichen sind schnell ausgemacht: Ich erkläre meiner Freundin in unverhohlener Entrüstung und entsprechender Lautstärke

- Das ist wegen den vielen Schwarzfahrern, die von den ehrlichen Fahrgäste mitfinanziert werden müssen!

Die verächtlichen Blicke der Mitreisenden werte ich als so verschämtes wie untrügliches Schuldeingeständnis. Nach einer viel längeren Fahrt als ich erwartet habe, kommen wir in der Stadt an. Zunächst wird der Mindestbestand an Hygienebedarf wiederhergestellt, damit mich in der Woche immer ein angenehmer Duft umgibt. Lebensmittel kauft meine Süße ja zum Glück unter der Woche ein. Aber wenn diese Pflichtübung absolviert ist, wird zum Angriff geblasen. Das Bargeld kann sich wieder sicher wähnen, denn jetzt ist es Zeit für die schönste Form, in die Plastik je gebracht wurde. Meine Kreditkarte, die ich jetzt seit zwei Wochen besitze, dient jetzt ihrer edlen Bestimmung: dem hemmungslosen Einkaufen! Kaufkriterien wie Notwendigkeit, Angemessenheit und Preiswürdigkeit nehmen eine Auszeit – es wird gekauft, was gefällt. Zum Beispiel habe ich letzte Woche in einem Hotelzimmer eine wunderschöne Lampe gesehen, die ich unbedingt auf meinem heimischen Schreibtisch haben muss. So mäandern wir auf der Suche nach dieser Lampe durch die Läden und werden schon bald fündig. Meine stolz präsentierte Trophäe in Augenschein nehmend, verleiht meine Freundin ihren spontanen Empfindungen Ausdruck:

- Und die gefällt Dir?

Meinen leidenschaftlichen Preisungen stellt sie den horrenden Preis gegenüber, was mich aber noch in meiner Begeisterung bestärkt, denn mit Luxusgütern kennt sie sich im Gegensatz zu mir nun wirklich nicht aus. Und bevor sie die zweite Batterie an vernünftigen Argumenten überhaupt in Stellung bringen kann, kommt ihr meine längst gezückte Superwaffe, in Form der Kreditkarte, begleitet von einem freundlichen Nicken für die Dame an der Kasse zuvor. Dass meine Süße noch immer ihr Veto gegen solche Einkäufe einlegt, wundert mich ein wenig, denn letzte Woche war es ein Spiegel, den ich unbedingt haben musste. Der war mir in einem Hotel aufgefallen und ich seiner eindrucksvollen Wirkung augenblicklich erlegen. Auch der war sehr teuer, macht sich aber mittlerweile recht gut in unserem Badezimmer. Wenn das so weitergeht, werden sich in unserer Wohnung bald erlesene Möbel und Gebrauchsgegenstände verschiedenster Stile und Epochen versammeln und gleichzeitig einen repräsentativen Querschnitt deutscher Luxushotels darstellen. Dieser Kauf verleiht mir ein Hochgefühl. Zu schade, dass ich diese Woche nur einen solchen Gegenstand auf meiner Liste habe; das eine oder andere High könnte ich noch vertragen und vor allem: bezahlen. Aber wenn ich schon nichts Konkretes erstehen will, dann bleibt immer noch das, wovon man – ob der Notwendigkeit folgend oder im luxuriösen Übermaß – nie genug haben kann: Geschäftskleidung. Und je länger ich darüber nachdenke, desto selbstverständlicher erscheint mir die Notwendigkeit, erstens viel und zweitens erlesen einzukaufen, um mich bei der Arbeit angemessen zu kleiden. Diese neu gewonnene Zielstrebigkeit wird auf dem Weg zu einem renommierten Herrenausstatter erst ins Straucheln gebracht, als mir bewusst wird, dass meine heutigen Ausgaben in keinem Fall von meinem Monatsgehalt abgedeckt werden. Während ich mich also gerade vom letzten Konsumhoch zum nächsten schwingen will, bremst mich eine grundlegende Erkenntnis eiskalt aus: Ich ackere wie ein Stier und verdiene lediglich ein Scherflein mehr als die Jungs in meinem Bekanntenkreis. Stopp: Man zahlt mir nur einen Bruchteil mehr an Bezügen, verdienen würde ich hingegen ein Vielfaches, für das, was ich jede Woche leiste! Aber das wird schon noch werden. Bei dem Engagement, das ich an den Tag lege, wird mein Gehalt innerhalb der nächsten Jahre sicher förmlich explodieren und ich werde nicht mehr wissen, was ich noch alles dafür kaufen soll.

Schuhgestöber

Mir bleibt eine Menge Zeit, diesem Gedankengang nachzuhängen, als meine Süße ihr Mitkommen offenbar durch die direkt aufeinanderfolgenden Besuche von sechs Schuhgeschäften zu rechtfertigen sucht. Eben diese Geschäfte hat sie bereits unter der Woche allein besucht und mit Sicherheit auch schon die selben Schuhmodelle anprobiert, analysiert, evaluiert und zurückgestellt wie heute. Und ich bin mir zu fast hundert Prozent sicher, dass sich das Sortiment seitdem nicht entscheidend geändert hat. Dennoch ist es ihr ein Leichtes, in jedem Geschäft mindestens zwanzig Minuten zuzubringen und trotzdem nichts zu kaufen. Und so wie eines ums andere Paar Schuhe durch ihre prüfenden Hände wandert, sehe ich meine kostbare Zeit unwiederbringlich dahin rinnen. Wenn doch wenigstens etwas dabei rauskäme. Ich erwarte noch nicht mal, dass mit dem Kauf eines Paar Schuhes die Pirsch beendet wäre, doch ein Kauf gäbe dem Ganzen wenigstens einen Sinn, einen Erfolg, ein Ergebnis. Aber nein, die Schuhe, die sie in der Woche nicht haben wollte, weil sie ihr zu teuer waren, sind ihr auch am Wochenende noch nicht günstig genug. Nicht mal meine Spendierlaune lässt sie milder über die Auslagen der Geschäfte urteilen. Demonstrativ ziehe ich mich aus dem Selektionsprozess zurück und setze mich auf einen der Stühle, die eigentlich der anprobierenden Kundschaft vorbehalten sind. Meine Freundin kommt im Zweiminutenrhythmus vorbei, um mir Schuhe vorzuführen.

- Und, wie findest Du die hier?

Meine Anmerkung, dass der oder jener einen äußerst schlanken Fuß macht, wird als oberflächlich abgetan und sie verschwindet wieder in den endlosen Schluchten zwischen prall gefüllten Regalen. Hätte ich hier ein Beratungsprojekt, würde ich dem Geschäftsführer als aller erstes empfehlen, keine Frauenzeitschriften wie Brigitte oder Petra auszulegen, sondern lieber Herrenmagazine oder Wirtschaftsliteratur oder Autozeitschriften. Wer sitzt denn nun letztendlich im Schuhladen in der Damenabteilung zum Lesen verdammt herum? Die Damen bestimmt nicht, denn die probieren ja fleißig Schuhe an; allenfalls mal die mitgebrachte Freundin – obwohl die noch ihrerseits auf Schuhsuche geht. Trotzdem behalte ich diese Meinung für mich. Schließlich habe ich hier kein Beratungsmandat und werde nicht dafür bezahlt, goldwerte Tipps zu verteilen. Seit der Aufnahme dieses Berufs kann ich nicht mehr umhin, in jeder Situation Optimierungsmöglichkeiten aufzudecken, Potenzial zu identifizieren. Obwohl das im Job gar nicht meine Spezialisierung ist. Diesen Blick bringt der Beruf aber wohl mit sich. Und Verbesserungspotenzial ist ja nun wirklich an jeder Ecke zu finden. Als wir das letzte Schuhgeschäft verlassen, hat sich das Thema Einkaufen endgültig erledigt. Der eiserne Besen Ladenschluss fegt uns aus der Einkaufsmeile hinaus zur nächsten Haltestelle. Und so genervt, wie ich jetzt bin, bereue ich, dass wir uns nicht einfach schweigend ins Auto setzen und von gut gelaunten Mitmenschen unbehelligt nach Hause gleiten können. Mein Blick fällt auf unsere Einkäufe und führt mir vor Augen, wie sehr sich meine Prioritäten in den letzten Wochen verändert haben. Ich habe nur noch wenig Zeit für Hobbys und so auch keine Einkäufe dieser Natur getätigt. Das bisschen echte Freizeit, das ich noch habe, wird nur noch zum Ausruhen genutzt. Ich habe dann keine Energie, mich noch sportlich zu betätigen oder die Ruhe, mich auf ein Computerspiel zu konzentrieren, wie ich es früher gerne gemacht habe.

Auf dem kurzen Fußweg zur Haltestelle grüße ich freundlich einen Herrn mittleren Alters, in dem ich einen Mitarbeiter des Kunden, bei dem ich Montag war, wiederzuerkennen glaube.

- Guten Tag!

Der Mann grüßt irritiert zurück, was wiederum mich stutzig macht. Was habe ich gerade verpasst? Auf die Frage meiner Freundin, wer das denn nun war, antworte ich ihr nach bestem Wissen und ernte die berechtigt zweifelnde Spitze, dass es schon verwunderlich sei, ihn hier am Samstagvormittag etwa 300 km entfernt anzutreffen. Und sie hat wohl recht. Der intensive Kontakt zu den Kundenmitarbeitern unter der Woche scheint in meinem Gedächtnis tiefere Spuren hinterlassen zu haben, als ich glaubte. Das erklärt auch den irritierten Blick des Mannes. Na ja, so was kann ja mal vorkommen, denke ich mir und hake es ab. Dass ich vor etwa einer Stunde die Bekannte meiner Freundin hingegen gar nicht erkannt habe und mir, als wir sie begrüßten, ihr Name nicht mehr einfiel, war mir noch unheimlicher als es mir peinlich war. Die gesamte Fahrt nach Hause überlege ich, ob mich der Job nach den wenigen Wochen bereits merklich verändert hat. Die raschelnde Tüte des Herrenbekleidungsgeschäftes beim Aussteigen holt mich wieder in die bereits ergründete Welt mit ihren praktischen Problemen zurück: ein neu gekauftes Hemd sieht ungereinigt doch etwas komisch aus mit all den Verpackungsfalten, deshalb sollte ich die verbleibenden Minuten der Geschäftszeit am Samstag dafür nutzen, die Hemden in die Reinigung zu bringen. Nachdem ich etwa achtzehntausend handgepflückte Nadeln, Kragenpappen und Faltenklammern in den Haltestellenmülleimer versenkt habe, sprinte ich geradeaus zur Reinigung, meiner Süßen zurufend, sie solle doch schon nach Hause vorgehen. Wenn mich meine Mutter so sehen könnte, würde sie verständnislos den Kopf schütteln. Hemden für teures Geld in die Reinigung zu bringen, war ihr schon immer fremd. Sie hat Papas Hemden immer selber gewaschen und gebügelt. Wahrscheinlich tun das auch alle in meinem Freundeskreis so. Aber für so etwas möchte ich keine Zeit mehr verschwenden. Schließlich bin ich mit meinem Job jetzt ein paar Stufen die Dienstleistungs- oder besser Wertschöpfungskette in Deutschland nach oben gestiegen. Da sich das in meinem Gehalt wiederspiegelt, werde ich mir davon ein wenig Zeit, gesparte Zeit erkaufen.

Aufrücken

Meine eigene Zeit ist mittlerweile so knapp bemessen, dass ich gerne einen Euro und fünfzig Cent für dreißig Minuten Zeitersparnis ausgebe. Neben der gewonnenen halben Stunde ist das Ergebnis natürlich auch um Längen besser, als wenn ich es selber mache. Schließlich beauftrage ich Spezialisten. Glücklicherweise bin ich selbst Spezialist auf einem anderen Gebiet und muss nicht auf den Preis von einem Euro fünfzig Cent je Hemd schielen, schließlich kassiert meine Firma dreistellige Eurobeträge für jede von mir erbrachte Arbeitsstunde. Da entscheidet eben die Austauschbarkeit der Arbeitskräfte über den Preis der Leistung. Das erinnert mich an das Bild der Kasten in der Schönen Neuen Welt von Aldous Huxley. Ich gehöre mit meinem gesellschaftlichen Stand als Berater quasi schon zur Alpha – Kaste. Ich bediene mich Leuten aus einer niedrigeren Kaste. Der einzige Vorteil, den diese Leute haben, ist, dass sie sich wirklich nur vierzig Stunden in der Woche um ihren Job kümmern müssen und nicht, wie ich, ihr ganzes Leben darauf ausrichten. Diesmal werde ich durch meinen Nachbarn aus meinen Gedanken gerissen, über den ich beim Verlassen der Reinigung fast stolpere. Er ist im selben Alter wie ich und mit ihm habe ich früher viel unternommen. Dass ich ihn hier treffe, freut mich gleich in mehrerlei Hinsicht, denn so kann ich den obligatorischen Plausch mit ihm führen, ohne ihn deshalb extra besuchen zu müssen; das spart Zeit – das ist gut, ein Haken auf meiner Liste für das Wochenende. Die zweihundert Meter zu unserem Wohnhaus allerdings hat er kein anderes Thema, als die Probleme, die er in seinem neuen Job hat. Gemein seien alle zu ihm, aufwändig die Arbeiten und kompliziert; alles in allem sehr anstrengend. Anstrengend finde ich an alledem nur, dass ich mich stark zusammen reißen muss, um ihn nicht anzubrüllen. Er erzählt von derart kleinen Problemen, die streng genommen gar keine sind. Zu allem Überfluss bin ich sogar davon überzeugt, dass er die Probleme, die er beklagt, durch sein eigenes Verhalten provoziert. Seine Schilderungen lassen schnell erkennen, dass er seine Aufgaben ineffizient und gedankenlos angeht und sich so das Leben selber schwer macht. Ich spare mir aber jeglichen

Kommentar dazu und versuche, die in mir anschwellende Wut auf ihn mit der neu gewonnenen Erkenntnis zu überdecken, dass manche Menschen aus meinem Bekanntenkreis sich einfach in seltsame Richtungen entwickeln. Und die Entwicklung, die mein Nachbar vollzogen hat, erschreckt mich beinahe. Auch seine Erzählungen, mit wem er diese Woche über unterwegs war und welche Mühen wieder unternommen wurden, durch vermeintlich schlaue Organisation von gemeinsamen Aktivitäten ein paar Cent zu sparen, verdeutlichen diese Entwicklung. Die haben noch nie etwas von Opportunitätskosten gehört. Die Haustür rettet mich – und ihn – vor einer grässlichen Eskalation dieses einerseits willentlich, andererseits unwillkürlich mit stumpfen Klingen gefochtenen Wortgeplänkels.

Projekt 3ZKB

Jetzt steht erst mal ein Projekt im eigenen Hause an, denn die Wohnung ist uns schon seit einer Weile zu klein. Und jetzt, da es um das Budget unserer eheähnlichen Lebensgemeinschaft deutlich besser steht als noch vor ein paar Monaten, haben wir beschlossen, das Thema Wohnungswechsel anzugehen. Ich komme mir ein wenig oberlehrerhaft vor, als ich meiner Freundin darlege, wie dieses Projekt meiner Meinung nach anzugehen ist. Da wäre zunächst die Auswahl der zu verwendenden Ressourcen. Neben den lokalen Wochenendzeitungen mit Wohnungsangeboten ist da, ganz der IT-Berater: das Internet. Als Ausgangspunkt für den Auswahlprozess bestimmen wir Basisparameter, wie die gewünschte Grundfläche der Wohnung, die Mindestanzahl der Zimmer, maximale Höhe der Miete, Garagenplatz, Tageslichtbad, Terrasse oder Balkon und gewünschte Wohngegend. Anhand dieser Kriterien fallen schon mal achtzig Prozent der angebotenen Wohnungen aus der engeren Wahl heraus. Meilensteine haben wir natürlich ebenfalls: Der heutige Tag bildet den Projektbeginn, und zum Zieltermin in drei Monaten sollte der Umzug stattfinden. Etappenziele wie die Vertragsunterzeichnung gibt es natürlich auch. Und tatsächlich gelingt es uns, noch für heute mehrere Besichtigungstermine zu vereinbaren. Die aufgrund der Parameter ausgewählten Angebote werden von uns priorisiert und in entsprechender Reihenfolge angegangen. Dass die Route mit den Terminen harmoniert, habe ich natürlich bei den Telefonaten sichergestellt. Vor den Gesprächen glaube ich meiner Süßen noch ein paar Prämissen mitgeben zu müssen, damit auch auf der zwischenmenschlichen Ebene mit den potenziellen Vermietern nichts schief laufen kann. Sie schaut mich an, als ob ich irre geworden wäre, als ich ihr zu erklären versuche, dass der Vermieter die Macht hat, da sich in der Regel mehr als ein Bewerber für die Wohnung interessiert und wir ihn auch nur für diese eine Transaktion ertragen müssten. Daher vereinbaren wir, immer höflich zu sein, selbst wenn es schwer fällt. Aber die saubere Vorbereitung bringt auf Anhieb keine befriedigenden Ergebnisse. Die Termine verliefen fruchtlos; einige habe ich bereits nach wenigen Schritten in die angebotenen Wohnungen abgebrochen, um keine Zeit mit inakzeptablen Objekten zu vergeuden. Das wiederum fand meine Freundin äußerst unhöflich. Auch meine Überzeugung, man müsse so früh wie nur irgend möglich bei Anbietern anrufen fand nicht ihre Zustimmung. Ebenfalls ist es opportun, sich bei Besichtigungsterminen vorzudrängeln, denn Höflichkeit und Anstand können uns in dieser entscheidenden Situation die Traumwohnung kosten; deswegen halte ich an dieser Meinung beharrlich fest. In die von uns derzeit bewohnten Räumlichkeiten zurückgekehrt, werden die Ergebnisse in tabellarischer Form festgehalten und die zugehörigen Annoncen dazu geheftet, um ein wiederholtes Erwägen einer bereits abgelehnten Wohnung in den nächsten Wochen zu vermeiden. Ein eigens dafür angelegter Projektordner nimmt die erstaunlich große Masse Papier auf. Meiner Freundin ist dieses Vorgehen zwar äußerst suspekt, weil ausgesprochen aufwändig, aber sie wird schon herausfinden, dass das die effizienteste Methode ist, um an eine neue Wohnung zu kommen. Mittlerweile ist es 18 Uhr und die beiden Hauptaufgaben des Tages ‚Einkäufe' und ‚Start des Projektes Wohnungssuche' sind erfolgreich erledigt. Ich denke wir können zufrieden mit uns sein. Meine Süße ist da ganz anderer Meinung. Sie wirft mir durch die Blume vor, ihr den gesamten Tag durch meine herrische Hetzerei versaut zu haben. Auch ich bin nach diesem Tag selbst gewählter Umtriebigkeit ein wenig unruhig im Bauch und so wirklich entspannen kann ich nicht, aber das wird sich mit der Zeit schon legen. Wenn alles sich so findet wie ich es mir vorstelle, wird es einige stressige Tage wie diesen wert gewesen sein. Hoffentlich.

Vier Jahre später

Die Zeit ist eine große Meisterin, sie ordnet viele Dinge.
– Pierre Corneille

Sonntag

Same Procedure

Wirr flackern die Bilder über den Bildschirm.

- So ein Schund. Es ist immer derselbe Mist,

sagt sie und schaltet die Programme rauf und runter, ohne sich eines auch nur länger als 2 Sekunden anzuschauen. Was wir letztendlich schauen, ist mir egal, und so ist der einzige Moment in dem ich nervös werde der, wenn sie die Programmplätze jenseits der 30 durchgeht. Denn obwohl wir vor dem heimischen Gerät sitzen, fürchte ich, dass dort oben die teuren Pay-TV Kanäle wie im Hotel lauern. Auf denen verweilt man nur ein paar Sekunden zu lang, schon hat man einen saftigen Posten auf der Zimmerrechnung, weil ja gleich in 24 Stunden-Tarifen abgerechnet wird. Das passiert hier zu Hause natürlich nicht.

- Furchtbar, ein Mist.

Bei solchen Äußerungen bin ich mir mittlerweile nicht mehr ganz so sicher, ob damit wirklich das Fernsehprogramm gemeint ist - sie sich wahrscheinlich auch nicht. Vielmehr habe ich den Eindruck, dass mit den Schimpfereien genau diese Art gemeint ist, wie wir jetzt schon seit geraumer Zeit unsere Sonntagabende verbringen. Der Tag war wirklich schön. Nachdem wir gestern mit Freunden bis spät nachts unterwegs waren, haben wir heute nach dem Ausschlafen mit Freunden im Café bei der Uni gefrühstückt und den ganzen Mittag verplaudert.

Damit die Familie nicht zu kurz kommt, haben wir anschließend bei meinen Eltern reingeschaut und dort auch noch die Einladung zum Mittagessen dankbar angenommen.

- Wenn ihr schon mal da seid, könnt ihr auch noch eine Stunde bleiben und mit uns essen.

Wer sagt da schon nein, wenn ansonsten zu Hause die kalte Küche wartet. Das zog sich dann viel länger als geplant, so dass wir noch gar nicht lange wieder daheim sind. Es ist bereits früher Abend und wir haben uns von der Wohnungstür direkt auf die Fernsehcouch begeben. Da sind wir nun. Und so langsam mischen sich diese Missklänge in unsere Konversation, mit denen ich schon viel früher gerechnet habe. Über das ganze Wochenende hinweg hatten wir eigentlich keine Minute für uns allein, aber ehrlich gesagt hat das auch keiner von uns beiden forciert. Vielleicht ahnten wir beide ja, dass wir dann angefangen hätten, uns einmal – längst überfällig – ernsthaft über unsere Beziehung zu unterhalten. Oder wenigstens über das, was die letzten Monate aus unserer Beziehung gemacht haben. Und so sitzen wir mal wieder nur vor dem Fernseher. Es kommt nichts Vernünftiges, wie eigentlich jeden Sonntagabend. Sie kann es echt nicht mehr sehen, sagt sie. Ich eigentlich auch nicht. Es brodelt wirklich schon eine ganze Weile bei uns, aber wir schieben das klärende Gespräch schon lange vor uns her. Spätestens an einem Wochenende wäre ja die Zeit dafür. Aber die bieten dann auch endlich mal Gelegenheit zusammen etwas zu unternehmen. Und dafür ist uns das Wochenende doch zu kostbar – zum Diskutieren, zum Streiten, womöglich, um festzustellen, dass uns eine viel härtere Zeit bevorstehen könnte, wenn wir uns mal konsequent mit dem Zustand unserer Beziehung auseinander setzten. Vielleicht die Zeit einer Trennung? Also belassen wir es dabei, den Sonntagabend, wie so oft, vor dem Fernseher zu verbringen und über das Programm zu schimpfen. Die wichtigen und damit umfangreicheren Themen anzuschneiden ist ohne wirklichen Nährwert, da wir sie im Zweifelsfall nicht über die notwendige Distanz ausdiskutieren können. Denn diese Woche hat es in sich und wir werden uns nicht allzu oft sehen können. Und weil eben manche Themen mitunter auch mal Tage zum Erörtern brauchen und wir mit Sicherheit einige solcher Themen in der Pipeline haben, lassen wir es letztendlich bleiben. Bald haben wir ja Urlaub, und somit Zeit und Ruhe, um uns um uns zu kümmern. Wie eine Hypothek, die wir zwischen den Urlauben aufbauen und dann auf einmal tilgen müssen. Wer glaubt eigentlich wirklich, dass das funktioniert? Ich nicht.

Na ja, so lange wir es nicht ansprechen und den Sonntag nur irgendwie über die Runden retten, ist alles erst mal in Ordnung. Nur irgendwann muss ich anfangen meinen Koffer zu packen. Sobald ich allerdings aufstehe und ihn aus der Ecke krame, geht im Kopf schon die Folgewoche los. Heute ist das eigentlich kein Thema, da ich morgen lediglich zu einem Präsentationstermin muss und abends wieder zu Hause sein werde. Aber der Reflex sitzt. Normalerweise packe ich am Sonntag, um dann Montag früh, eigentlich mitten in der Nacht, bis zum Mittwochabend zu verschwinden. Also ist Sachen packen gleichbedeutend mit dem Verabschieden des Wochenendes. Punkt. Wirklich packen muss ich ja nicht, aber auch ein Präsentationstermin will vorbereitet sein. Wie waren die 7Ps noch mal? Proper Prior Preparation Prevents Piss Poor Performance. Habe ich die Backup-Folien eingepackt? Ist mein Notebook startklar? Den Anzug lege ich mir ins Wohnzimmer raus, damit ich morgen früh beim ersten Mucks vom Wecker direkt aus dem Bett steigen und mich ins Bad schleichen kann. Die schlechte Laune am Morgen, die ich zu spüren bekomme, wenn ich sie so früh wecke, verdirbt mir sonst ohnehin den Tag, also machen wir das halt so. Also los, Notebook einpacken.

- Oh, Schatz, du packst?

Eine seltsame Ruhe tritt bei mir ein. Na gut, suche ich mal die Sachen heraus, die noch in der Wäsche stecken. Der Wochenende-ist-vorbei-dann-funktionieren-wir-mal-wieder-Modus setzt ein und echte Nähe rückt in weite Ferne. In das Fettnäpfchen, diese spontane und vermeintlich entspannte Gesprächigkeit als Frieden zu deuten, bin ich nur einmal getreten. Der Versuch, in dieser Situation anspruchsvolle Themen zu diskutieren, endete wahrlich desaströs. Ich sei ja ohnehin mit den Gedanken schon bei der Arbeit. Mittlerweile, da ich dieses Prinzip begriffen habe, befällt mich perverserweise eine gewisse Erleichterung, immer wenn es soweit ist. Wenigstens befinden wir uns dann in einer Art wohldefiniertem Zustand. Die Woche über habe ich genug damit zu tun, Situationen zu kontrollieren oder zumindest zu überblicken, da kommt mir dieses Arrangement ganz recht. Fantastisch, wie überzeugend man sich doch am besten selbst belügen kann. Wer soll das auch besser können? Aber wer entlarvt mich schon schneller als ich mich selbst? Und heute habe ich zusätzlich zum Basis-Schuldgefühl noch ein besonders schlechtes Gewissen, weil ich mich wirklich sehr auf die kommende Woche freue. Sie wird sehr anstrengend, aber auch sehr spannend. Noch eine Viertelstunde vor dem Fernseher – natürlich mit der Sendung ihrer Wahl – und wir gehen schon bald ins Bett.

Montag

Startschuss

6 Uhr 15. Wenn der Sonntagabend mittlerweile nichts anderes mehr ist als Achtung, fertig, dann ist der Wecker am Montag das Los! Also los, aufstehen. Ist ja auch schon fast eine humane Uhrzeit. Die Präsentation ist erst für 14 Uhr geplant, aber unser Projektleiter möchte, dass wir vorher noch ein paar Dinge durchsprechen. Als ob ich bei meinem anderen Kunden nichts zu tun hätte. Denn dort, wo ich morgen hinfahre, sind wir kurz vor dem Produktionsstart und da ist noch vieles vorzubereiten. Aber was soll's? Nach dem halb bewusstlosen Duschen noch mechanisch rasiert und beim Morgenmagazinschauen ziehe ich meine Wochenuniform an. Wenigsten muss ich mir nicht wie die Damen der Zunft Gedanken machen, was ich anziehe. Lediglich Farbe und Kragenform des Hemdes, Krawatte und der Anzug wollen ausgewählt sein. Ich entscheide mich für den Yves Saint Laurent mit einer roten Krawatte auf weißem Hemd. Die farbliche Kombination verwendet der amerikanische Präsident, wenn er besonders entschlossene Ansprachen halten muss, habe ich mal gelesen. Und heute brauche ich ebenfalls mein maximal selbstbewusstseinfestigendes Outfit. Innerhalb von 25 Minuten bin ich bereit die Wohnung zu verlassen. Das Verabschieden haben wir uns um diese Uhrzeit abgewöhnt, weil sie erstens in Ruhe weiterschlafen will und außerdem um diese Uhrzeit ihre schlechte Laune nicht wirklich im Griff hat. Dann lasse ich das auch gerne bleiben. Die Alternative ist einfach indiskutabel. Mit klackernden Ledersohlen trotte ich über den Parkplatz zu meinem Auto. Mein Atem steigt in kleinen Wölkchen in die Höhe. Das Notebook kommt in den Kofferraum, denn an einer Raststätte werde ich mir noch ein Croissant genehmigen und ich will vermeiden, dass irgendjemand auf die Idee kommt, mein Notebook womöglich aus meinem Auto zu stehlen. Das passiert anderen Kollegen, nicht mir. Das darauf folgende Drama des Wiederbeschaffens der Daten, derer man noch irgendwie habhaft werden kann, der Versuch die Peinlichkeit vor dem Kunden zu verbergen, weil der ja erführe, dass eventuell auch Daten über ihn abhanden gekommen sind, habe ich zum Glück bisher noch nicht durchmachen müssen. Eigentlich

ist es eine Schande, sich im besten Anzug auf eine mehrstündige Autofahrt zu begeben. Wie sieht der denn dann aus? Und um diese Zeit sieht mich auf der Autobahn sowieso niemand, der das zu schätzen wüsste. Aber mich vor Ort umzuziehen dürfte ein wenig kompliziert werden. Meine Brille, die ich seit kurzem tragen muss, beschlägt sofort, weil ich frisch geduscht bin.

Relativ

Das wird eine wirklich spannende Woche. Das eine Projekt neigt sich gerade dem Ende zu, ein neues Projekt startet am Donnerstag und heute bin ich auf dem Weg meinen Teil dazu beizutragen, ein Neues aufzureißen. Bis zur Autobahn brauche ich eine Viertelstunde. Ich werde nervös, weil ich doch nun wirklich noch ein paar Kilometer vor mir habe und mich jetzt aber erst einmal mit anderen Frühaufstehern durch den einsetzenden Berufsverkehr quälen kann. Ja, drängle du nur, bist ja auch in zehn Minuten im Büro und wenn du vor Schmitz da bist, kannst du ja auch wieder vor ihm verschwinden. Endlich bin ich auf der Autobahn angelangt. Jetzt geht die echte Reise los. Ich bin immer wieder überrascht, wie laut mein Auto bei diesen Geschwindigkeiten wird. Aber noch mehr überrascht mich, dass mich das nach ein paar Minuten eigentlich gar nicht mehr stört. Nicht ohne Grund ist mein Verbrauch an Wattestäbchen seit Beginn meiner Reisetätigkeit merklich gestiegen. Um mich herum fahren fast nur LKWs und Urlauber mit Jetbags auf dem Dach, kleinen Anhängern oder gleich mit dem ganzen Wohnwagen. Die Eltern kramen in den Straßenkarten, die Kinder schlürfen Capri-Sonne und fragen, ob es noch weit ist. Der kleinen Schwester ist schon wieder schlecht. Die: auf in die Sonne, ich: auf zur Arbeit. Die meisten Leute machen lange Autobahnfahrten nur bei Urlauben oder Besuchen bei entfernten, also räumlich entfernten, Verwandten. So sind die Sichtweisen auf meine Reiserei in meinem Umfeld sehr unterschiedlich. Die einen verbinden damit, wie gesagt, nichts anderes als Urlaub. Och, Mensch, du kommst da so viel herum, siehst so viele Städte. Oh, dahin geht es nächste Woche? Toll, die Stadt wollte ich schon immer mal sehen, hast du es gut. Ja genau, hab ich es gut. Die Städte wollte ich zwar auch schon immer mal sehen, aber alles, was ich dann tatsächlich von ihnen zu sehen bekomme, sind Büros, Tiefgaragen, Hotellobbys und -zimmer.

Andere, beispielsweise, die Autobahnfahren eher wie eine Weltreise angehen – Öl prüfen, Beleuchtung testen, Blinker links, geht, Blinker rechts, geht, Abblendlicht geht auch – bemitleiden mich da eher. Dahin fährst du jede Woche, also wirklich jede Woche? Das sind doch mindestens drei Stunden je Strecke und dann noch die Berge dazwischen, da möchte ich nicht mit dir tauschen. Alles relativ. Für mich ist es relativ normal geworden, ab und zu ein paar Stunden im Auto zu verbringen. Zwar kann ich beim Autofahren nicht arbeiten, habe aber wenigstens mal ein paar Stunden Zeit, um meinen Gedanken nachzuhängen. Das ist auch etwas wert. Außerdem fahre ich los, wann immer ich das möchte, und nicht, wann ein Reiseplan dies vorsieht.

Boxenstop

Hey, da ist ja schon der Erste. War ja auch eigentlich nur eine Frage der Zeit, wie lange es dauern würde, bis ich einen meiner alten Bekannten wieder sehen würde. Die Maulesel, das sind die LKWs der großen Autovermietungen. Ich kenne sie mittlerweile alle, zumindest ihre typischen Erscheinungsformen. Und deshalb gibt es mir ein klein wenig das Gefühl, alte Bekannte auf der Autobahn zu treffen. Natürlich kenne ich nicht einen einzigen dieser Menschen, die in diesen 7,5-Tonnern sitzen. Ist ja auch jedes Mal jemand anderes. Aber ich freue mich unterwegs immer über ein wenig Vertrautes. Da kommt er mir gerade recht, dieser weiße Riese mit dem altbekannten Schriftzug, der mich nach wie vor immer wieder zum Grinsen bringt. Die Brummikummer-Servicenummer – die Nummer für Ihre Laster – Brillant, einfach brillant. Etwa in derselben Liga wie der ‚Brotausgang – bitte freihalten'. Man kennt sie einfach – man mag sie einfach. So, bald muss ich mal tanken. Daran habe ich am Wochenende nicht gedacht. Sonntagnachmittag ist mir eingefallen, dass ich die Karre noch auffüllen muss, aber sogar diese vermeintlich unverfängliche Tätigkeit hätte die Gefahr in sich geborgen, den Abschied vom Wochenende und die damit verbundene Unentspanntheit einzuläuten. Also habe ich es gelassen. Aber so langsam wird es Zeit und ein Croissant kann ich mittlerweile auch vertragen. Dazu eine Müllermilch und ich bin satt und happy. Noch sieben Kilometer bis zur nächsten. Na gut. Oh, ich könnte ja auch so langsam mal schauen, wie es in der Stadt dann weitergeht. Bisher habe ich nur die Adresse des Lokals, in dem wir uns vorher noch treffen wollen.

Die Raststätte meines Vertrauens

300m, Blinker raus, 200m, 100m und raus. Bremsraketen zünden und langsam den richtigen Zapfsäulenwald anfahren, rechts PKW, links LKW, das ist ungewöhnlich. Während die Zapfsäule den Kraftstoff in meine Karosse befördert, fange ich an, im Kofferraum nach dem richtigen Falk-Plan zu suchen. Der mit den Stadtplänen zum Bersten gefüllte Schuhkarton bringt etwas heimelige Atmosphäre in meinen Kofferraum. Heimeligkeit allerorten. Ich habe es mir zur Regel gemacht, bei Aufenthalten in fremden Städten, die absehbar 48h überschreiten, einen Falk-Plan zu kaufen. Einmal mit dem Finger durch die kleinen Kunstwerke geblättert – die Bilder unter den Titeln rasen wie ein Daumenkino. Stopp, das ist er. Den hatte ich lange nicht in der Hand, denn das Bild vorne drauf kommt mir so gar nicht bekannt vor. Wann immer ich sonst mal einen der Pläne in die Hand nehmen musste, habe ich mich so oft und lange mit ihnen auseinander setzen müssen, dass ich sie normalerweise auf einen Blick wiedererkenne. Und ich bin schon fast stolz auf meine Sammlung. Früher waren es Fußballbilder, heute sind es Falk-Pläne. So ändern sich die Zeiten. In diesem kleinen unscheinbaren Karton befindet sich mittlerweile ein dreistelliger Euro-Wert an Falk-Plänen. Bei Kollegen soll sich das schon in weit größeren Höhen bewegen, aber ich bin ja erst ein halbes Jahrzehnt dabei, also habe ich noch ein wenig Zeit. Einen Return-on-Investment könnte ich erreichen, wenn ich mal zu Wetten dass??? mit dem Versprechen gehen würde, dass ich, nachdem ich 1/10 Sekunde eines Falkplancover-Bildes ansichtig werde, die dazugehörige Stadt nennen kann. Klack, der Tank ist voll und ich vertage die Idee mit meinem TV-Auftritt. Ich befördere die Zapfpistole wieder in ihr Quartier und schließe den Wagen. Oh Mann, ich warte noch auf den Tag, an dem dieser Typ aus der VW-Lupo-Werbung versucht den letzten Tropfen aus dem Zapfschlauch zu schütteln, den ich gerade verwendet habe. Das versucht der Gute genau einmal bei mir, dann kann er was erleben. Der bekommt dann für die gesammelten Schundfiguren des hiesigen Werbefernsehens eine Pauschalabreibung. Zusammen mit seinem Freund, der zu blöd ist zu unterscheiden, ob jemand ein

Haus oder einen Golf verkaufen will. Vielleicht treffe ich die heute sogar, denn ich fahre in die Stadt, in der sich die Erfinder dieser Menschen zusammengerottet haben. Obwohl, der besagte Tankstellen-Spot wurde meines Wissens in Paris erdacht. Und dorthin haben mich meine Projekte leider noch nicht verschlagen. So – bezahlen, 50m weiter fahren, Auto abstellen, für kleine Berater gehen.

- Guten Morgen

tönt es vom Stuhl, der neben den kleinen Tisch platziert ist, auf dem sich ein Schälchen mit ein paar Kleingeldmünzen befindet.

- Moin,

murmele ich zurück. Wasserlose Toiletten. Fantastisch, wer hat das nur wieder erfunden? Statt eines Rotierhandtuches gibt es wieder nur das dänische Heißluftgebläse. Na gut. Ich klatsche in die Hände unter dem Warmluftstrom. Das macht viel Lärm, es hallt ganz ordentlich und sicher glaubt der Familienvater, der gerade in einer Kabine sein Geschäft verrichtet, dass jemand seine soeben vollbrachte Leistung lautstark honoriert. Aber so werden die Hände nun einfach schneller trocken – als ob sie unter diesen Dingern je ganz trocken werden. Der Familienvater hat sich gerade vom Schreck erholt und kramt nach Kleingeld für den Guten-Morgen-Aufsager. Von mir wird er sicher nichts bekommen. Ich lehne erstens diese Art von Wegelagerei grundsätzlich ab und zweitens waren hier noch nicht einmal Handtücher vorhanden. Abgesehen davon, hatte einer der Vorbenutzer des Pissoirs ganz bedenklichen Haarausfall – und das nicht auf dem Kopf. Auf jeden Fall mit Sicherheit keinen Obolus wert. Auf Wiedersehen tönt er mir trotzdem hinterher. Das ist wohl so verordnet. Danke, dir auch. Falk-Plan raus, Notizen zur Anfahrt auf den Post-it, Post-it aufs Lenkrad und weiter geht es.

Als ich gerade wieder meine Reisegeschwindigkeit erreiche, gibt es mal eine angenehme Überraschung. Ein Anruf von meinem besten Freund. Ich nehme den Fuß vom Gas und lasse mich langsam auf die rechte Spur fallen, damit ich ihn gut verstehen kann. Die Freisprechanlage verbreitet quäkend seine Stimme im Wagen, sie ist eigentlich nur für den innerstädtischen Verkehr geeignet. Allerdings kommt der Anruf zu einem wenig erfreulichen Thema.

Vor einem halben Jahr hat er die Beratungsbranche verlassen, um sich einem Internet-Start-up anzuschließen. Was die so genau machen und wie sie damit Geld verdienen, habe ich nie wirklich verstehen können. Aber er klang immer sehr zuversichtlich. Mit der Zuversicht ist es allerdings jetzt endgültig vorbei. Heute Morgen ist der Umschlag beim örtlichen Amtsgericht eingeworfen worden. Der Umschlag, der das Abenteuer 'Start-up' offiziell beendet. Die Firma, für die er arbeitet, hat Insolvenz angemeldet. Zwar bedeute dies nicht zwingend das Aus, jedoch in der aktuellen Marktlage nun irgendwie doch. Aber aus irgendeinem Grund – das liegt wohl an der Kultur in diesen Unternehmen – nehmen es die Beteiligten recht locker. Er berichtet mir, dass sie dem Vorstand nun vorgeschlagen haben, die ehemalige Job-Seite ihres Internet-Auftritts, mit der Arbeitskräfte mit markigen Sprüchen geködert wurden, in eine ‚Reverse Recruiting'-Seite umzuwidmen, um dort die jetzigen Mitarbeiter zum Anheuern anzubieten, so wie das eine andere Firma getan hätte. Der Vorstand hat nicht ganz so locker und begeistert reagiert, wie sie sich das vorgestellt hätten. Wen wundert es? Die haben alles, was sie an Zeit und Geld hatten, in das Unternehmen gesteckt und, nun ist alles mit an Sicherheit grenzender Wahrscheinlichkeit zum Teufel. Die Mitarbeiter bekommen ja, so wie es aussieht, ihr volles Gehalt noch für drei Monate – zwar nachträglich bei Eröffnung des Insolvenzantrages, aber dennoch – gezahlt. Durch die abschlägige Entscheidung des Vorstandes sei man nun doch gezwungen Online-Bewerbungsmappen zu erstellen, wie das in der Branche üblich sei. Na, dann haut mal rein! Pflichtbewusst versichert er mir die Ausführung meines ausgesprochenen Dauerauftrages, täglich über die neusten Ereignisse Bericht zu erstatten – zumindest solange das Telefon noch nicht abgestellt wird.

Das nächste Projekt: Prestige oder Progress

Mal schauen, ob es was wird mit dem angestrebten Projekt. Eigentlich bin ich nicht so hundertprozentig scharf auf eines bei diesem Kunden. Er ist dafür bekannt, sich einen Moloch an Projekten zu halten, die sich nur allzugern gegenseitig in die Parade fahren. Da ist dann mehr Politik zu betreiben, als dass man produktiv arbeiten kann. Und wenn ein solcher Kunde mal mehrere Projekte mit externen Beratern hinter sich gebracht hat, stellt er fest, dass ein eingespieltes Team von Könnern die Präsentation macht, das Projekt dann aber so weit wie möglich mit Neulingen bestückt wird. In der Konsequenz verlangen diese Kunden eine vertragliche Zusicherung, dass die Berater, die präsentiert haben und auf bohrende Nachfragen hin ihre fundierte Kompetenz beweisen konnten, auch letztendlich das Projekt durchziehen. Am Ende dieser Kette stehe dann ich in einem Projekt in der Stadt der Erfinder der ausgewählt blöden VW-Fahrer. Führe mich nicht in Versuchung, absichtlich schlecht zu sein! Manchmal – viel zu selten – ergibt sich die schöne Situation, sich wirklich aussuchen zu können, welche Projekte man machen möchte und welche nicht. Dann findet eine vielschichtige Bewertung der Situation statt, bei der berufliche wie persönliche Faktoren mitspielen. Aus beruflicher Sicht muss ich mich fragen: Welches der Projekte bringt mich weiter? Diese Frage fächert sich weiter in die fachliche und die politische Ebene auf. Abzuwägen ist, ob es momentan eher opportun ist, etwas für seine fachliche Weiterentwicklung zu tun, oder ob andererseits ein Projekt aus der Sicht von Vorgesetzten einen Stellenwert und vermeintliche Komplexität aufweist, dass mich die Übernahme im subjektiven Ansehen weiterbringt. Gold ist natürlich, wenn beide Aspekte gegeben sind. Aus der persönlichen Sicht stellt sich die Frage: Worauf habe ich ganz einfach mehr Bock? Will ich in einer Provinzstadt ein hochanspruchsvolles Projekt machen, das mich fachlich enorm weiterbringt? Oder gehe ich lieber zum 08/15-Projekt in meine Lieblingsgroßstadt, in der Freunde von mir wohnen, mit vielleicht sogar den Kollegen, mit denen ich gut klar komme? Bei dieser Vorstellung wird mir spontan warm ums Herz. Tja, das wäre dann die Wärme in Äquatornähe – Herz – und die kühle Überlegung am Nordpol des Körpers. O.k., meine kalten Schweißfüße wären in dem Bild dann der Südpol, aber das tut hier nichts zur Sache. Platin bei diesen Abwägungen wäre dann, wenn fachliche und persönliche Vorteile zusammen kämen. Dann kann man sich nur noch gratulieren. Ich habe mir leider nie in diesem Sinne die Hand schütteln können. Statt dessen dominierte oft die geballte Faust in der Hosentasche.

Entre dos tierras

Zeitlich ist es meistens so, dass ein Projekt in ein anderes woanders übergeht. Sei es bei demselben oder bei einem anderen Kunden.

Meistens addieren sich dann die Engagements zu einer Auslastung jenseits der 150%. Aber manchmal, ganz manchmal – ein Vertrag ist noch nicht unterzeichnet, ein Anruf kam noch nicht, ein mysteriöses Gremium hat sich noch nicht bequemt – kommt es vor, dass sich zwischen zwei Projekten ein Loch auftut. Ein Loch. Und das sollte ja eigentlich in all dem Stress etwas Willkommenes sein. Freizeit. Zeit zum Weiterbilden und zum Erholen. Zeit zum Besinnen, zum Planen. Zeit für Privatleben. Zeit für das, was man schon lange vor sich herschiebt und just immer dorthin geschoben hat, wo man sich dann endlich befindet. Zwischen zwei Projekten. Entre dos tierras estás – y no dejas aire que respirar (Heroes del Silencio). Da ist leider mehr dran, als der Text zunächst erahnen lässt. Statt endlich den aufgeschobenen Kurzurlaub zu machen, statt endlich die Probleme zu Hause mal in aller Ruhe zu klären, statt mir bewusst zu machen, wieviel Geld ich der Firma sonst pro Monat hereinbringe und mir die Gegenleistung in Form von ein wenig Ruhe einzufordern, statt dessen fühle ich mich einfach nur schuldig. Nicht vor der Freundin, die es verdient hätte, sich vor ihr schuldig zu fühlen, nein, vor der Firma und vor mir selbst. Ich werde zum Kostenträger statt zur Umsatzmaschine. Ich koste die Firma Geld. Andere ernähren mich. Ich bringe nicht die Leistung in Form des Honorars, das ich erwirtschafte. Klar bringt das im Privatleben eine gewisse Entspannung und Aufwind für die Beziehung. Wir freuen uns dann, endlich Zeit miteinander verbringen zu können. Trotz der Probleme ist Zeit für einander immer schön. Und diese Zeit dann gleich mit Problembewältigung belasten? Nein, erst einmal genießen. Mit Sicherheit kommt das nächste Projekt vor der Bereitschaft, sich dann doch mit dem Aufgeschobenen auseinander zu setzen. Mit der Zeit entsteht sogar eine Art intellektueller Unterdruck. Sonst bin ich es doch gewohnt, nicht nur ständig unter Strom, sondern auch in einem stetig auf mich hereinprasselnden Fluss von Ereignissen und Informationen zu stehen, der mich ständig fordert. Normalerweise wechseln sich von außen neu auf mich hereinprasselnde und von mir selbst gesteuerte Aktionen gleichermaßen ab und addieren sich immer zu 120 Prozent Auslastung. Und jetzt? Jetzt hängt auf einmal nur noch von mir ab, was ich tue oder nicht. Kein Projekt, auf das ich projizieren könnte, was geschieht, wenn ich mich nicht darum kümmere oder eben nicht. Das macht mich nervös. Ich denke die Zeit zwischen zwei Projekten kann etwas Wunderbares sein, wenn man nur bereit ist, damit umzugehen. Aber mich macht es schon fast unruhig, wenn ich nicht spätestens alle zwei Tage an der Tankstelle bin und das Auto volltanke. Das bedeutet wohl, dass ich das mit dem Entspannen nicht wirklich gut hinbekomme. Och, schon wieder Stau. Stillstand, pfui! Der Wagen vor mir hinterlässt beim Stop-and-Go eine kleine Wasserrinne. Der Glückliche hat eine Klimaanlage. Die hätte ich auch gerne. Als ich das erste Mal im Stau hinter einem Fahrzeug stand und ein Wasserrinnsal darunter hervortreten sah, bin ich ausgestiegen, um den Fahrer freundlich darauf hinzuweisen, dass er Wasser verliere. Das war das erste und letzte Mal, dass ich mich als Unwissender um die Ausstattung von teuren Personenwaren geoutet habe. Warum geht es denn hier schon wieder nicht weiter? Es ist nicht zu erkennen. Und dann auch noch bergauf. Mit einer Automatik wäre das halb so wild, aber ohne eine solche nervt das mächtig. Na prima, ist gar nichts auf unserer Fahrbahn. Auf der Gegenrichtung ist ein Unfall passiert und die Vollidioten vor mir gaffen, was das Zeug hält. Am besten provozieren sie doch gleich noch einen Unfall auf dieser Seite, dann muss man nicht bis auf die andere blicken. 20 Meter nach der Unfallstelle geht es erst wieder in die nächste Beschleunigung. Na, dann berechnen wir mal neu. Noch ca. 40 km, bei einer langgezogenen Auto-Kolonne mit 160 km/h, da sollte der Stadtkern in einer Viertelstunde erreicht sein. ETA (Estimated Time of Arrival) 12 Uhr, passt doch perfekt. Im Stadtkern liegt dann das Lokal, in dem wir uns gleich treffen. Eine Stunde vor dem Präsentationstermin.

Die letzte Meile

Zum Glück und anhand meiner Notizen kann ich mich an ein paar wenigen Hauptstraßen entlanghangeln und finde das Lokal recht schnell. Das Notebook nehme ich mit, das ist sicherer. Über der Eingangstür prangt der Name ‚Silenius'. Was dann nun wieder heißt? Klingt irgendwie nach Ruhe, nach Schlaf. Könnte ich jetzt beides gut gebrauchen, Ruhe und Schlaf. Geplant ist aber: präsentieren und überzeugen. Das Lokal hat mein Tutor ausgewählt, der designierter Projektmanager für dieses Engagement ist. Ich glaube, er hat in dieser Stadt studiert, denn das würde erklären, wie wir zu diesem Treffpunkt kommen. Da sitzen die beiden ja schon. Er und sein Partner. Sein Förderer und

Forderer. Die beiden sehen aus wie Vater und Sohn und wenn man ihnen beim miteinander Reden zuhört, bekräftigt das diesen Eindruck noch. Es ist ein echtes Studentencafé. Am Nebentisch frühstücken drei Kerls, einer von ihnen mit langen Rastalocken und Nickelbrille. Wahrscheinlich läuft in der WG das Waschbecken vor dreckigem Geschirr über, der Kühlschrank ist leer oder voller Leben. Gerne würde ich mit euch tauschen, Jungs. Wir drei sehen in dieser Umgebung aus wie Pinguine, die ihren Eisberg nicht mehr finden, sich verirrt haben. Mein Tutor und sein Partner sind bester Laune und werden gerade mit dem Essen fertig. Wieso das denn jetzt? Ach ja, wohnen ja beide in dieser Richtung der Republik und waren wohl arg früh hier. Ich habe sowieso keinen Hunger.

- Guten Morgen!
- Hey, alles klar?
- Ja, bestens.
- Na gut, dann wollen wir uns mal abstimmen.

Also einer der Vorstände des Kunden, der uns eingeladen hat, kennt unseren Partner schon von seiner letzten Position, wo er schon einmal mit ihm zusammen gearbeitet hat. Und der will uns unbedingt in diesem Projekt haben. Und wenn wir richtig informiert sind, ist er der wirkliche Entscheider in diesem Zusammenhang.

Das ist ja wunderbar, ein freundlicher Entscheider sitzt im Publikum – das gibt Sicherheit. Das Projekt haben die eigenen IT-ler des Kunden bereits vor einem halben Jahr versucht in den Griff zu bekommen, sind aber kläglich gescheitert. Da gibt es dann also noch den Projektleiter dieser Aktion oder eben seinen Nachfolger, auf dem dann ebenfalls entsprechender Druck lasten wird. Der Rest der Anwesenden ist überwiegend zum Repräsentieren da. Und wir zum Präsentieren, na dann ist ja alles klar. Und dafür mussten wir uns nun so viel früher treffen? Wahrscheinlich sind wir nur so früh hier, weil die beiden, mein Tutor und der Partner, die Gelegenheit genutzt haben, um noch andere Dinge zu besprechen. Dass ich zu solchen Gelegenheiten nur knapp in der Zeit ankomme, ist hinlänglich bekannt. Die beiden können sich gut leiden und ein Fürsprecher kann in dieser hohen Position ja nie schaden. Noch ein paar Tassen Kaffee, ein paar Personalia berichtet, die Lage des Unternehmens besprochen, damit der Smalltalk qualifiziert stattfinden kann. Beamer vorhanden? Ist das Verdunkeln des Raumes möglich? Internetanschluss vorhanden? Noch ein wenig Gescherze zum Auflockern und zwei Tassen Kaffee später kann es losgehen.

Die letzten Meter

Wir melden uns am Empfang. Das Büro des Kunden ist nur fünf Minuten Fußmarsch vom Studentencafé entfernt, sodass ich das Auto beim Café stehen lasse. Ein echtes Kontrastprogramm. Edelst eingerichtete Eingangshalle, das Logo prangert nicht nur über dem Eingang, sondern auch eingraviert unter unseren Füßen im Granitboden. Darf man da überhaupt drauftreten? Die Dame, bei der wir uns anmelden, sieht aus wie ein Model aus einem Quelle-Katalog, von den Business-Kostüm-Seiten. Mittleren Alters, gepflegt und freundlich. Ihre charmante und perfekte Art bringt uns schon vorab in eine positive Stimmung. Ich glaube nicht, dass man – von ihr begrüßt – selbst schlechteste Laune aufrecht erhalten könnte. Das machen sie sicher mit Methode. Sowohl beim Betreten als auch beim Verlassen der Firma. Ob es dafür Schulungen gibt? So eine wie für Stewardessen? Sicher gibt es da so was. Eine halbe Minute später werden wir vom eben genannten Vorstand persönlich abgeholt, der meinen Partner herzlich aber beherrscht begrüßt – wie sähe das denn sonst aus? Wie eine abgekartete Sache. Ist es auch, aber wen geht das schon an? Der Aufzug riecht irgendwie nach Arztpraxis. Da ist unser Raum. Enter three witches, also wir. Daran zumindest erinnert mich die Reaktionen einiger der Anwesenden. Hier erinnert zunächst nichts auch nur ein wenig an das Lächeln der freundlichen Dame vom Empfang. Wir sind doch gar nicht in böser Absicht hier. Wir bringen doch Know-how und Arbeitskraft, freut euch. Dann doch noch freundliches Lächeln, allgemeine Vorstellungsrunde. Beim Nennen unserer Jobtitles, sozusagen unserer Ränge, beobachte ich die Reaktionen der Anwesenden. In diesem Moment wird mir wieder klar, wie fremdartig diese ganzen Konstrukte, zusammengesetzt aus Analyst / Consultant / Senior / Junior / Manager / Director / Partner, zunächst in den Ohren der Kunden klingen müssen. Die Namen aller Anwesenden kann ich mir sowieso nicht gleich merken, den vom Vorstand und vom IT-Leiter kenne ich vom Briefing gerade im Silenius. In der Zeit für das Aufbauen und das Hochfahren des Notebooks wird ausgiebig die Schönheit der Stadt besprochen, die Anreise diskutiert und so weiter und sofort. Die Sitzordnung erinnert an eine Schulklasse, alle nach hinten, wir müssen laut reden. Die IT-ler blicken skeptisch und neugierig drein und beäugen mein Notebook neidisch. Was kann ich denn dafür, dass wir immer die neuesten, leichtesten, elegantesten am Markt verfügbaren Geräte haben? Ätsch. Ist meiner. Bevor ich den allerdings auf die Versammelten loslassen kann, muss ich ihn noch schnell entschärfen. Daran hatte ich nicht gedacht. Das Hintergrundbild des Windows-Desktops zeigt die rückwärtigen Ansichten fünf schöner Frauen in leichten Produkten eines bekannten Unterwäscheherstellers. Außerdem würde es sicher nicht von Vorteil sein, den Bildschirmschoner mit dem grünen Logo des besten Bierbrauers Deutschlands mitten in der Präsentation zu erblicken. Jetzt aber gut, es kann losgehen. Ich stelle die Verbindung zum Beamer her und teste sie. Super, das übliche Jonglieren mit den Auflösungen entfällt. Da stört es kaum noch, dass zum Projizieren nur eine rissige Wand zur Verfügung steht. Ich schalte zunächst die Verbindung wieder ab. Es gibt nichts Peinlicheres, als mit ansehen zu müssen, wie ein Präsentierender umständlich, unbeholfen und nervös versucht, die Powerpoint-Präsentation zu finden, die er in einem Unterverzeichnis versteckt hat, an das er sich dann nicht mehr erinnern kann und dann noch beim Öffnen der Datei Probleme hat. Das disqualifiziert früh, wenn man IT-Beratung verkaufen möchte und dann noch nicht mal mit Powerpoint umgehen kann. Außerdem könnte es dabei passieren, dass der Kunde während der Suche nach der richtigen Datei in der wohlgepflegten Verzeichnisstruktur die Namen seiner Konkurrenten zu lesen bekommt. Dass wir mit all denen natürlich auch zumindest im Kontakt sind, dürfte klar sein, muss aber nicht dilettantisch belegt werden. Das wäre sehr unprofessionell. Wirklich peinlich allerdings wäre es, allen Anwesenden zu zeigen, dass man auch im Verteiler von Scherz- E-Mails steht und auch über solche in Powerpoint-Format verfügt. Erektion.ppt, das wäre ein echter Fehltritt und würde manchen in seiner schlechten Meinung über Berater bekräftigen. Zusammengeschustert aus drei alten Präsentationen steht sie nun startklar und wartet hinter der Begrüßungsfolie mit den Logos unserer Beratung und dem des Kunden, um entfesselt zu werden. Let us entertain you. Die Vorstellung beginnt. Was unterscheidet uns denn in diesem Moment noch von anderen Unterhaltungskünstlern? Ein paar einleitende Worten des Partners und des Vorstands, und ich kann loslegen. Da erstrahlt sie in den gewohnten Farben, die erste Folie des Templates, anhand dessen die Folien erstellt werden, mit denen zahllose Präsentationen pro Jahr gehalten werden. Statt der oft verwendeten Diashow bauen sich unsere Folien wie kleine Geschichten auf und beziehen den Kunden dabei immer sorgfältig ein. Dabei muss immer darauf Acht gegeben werden, nicht zu verspielt zu wirken, aber darauf achtet schon vorab unser Backoffice, das die Qualität unserer Präsentationen vorab auf Herz und Nieren testet und verbessert. Und so sind die Folien immer eine runde Sache. Bei der Vorstellung unserer Organisation muss ich mich ein wenig zusammenreißen, ob der häufigen Wiederholungen dieses Parts nicht ins gebetsmühlenartige zu verfallen. Konzentrieren. Manchmal denke ich, die regelmäßigen Restrukturierungen nach Lines of Business, Divisions, Regional Offices dienen nur dazu, genau dies zu vermeiden. Die letzte Umsortierung habe ich nicht ganz verstanden, ein Grund mehr, bald zum eigentlichen Thema zu kommen. Was interessiert den Kunden, wie wir außerhalb unseres Teams im Detail organisiert sind? Wir scheinen mit unserem Termin vor die Mittagessenzeit beim Kunden geraten zu sein, die Kekse sind aufgebraucht, bevor ich überhaupt erst auf der dritten Folie bin – rekordverdächtig, aber allemal besser als einnickende Zuschauer, denen das Kantinen-Schnitzel mit Pommes schwer im Magen liegt.

Unser heutiges Publikum ist alles andere als müde und passiv, im Gegenteil. Bei der Erläuterung eines technischen Details der von uns empfohlenen Software kann sich der alte und neue Projektleiter nicht mehr zurückhalten und beginnt ausführlich daran herumzumäkeln. Dabei handelt es sich um eine aus den einschlägigen Medien hinlänglich bekannte Eigentümlichkeit, die immer mal wieder gerne kritisiert wird. Ihm sollte daher klar sein, dass ich auf diesen Einwand vorbereitet bin. Seine Ausführungen bekräftigt er mit wildem Herumgefuchtel seines Laserpointers. Ich nehme an, dass er sich einerseits deshalb zu Wort meldet, um vor seinem Vorgesetzten zu glänzen und bei diesem Projekt vielleicht aktiver zu sein als beim letzten. Möglich ist aber auch, dass er gegenüber dem Softwareprodukt deshalb negativ gestimmt ist, weil dessen Komplexität unseren Einsatz mehr erfordert, als ein anderes das würde. Einen Moment wird mir richtig warm, denn obwohl ich weiß, dass ich die Frage locker beantworten kann und die fünf zu erwartenden Rückfragen gleich mit, kann ich mir nie sicher sein, wie mein Gegenüber darauf reagiert. Eine angespannte Stimmung kann ich jetzt hier nun wirklich nicht gebrauchen. Also los. Ich bedanke mich herzlich und begeistert für die Frage, betone ausführlich die Wichtigkeit dieses Einwandes. Seine Frage unterstreiche seine Fachkompetenz und zeuge von einem hohen Informationsgrad. Da ich nun im Vorfeld schon erfahren habe, aufgrund welcher Umstände bei diesem Kunden dieser Punkt besonders kritisch zu sehen ist, kann ich noch mit meinem Wissen um die Eigenheiten des Kunden glänzen. Es scheint mir, als ob ihn das sogar wirklich ein wenig beruhigt. Seine Frage ist beantwortet und er hat sein Gesicht nicht verloren. Im Gegenteil. Der Vorstand nickt mir zustimmend zu, um mich mit der Präsentation fortfahren zu lassen. Meine Körpertemperatur ist wieder auf normalem Niveau. Meine Sportuhr mit diversen Sensoren für Vitalfunktionen könnte mir das bestätigen, würde ich sie hier tragen. Ich kann also in Ruhe weitermachen. Jetzt, wo ich mir meiner Sache endgültig sicher bin, macht mir eine meiner eigenen Unarten zu schaffen. Wann immer die Beschaffenheit des Raumes es erlaubt, wandere ich beim Präsentieren herum. Und zwar durch den ganzen Raum. Von rechts nach links, von hinten nach vorn. Immer schön langsam und bedächtig, damit ich statt der Dynamik keine Unruhe dadurch erzeuge. Die kleine Anekdote, die ich bei der nächsten Folie immer gerne zum Besten gebe, kann kommen. Sie werden es mir jetzt sicher nicht übel nehmen, im Gegenteil. Wahrscheinlich könnte ich jetzt sogar von meinen Marathonläufen erzählen und es würde mir als Mittel zur Auflockerung angerechnet. Aber heute lieber nicht. Dem Rest der Präsentation hört der designierte Projektleiter nickend zu, sogar unterbrochen von ein paar bekräftigenden Einwänden. Na also. Der Rest der Präsentation verläuft relativ ereignislos und so kann ich mich bald wieder auf den Weg machen. Die Visitenkarten sind verteilt, die Hand-outs liegen bereit und keine akute Nachfrage ist mehr offen. Warum gebe ich mir eigentlich immer so viel Mühe mit den Hand-outs, wenn dann doch wieder nur die zusammen mit den Folienausdrucken ausgelegten Werbeartikel mitgenommen werden? Menschen sind Menschen, denke ich und verabschiede mich. Tschüss, bis bald vielleicht. Mein Tutor und sein Partner bleiben noch. Sie haben noch mit dem Vorstand zu sprechen.

Die Reisekostenfalle

Ich bin gespannt, ob, und wenn ja wann, wir den Zuschlag für dieses Projekt bekommen. Warten wir es ab. Auf jeden Fall bedeutet dieser Tag für mich einige Stunden in Ruhe allein auf der Autobahn. Das ist ja auch etwas Schönes, wenn man sich sonst nur in den Mühlen der Bahn oder der Airlines befindet. Ich finde beim Reisen nichts furchtbarer, als das Diktat von Fahrplänen. Schlimm genug, dass sie einem immer drohen: Um 6 Uhr 32 fahre ich los, ob du dabei bist oder nicht! Nein, der Gipfel des Machtmissbrauchs ist es, wenn ich mich dann schon unter Einhaltung eines Sicherheitspuffers von einigen Minuten am Gleis oder am Gate eingefunden habe und sich die Abreise dann erstmal kurz um 8 Minuten verspätet. Die Kilometerpauschale für die heutigen Autofahrten bringt zusammen mit dem Spesensatz auch noch ein kleines monetäres Bonbon. Das Essen im Silenuis hat zwar der Partner gezahlt, aber das werde ich wahrscheinlich bei der Abrechnung schon wieder vergessen haben, der Partner sowieso. Eine gute Gelegenheit mir Gedanken zu machen, wie ich in der Reisekostenbilanz gerade dastehe. Habe ich einen Abrechnungsstau oder schwimme ich noch im warmen Wasser der erstatteten Kosten? Noch einmal werde ich nicht in diese Falle tappen, die Reisekostenfalle. Der erfolgreiche Umgang mit Reisekosten ist ein Bündel aus Disziplin, Überblick und Sorgfalt. Mit all diesen Tugenden bin ich leider nicht sonderlich reichlich gesegnet. Zumindest, sobald es um Verwaltungsangelegenheiten geht. Daher bin auch ich, wie so viele andere Kollegen vor mir, in die Reisekostenfalle getappt. Mit offenen Armen erwartet sie jeden, der seine Kontostände nicht regelmäßig kontrolliert und sich nicht bewusst ist, wessen Geld da nun gerade auf dem Konto ist.

Beleuchten wir doch einmal die Anatomie dieses heimtückischen Systems anhand dieses Diagramms:

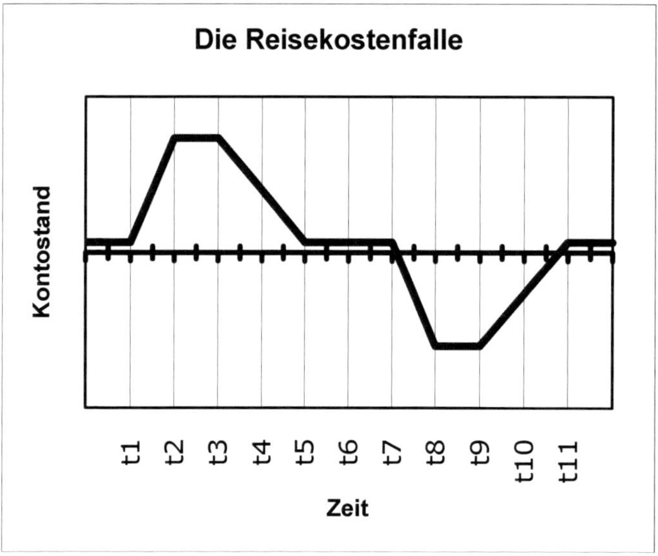

Diese Anatomie ist für das Abrechnungsmodell gültig, bei dem kein Vorschuss gezahlt wird und alle Ausgaben mit Kreditkarten beglichen werden.

t0 Normalniveau: Der Kontostand hat zu Beginn der Reisetätigkeit ein unspektakuläres Normalniveau. Das Gehalt unterbindet, wenn es gut läuft, regelmäßig den dauerhaften Aufenthalt in der Dispo-Zone.

t1 Beginn der Reisetätigkeit: Bei Kreditkartenzahlung und erst recht bei guten Kreditkartenverträgen ist es nun mal so, dass die Abbuchungen der Hotels, Restaurants, Flugtickets und Tankquittungen länger auf sich warten lassen als die Erstattung derselben. So schwillt der Kontostand recht schnell auf ein beachtliches Niveau an. Unter diesem Gesichtspunkt könnte eine sehr langsame Reisekostenstelle bei der Vermeidung der nun folgenden Katastrophe sehr hilfreich sein.

t2 Gipfel: Hurra, das Konto ist voll. Wer hier schlau ist, packt das Geld auf ein Tagegeldkonto oder legt es anderweitig kurzfristig verfügbar an.

t3 Eintretende Nachlässigkeit: Oder man ist so blöd wie ich, und macht endlich mal die Anschaffungen, die einem schon ein ganze Weile vorschweben. Oh, kaufen tut doch so gut. Erst recht, wenn der Kontostand immer im Positiven bleibt. Einer geht noch ...

t4 Yess: Kleine elektronische Spielzeuge machen Spaß und sind darüberhinaus auch noch Statussymbol. Ich liebe meinen Job.

t5 Touchdown: Nun, da bin ich wieder wo ich herkam.

t6 Trügerische Normalität: Oder auch nicht. Ich habe mir ein paar Dinge gekauft, die teuer waren und unheimlich viel Spaß machen. Das Konto sieht ja jetzt aus wie vorher. Aber tut es das wirklich? Nein! Tut es ganz und gar nicht. Es schwimmt auf einer Luftblase und die platzt spätestens, sobald ein oder mehrere Projekte vor Ort, d.h. ohne Reiserei angesagt sind.

t7 Heimkehr: Endlich ein Projekt vor Ort. Endlich keine Reiserei mehr. Hach, wie schön. Zumindest für eine Weile. Das schon. Aber was passiert denn da mit meinem Konto? Gut, ich habe schon immer mal wieder darüber nachgedacht, dass mein Kontostand auf Pump basiert und deswegen ein latent schlechtes Gewissen mit mir herum getragen, aber jetzt bekomme ich meine Befürchtungen in konkreten Zahlen serviert.

t8 Der Boden ist erreicht: Ich dachte schon, das nimmt gar kein Ende. Wo sonst die nicht enden wollende Kette aus Rechnungen, die mir überwiesen und dann wieder über die Kreditkarte abgebucht wurden, sonst im Hintergrund vor sich hin tickerte, schlägt jetzt jede weitere Rechnung ein wie eine Bombe. Das müsste es doch jetzt aber gewesen sein. Bitte lass es vorbei sein. Schau Dir doch nur meinen Kontostand an.

t9 Triage: So kann das nicht weitergehen. Meine Dispozinsen fressen mich auf. Ich muss etwas tun. Eine neue Bescheidenheit kehrt jetzt in mein Leben ein. Weniger feiern, keine neuen

Spielzeuge in der nächsten Zeit und der Urlaub geht halt in die Türkei statt nach USA. Zähne zusammen beißen.

t10 Geht doch: Stetig geht es voran in Richtung Normalzustand.

t11 Geschafft: Was für ein Ritt. Na, hoffentlich habe ich daraus gelernt.

Lange habe ich überlegt, welche Strategien zu Vermeidung dieser Falle beigetragen hätten. Hier meine Ergebnisse:

Ein separates Konto für die Reisekosten betreiben! Aber wer betreibt schon gerne diesen Aufwand? Im Zweifelsfall kostet das dann auch noch ein paar Euro extra. Und das private Girokonto kann den warmen Regen immer gut gebrauchen.

Sich mit der Reisekostenstelle durch Abgeben von schlampig zusammengestellten Reisekostenaufstellungen verfeinden. Hiervon ist allerdings abzuraten, verbaut man sich dadurch tendenziell die Möglichkeit, dass gewisse Betragsgrenzen auch einmal mehr toleriert werden – was bares Geld bedeutet.

Einfach mehr Disziplin oder eine andere Auswahl des Arbeitsplatzes? Beides fast gleichermaßen schwierig.

Zum Thema Reisekosten konnte ich folgendes nie abschließend klären: Ist der Anruf zu Hause mit der Information, dass ich erst mitten in der Nacht statt gegen 19 Uhr nach Hause komme, wirklich privat oder als geschäftliches Gespräch abrechenbar? Das habe ich bis heute nicht herausgefunden. Wann immer ich diese Anrufe auf dem Einzelverbindungsnachweis als abzurechnen markiere, wird dies von den zuständigen Damen und Herren trotz der sonst entgegengebrachten Freundlichkeit konsequent ignoriert. Aber wer streitet sich schon um ein paar Cent bei einer Handyrechnung, die selten mal die 100 Euro-Grenze unterschreitet? Ich nicht.

Nur für den Moment

Langsam geht mir dieser Blödmann vor mir mit seinem feuerwehrroten Astra Kombi mit Dachgepäckträger und Wallacheikennzeichen mächtig auf den Keks. Langsam fährt er nämlich auch noch; hier auf der linken Spur, obwohl es frei ist auf der mittleren. Ich finde, ich darf so lange links fahren, so lange keiner hinter mir ist, der schneller fahren will als ich. Das ist die Regel, meine, eine gute und faire, wie ich finde. Aber der Kerl da vorne hat noch nicht von ihr gehört. Jedenfalls ignoriert er konsequent, dass ich hinter ihm den Abstand merklich verringere, sobald er zum wiederholten Mal eine mindestens 500m lange Lücke rechts neben sich hat, in die er locker einscheren und bei seinem Tempo auch noch eine Weile fahren könnte. Er könnte zwar, will aber nicht. Ich will aber, dass er will. Und dann fällt mir ein Spruch dieser Spezialisten ein, von wegen man sei ja dann auch nicht wirklich schneller am Ziel, und dass man sich ja im nächsten Stau wiedersehen würde. Ob ich aufgrund meines angestrebten Überholmanövers früher ankomme oder nicht ist mir gerade völlig gleichgültig und ein Stau ist auch nicht angekündigt für diese Strecke. Ich will einfach nur nicht unnötig aufgehalten werden. Es geht hier schlicht um eines: Ich will vorankommen, könnte schneller fahren und der Knallkopf vor mir hindert mich daran. Ende der Geschichte. Leider noch nicht wirklich, denn er lässt gerade wieder eine hunderte Meter lange Lücke rechts an sich ungenutzt vorbeiziehen. Wahrscheinlich quengeln Frau und Kinder schon seit Stunden. Aber ist das ein Grund, mir jetzt auf den Keks zu gehen? Ich finde nicht. Bei der folgenden Lücke, wie vom Donner gerührt, schert er rüber nach rechts. Er hat ein Einsehen, Erbarmen mit meinen Nerven. Ich schalte zurück, um durchzustarten. Auf gleicher Höhe mit ihm sehe ich nicht ihn, sondern sie am Steuer, den Blinker rechts setzend, weil ja gleich die Raststätte kommt, der Mann schläft daneben. Die Raststätte hat mich gerettet. Der verdammte Kaffee soll dir den Magen verderben. Als ich wieder nach vorne sehe, habe ich sie schon wieder vergessen. Es geht nur um den Moment, darum geht es. Nicht um den nächsten Stau, nicht um das Zeitsparen. Wo kämen wir denn da hin? Zum einvernehmlichen Stillstand der Selbstbelüger? Stillstand gefällt mir nicht.

King of the Castle

Hier in meinem Auto bin ich wenigstens wieder Herr der Lage. Hier muss ich niemanden beeindrucken, zu niemandem höflich sein, auf niemanden warten, niemandem zuhören. Und das gleich über mehrere Stunden. Und das mit der Höflichkeit ist spätestens im Auto vorbei. Weg da, ich will heim, aus dem Weg! Auf dem Weg hierher habe ich meine letzte Lieblings-CD mal wieder auf Vorrat für die nächsten paar Wochen rauf- und runtergehört und so werde ich aber mal ein wenig Radio hören. Rauschen. Erst mal einen Sender suchen. In dieser Region hatte ich schon einmal ein Projekt und mir fällt sogar noch ein, welche Sender man sich anhören kann und welche nicht. Die Auswahl des Radiosenders ist eine Wissenschaft für sich, zumindest eine Philosophie. Tausche ich hohe Reichweite und die damit verbundene lange Verfügbarkeit des Senders (z. B. EinsLive) gegen die höhere Attraktivität (z. B. BFBS)? Zu Zeiten, in denen ich in Summe fast einen Tag pro Woche im Auto gesessen habe, kannte ich sogar viele von den kleinen samt Frequenz auswendig und fuhr in diesen Gegenden zuweilen ein Stückchen langsamer, um mehr davon zu haben. Bevor ich allerdings wieder in diese fremden Sender hineinhöre, gönne ich mir zunächst eine kleine Tiefbass-Dusche. Ich habe mir für ein halbes Monatsgehalt den druckvollsten Bass in mein Auto einbauen lassen, der am Markt verfügbar war. Ein gemeiner, markerschütternder Tiefbass, der neben Rückspiegeln – innen sowie außen – auch die Hosenbeine zum Zittern bringt. Zwar fahre ich auch immer wieder zwischendurch dieses Auto, klar, doch bin ich dann regelmäßig in Begleitung meiner Freundin, die meine Begeisterung für ganzkörperliche Erschütterungen im Namen der Bass Outlaws bei weitem nicht so zu schätzen weiß wie ich. How low can you go?

Es wird dunkler um mich herum. Bald fangen die Vorabendserien an. Ich vermute, dass meine Süße um 18 Uhr 30 den Marienhof anschaut, denn Soaps mag sie gerne. Aber woher soll ich auch wissen welche? Ich bin ja nie da um die Uhrzeit. Ich denke aber, ich werde es heute bis dahin nach Hause geschafft haben. Das wäre doch mal etwas Feines. Vergessen wir mal, dass ich heute die halbe Strecke unserer letzten gemeinsamen Silvesterreise zurückgelegt haben werde, dann könnte meine heutige Heimkunft dem normalen

Abend eines domestizierten Paares ähneln. Ich stehe mittlerweile total auf alles, was eine gewisse Normalität im Tagesablauf darstellt. Das kommt ja nun auch nicht von ungefähr. Wenn durch den flexiblen Wochenablauf die meisten festen Landmarken wegfallen, weil man immer vom Dienen für den einen Kunden auf dem Weg zum Dienen für den nächsten Kunden ist, vermisst man das irgendwann. Mir hat das eine Weile so stark gefehlt, dass ich in eine Trotzreaktion gefallen bin. Egal, wo ich mich gerade auf der Autobahn befand, steuerte ich spätestens um 18 Uhr 25 den nächsten erreichbaren Parkplatz an. Wenn ich beim Kunden war, habe ich mich in einen verwaisten Besprechungsraum zurückgezogen. Und dann war Marienhof schauen dran. Im Auto hatte das dann noch durch meine vor kurzem getätigte Anschaffung den Seiteneffekt, dass ich den kleinen Taschenfernseher mittels einer Adapterkassette meines tragbaren CD-Players an die Musik-Anlage anschließen konnte. So konnte ich dann auf wenigen Quadratzentimetern das Geschehen optisch verfolgen, während das Klangerlebnis beim Zetern im Wilden Mann schon fast an einen THX-Trailer im lokalen Kino erinnerte. Zwar nur in Mono, aber mit viel Bass! Das Thema von Marienhof auf 400 Watt, markerschütterndes Gebrüll von Herrn Töppers. The traveller is listening. Aber heute sehe ich stattdessen lieber zu, dass ich schnell nach Hause komme. Wir haben schon wenig genug Zeit miteinander.

Zärtlichkeiten auf drei Zylindern

Traumhaft. Es ist schon ein Stück nach Hause kommen, wenn man die gewohnten Heimatsender einstellen kann und sie nicht mehr von Rauschen durchzogen sind. Die altbekannten Stimmen der Moderatoren heißen mich allein durch ihren vertrauten Klang willkommen. Das mit Marienhof anschauen passt sogar noch, um 18 Uhr 15 rolle ich auf meinen Carportplatz, nehme mein ungewöhnlich kleines Gepäck und schließe die Tür auf.

- Hallo, ich bin schon wieder da, klasse, oder?
- Oh, ja, schön

bekomme ich zu hören.
Ein mildes halbherziges Lächeln. Es ist so ein Komm-mir-nicht-zu-nah-Lächeln, das nur halb ein Lächeln ist.

- Was machst Du?
- Och, vor dem Fernseher sitzen.

Zu meiner eigenen Überraschung frage ich mich, ob sie das wohl immer um die Zeit macht. Ich bin ja sonst gar nicht hier um die Zeit. Montags, am frühen Abend. Ja, was macht sie denn eigentlich immer, wenn ich nicht da bin? Darüber habe ich noch gar nicht so richtig nachgedacht. Wann auch? Warum auch? Wenn ich um die Zeit anrufe, ist sie da und sagt eigentlich nichts anderes als jetzt. Och, vor dem Fernseher sitzen. Aber jetzt, wo ich Zeuge dieses Alltags bin, ist das etwas sehr Neues und Ungewohntes für mich.

- Magst du noch was essen?

Fragt sie mich.

- Pizza, das wäre doch jetzt geil.
- Meinst Du? So schwer noch am Abend? Und trainieren tust du ja auch nicht gerade viel in letzter Zeit.

Was sie eigentlich damit meint: gar nicht. Recht hat sie, aber wäre das nicht schön, so gemeinsam beim Seifenopern schauen auf die bestellte Pizza zu warten und überhaupt einfach zusammen zu sein? Also, ich fände das klasse. Sie kann sich dafür irgendwie nicht ganz so begeistern wie ich. Ist das mangelnde Flexibilität? Ist das latente Wut, weil ich zu selten mal unter der Woche um die Zeit da bin? Oder ist das womöglich die konsequente Fortsetzung der Missstimmung vom Sonntagabend? Also seit dem Zeitpunkt, an dem ich gestern begonnen habe, meine Sachen für heute vorzubereiten? Beantworten kann ich es mir nicht und sie will sicher nicht. Weil morgen, da bin ich ja schon wieder nicht da. Unsere eigene Seifenoper, Wiederholung von gestern also. Schade, die Folge kenne ich schon, die ist nicht so schön. Also knabbere ich halt mein Mikrowellen-Popcorn – warm und salzig. Das ist mittlerweile die Essenz meiner Ansprüche an ein Abendessen.

- Willst du auch welches?

habe ich vor dem Gang zum Replikator gefragt,

- Nö, danke!

Trotzdem zwei gemacht, kenn doch meine Süße. Und ich hatte recht. Das gemeinsame Greifen in die Popcorn-Tüte ist die erste

Berührung neben dem heutigen Berufs-Händeschütteln, die ich heute bekomme. Und diese Berührung kann sie gefühlsmäßig dann auch nicht mehr so einfach in das Reich der Verdrängung schicken. Und so langsam machen wir es uns schön kuschelig vor dem Fernseher unter einer gemeinsamen Wolldecke. Es ist fast wie bei lange verheirateten Ehepaaren, wenn die sich dann in einer gestellten Ausnahmesituation neu entdecken wollen. Und so reagieren wir beide auch schon auf diese ungewohnte Annäherung. Wir kommen uns näher, scherzen, flirten, küssen uns. Küssen uns aber nicht wie sonst, mit dem üblichen nach ein paar Minuten einsetzenden Überschwang, sondern haben so etwas wie eine Plexiglaswand zwischen uns, die so keine richtige Stimmung aufkommen lassen will. Ich will aber, dass Stimmung aufkommt, dass wir Lust aufeinander bekommen. Das scheint sie zwar auch zu wollen, ist aber so weit weg von mir, wie man es trotz der körperlichen Nähe nur sein kann. Wenn wir es dann nun schon mal so weit geschafft haben, wollen wir da nicht auch ... denke ich mir? Wir wollen nicht, lerne ich. Ob ich denn wirklich wollte oder nur meinen mir selbst auferlegten Leistungsschnitt aufrecht erhalten wollte, frage ich mich lieber nicht. Die Antwort prangt mir allzu deutlich entgegen. Wir können uns wohl beide bis zu einem gewissen Grad recht gut selbst überlisten, aber es gibt wohl doch noch eine letzte Grenze. Manchmal haben wir an diesen Grenzen nicht halt gemacht. Die anschließende nachhaltige Ernüchterung aber hat schnell zu einem Politikwechsel geführt. Es ist einfach zu ernüchternd, trotz der ohnehin niedrigen Flughöhe wieder so unerwartet tief zu fallen.

Pack for success

Eine Viertelstunde bleibe ich noch bei ihr auf dem Sofa, bevor ich dann doch beginne, für die nächsten zwei Tage zu packen. Wäre ich direkt im Anschluss an unseren gescheiterten Versuch uns näher zu kommen aufgestanden, hätte ich nur Zündstoff für einen hässlichen Streit geboten, den ich nun wirklich nicht gebrauchen kann. Ich breite alle Sachen zum Einpacken auf dem Bett aus. Trotz aller Routine habe ich noch immer nicht den innerlichen Überblick über die einzupackenden Dinge. Diese Woche wird der Besuch bei unserem fast schon produktivstartreifen Projekt nur ein ‚Overnighter', wie die Kollegen zu sagen pflegen. Meine

Bezeichnung dafür ist einfach nur Übernachtung. Ich kann mit dem unkontrollierten Wildwuchs von Anglizismen nicht wirklich etwas anfangen, obwohl ich sie zeitweise selbst verwende. Ein Overnighter. Meinetwegen. Trotzdem packe ich zwei Hemden ein. Eines trage ich morgen am Leib und für Mittwoch eines, aber das zusätzliche Reservehemd muss einfach sein. Dienstags gibt es oft Spagetti mit Tomatensauce in der Kantine und die sind einfach zu lecker, als dass ich sie mir durch die Angst um mein Hemd entgehen lassen würde. Da nehme ich schon lieber etwas Mehrgepäck in Kauf. Gesagt, getan. Für den Abend brauche ich nichts Besonderes. Da werden wir mit den Mitarbeitern des Kunden unterwegs sein. Wenn die sich dann aufbretzeln, weil viele von ihnen ja sonst nur zu Mamas Geburtstag ins Restaurant gehen, bevorzuge ich gepflegte Freizeitkleidung. Und im ausgewählten Restaurant ist das auch angemessen. Da waren wir schon so oft, dass wir die Speisekarten auswendig kennen. Ich nutze jede Gelegenheit, den Anzug, Krawatte und die orthopädisch bedenklichen Schuhe nicht tragen zu müssen. Ledersohlen klingen auf hartem Boden elegant, erschüttern auf Dauer und bei meinem momentanen Körpergewicht zu sehr meine untrainierten Knöchel. Also rein mit den Timberlands für den Abend.

Immer dabei ist das Berater-Survival-Pack. Benötigt wird es allenfalls bei einem Bruchteil der Reisen, aber wenn es dann mal benötigt wird, ist man froh, daran gedacht zu haben. Anfangs bestand es nur aus einem Kellnermesser, weil mein Tutor und ich bei einem gemütlichen Abend auf dem Hotelzimmer einmal die Rotweinflasche von der Tankstelle mit seinem schönen Montblanc Füllfederhalter öffnen mussten. Und das ist gleich in mehrerlei Hinsicht unpraktisch: Erstens spritzt immer ein wenig Rotwein heraus, wenn man mit dem Stiel des Schreibwerkzeugs den Korken in die Flasche zwingt, zweitens trinke ich dann immer ein wenig hektisch, weil ich glaube zusehen zu können, wie der Wein den Korkgeschmack annimmt. Drittens ist es stillos und viertens hat der besagte Füllfederhalter dann eine Weile in einer rotblauen Farbe geschrieben, was bei mehreren Mitarbeitern des Kunden tiefe Verwunderung hervorrief. Bei uns auch. Zum Kellnermesser gesellte sich schon bald das 2 Euro 50 Campingbesteck von Ikea. Das Schlüsselerlebnis dafür bestand aus dem Verzehr eines Fertigsalats aus dem Supermarkt. Mit meinem Abendmahl im

Zimmer angelangt, habe ich feststellen müssen, dass in Hotelzimmern natürlich kein Besteck ausliegt, sondern allenfalls Flaschenöffner, und es war mir zu peinlich, vom Zimmerservice selbiges bringen zu lassen. Also habe ich den Salat dann zuerst trotzig mit den Händen gegessen, was dann aber bei den Tunfischbrocken doch zu eklig wurde. Für die habe ich dann den Flaschenöffner verwendet. Die kleinen Brocken fielen dann immer durch das große Loch in der Mitte. Also seit damals: Campingbesteck einpacken. Das steckt zusammen mit dem Kellnermesser im Reißverschlussfach an der Achsseite des Samsonite-Trolleys. Das sind übrigens die Besten. Mit der Zeit gesellten sich dann eine Lage Paracetamol und eine Lage Aspirin dazu. Dazwischen finden sich für den verantwortungsvollen Berater, getarnt im Notfallnähetui, Kondome für den unwahrscheinlichen, aber möglichen Fall der Fälle. Nach den ersten kommunikationstechnischen Zwangslagen ergänzten Werkzeug zur Bearbeitung der TAE-Dose, Verlängerungskabel für die Verbindung dorthin und mein Casio-Minifernseher schließlich das Set. Gekrönt vom Schweizer Messer. Letzter Neuzugang waren dann die Badelatschen zum Duschen, nachdem ich mir einmal bei einer Notübernachtung in einem fremden Hotel, auf das ich wegen einer Messe ausweichen musste, einen saftigen Fußpilz geholt habe. Und wenn ich saftig sage, meine ich saftig.

Woran ich mich offensichtlich aber nicht gewöhnt habe, war das Heimkommen unter der Woche. Daran erinnert mich in diesem Moment ein resignierendes Seufzen aus dem Wohnzimmer. Schade eigentlich; aber weiter im Text. Weniger zum Themenkreis Survival, sondern vielmehr zum Bereich Entertainment zählt da mein Kassettenrekorder mit meiner aktuellen Wochenauswahl an Dreifragezeichen-Kassetten. Die gehören zu den Stammgästen im Koffer. Manch ein Logistikgenie unter meinen Kollegen schafft es tatsächlich eine geschlagene Woche mit einem Pilotenkoffer als Gepäck auszukommen. Man stelle sich vor: eine ganze Woche! Das wird mir immer ein Rätsel bleiben. Zwar haben die eine Woche lang jedes Hemd zweimal und immer den selben Anzug an – auch abends beim Essen gehen – aber fühlen sich trotzdem augenscheinlich wohl. Kann sowas sein? Ich packe den Rest der Kleidungsstücke für die eine einzige lächerliche Übernachtung fertig und schließe den Koffer. Er klappert, weil so wenig Füllung darin ist und das sonst übliche Ausgleichen der Ritzen mit den Unterhosen funktioniert mit zwei Exemplaren nicht. Ob ich zu diesem Zweck extra welche einpacken soll? Was tut man nicht alles zum Selbstzweck? Wir schauen noch gemeinsam eine Folge irgendeiner Krimifolge zu Ende und begeben uns ins Schlafzimmer ins Bett, in den Schlaf. Der Wecker wird schon bald wieder klingeln. Schon bald. Bereit sein.

Dienstag

Unruhige Nacht

Besonders gut schlafe ich nicht heute Nacht. Alle zwei Stunden bin ich wach, weil ich befürchte zu verschlafen. Und wenn ich dann wach bin, gehe ich in Gedanken noch einmal den zeitlichen Ablauf der Reise durch. Um 5 Uhr 15 geht der Wecker. Um 6 Uhr kommt das Taxi. Um 6 Uhr 35 fährt der Zug ab und um 9 Uhr 35 kommt er in der Zielstadt an, und ich um 10 Uhr hoffentlich auch gut beim Kunden, aber das klappt schon. Und um 10 Uhr 30 meeten wir zum ersten Mal. Das sind 4 Stunden Reisezeit, mitten in der Nacht aufstehen, dazu der Stress und dann bin ich doch noch eine Stunde später im Büro als alle anderen Kollegen. Soweit der Plan. Ich bin damit nicht besonders zufrieden und drücke meinen Kopf in das Kissen und mich selbst unwillig in einen traumlosen Vernunftschlaf. Aber außer quälendem Herumwälzen wird nichts daraus, nur so kurz vor 5 Uhr entgleite ich dankbar in eine entspannende Bewusstlosigkeit, um 15 Minuten später von meinem Wecker in den Tag hineingeprügelt zu werden, damit ich gerädert meine Reise antreten kann. Hurra! Die ganze Nacht war einer meiner sorgenvollen Gedanken, ob das Taxi denn auch pünktlich sein würde und jetzt klingelt der Clown zehn Minuten vor der bestellten Zeit. Vielen Dank auch. Das bringt Abzüge in der T-Note, der Trinkgeldnote. Hier und heute Morgen fängt sich der frühe Vogel nur Minuspunkte und keinen Wurm ein. Ich fühle mich gestresst, aber auf der anderen Seite bin ich ja sowieso immer schon zehn Minuten vor der Zeit fertig und sitze dann auf gepackten Koffern. So auch heute. Also ist das nicht wirklich ein Problem, aber ich ärgere mich trotzdem. Zu meiner Freude stelle ich fest, dass ich die Gelegenheit bekomme, im neuen Modell von Mercedes chauffiert zu werden. Der Innenraum riecht aber nicht annähernd so taufrisch, wie die Limousine von außen vermuten lässt, mehr nach der durchgearbeiteten Nacht des Fahrers, dessen letzte Tour wohl heute ich bin.

- Zum Bahnhof

schicke ich mit belegter Stimme durch die penetrante, seiner Lederjacke entströmende Duftwolke hindurch. Die ersten Worte des Tages kommen mir erst nach ausgiebigem Räuspern über die Lippen. Glücklicherweise steigt langsam der Duft meiner frisch geputzten Schuhe durch den Mief und ich fühle mich nicht mehr ganz so allein. Die Fahrt verläuft wie so oft um diese Uhrzeit: viel schneller als erwartet. Aber wer – außer mir – setzt an eine morgendliche Fahrt durch die Stadt schon dieselben Maßstäbe wie am helllichten Tag und schlägt sogar noch einen Sicherheitspuffer drauf? Angesichts der Kühle des Morgens kann ich mich gut in die Tiefkühl-Cordon-Bleues hineinversetzen, die von meinem Vater so gerne bestellt, und die zur gleichen Zeit irgendwo über die gleichen fahl blau beschienenen Straßen gefahren werden. Das Taxameter mag ich nicht besonders. Aufdringlich hält es mir vor Augen, wie meine Schulden beim Taxifahrer stetig wachsen. Ich zahle das Taxi zwar nicht privat, sondern ich bekomme das Geld über meine Reisekostenabrechnung wieder, aber bezahlen muss ich ihn erst einmal aus eigener Tasche. Mit jedem Umspringen der ersten Ziffer denke ich nach, ob ich auch die geeigneten Geldscheine parat habe. Ich hasse es, bar zu zahlen. Zu allem Überfluss bekommst du immer einen Haufen schmutziger Münzen zurück, die dann in der guten Tradition der Fußglöckchen Aussätziger in der Hosentasche lästig vor sich hin klimpern. Ein Portemonnaie verwende ich schon lange nicht mehr, das trägt zu dick auf im Sakko. So trage ich meine Ausweise und Plastikkarten im Etui meines PDAs mit mir herum. Damit wird er zur Organisations- und Identifikationszentrale mit Zahlungsfunktion. Kritisch wird es dann nur mit wachsender Zahl von Zutrittsausweisen für Kundenstandorte. Aber die werden einfach in den Sakkos gelassen. So werden Anzüge dann zu Antrittskatalysatoren mit erweiterter Repräsentier- und Eintrittsfunktion.

Wir passieren die Büroviertel der Stadt. Du meine Güte – wie beneide ich all die Leute, die erstens jetzt noch schlafen können und zweitens jeden Tag an ihrem persönlichen, quasi eigenen Schreibtisch sitzen. Die haben dann ihre eigenen Schränke und Schubladen. Da ist dann nur das drin, was sie selbst hinein getan haben. Die wissen ja gar nicht, in welchem Luxus sie leben. Die sparen sich eine Menge Logistik und Denkarbeit, welche Papiere sich momentan wo befinden und wann sie sie wo benötigen. Ganz zu schweigen von dem Gewicht, das sie innerhalb eines Jahres nicht blattschneiderameisengleich durch die Lande transportieren müssen. Aber eines Tages wird sich das ändern. Und während ich diesen Gedanken formuliere, entschuldige ich mich schon im voraus bei allen farbigen Amerikanern für diese gewagte Übertragung der Rede von Martin Luther King, die er am 28. August 1963 auf den Stufen des Lincoln Memorials hielt. Aber wirklich, ehrlich: ‚Ich habe einen Traum'

Ich habe einen Traum, dass eines Tages ein Bürostuhl nur für mich da sein wird. Er wird dauerhaft und auf unabsehbare Zeit meiner sein. Er wird nach meinen Bedürfnissen eingestellt sein.

Ich habe einen Traum, dass der PC, an dem ich sitze, nur und ausschließlich für mich da ist. Der Anmeldebildschirm wird jeden Tag meinen Namen als Benutzernamen vorschlagen. Die Dateistruktur wird meine sein. Am Monitor kleben meine kleinen Zettelchen mit Telefonlisten und Erinnerungen.

Ich habe einen Traum, dass mein Platz in einem Büro immer der selbe sein wird, und wenn jemand umzieht, dann aber alle und nicht nur ich. Ich werde jeden Morgen den selben Weg gehen und meinen Platz so vorfinden, wie ich ihn am Abend davor hinterlassen habe.

Ich habe einen Traum, dass auf meinem Schreibtisch das Bild meiner Freundin stehen wird – welche es zu diesem Zeitpunkt auch immer sein wird. Man sollte sich ja mit Dingen umgeben, die einen positiv stimmen und den Bildschirmhintergrund einstellen zu können, reicht mir ehrlich gesagt schon lange nicht mehr.

Ich habe einen Traum, dass ich einen Dilbert-Abreißkalender haben werde, der mir jeden Tag neue menschliche Abgründe im Büroleben nahe bringt.

Ich habe einen Traum, dass ich in meinem Schreibtisch kleine Mengen von Süßigkeiten und Spielzeug, wie meinen Laserpointer, aufbewahren werde, mit dem ich nur noch Leute ärgere, statt ihn, im besten Anzug gewandet, bei Präsentationen zu verwenden.

Ich habe einen Traum, dass ich einen Schrank haben werde. Und an diesen Schrank hefte ich dann große Diagramme, die ich zum Arbeiten benötige.

Aber wenn ich genauer darüber nachdenke, wird sicher jeder Arbeitnehmer auf der Welt seinen eigenen Traum haben, dessen Erfüllung ihm so einiges erleichtern oder versüßen würde. Der Traum des Taxifahrers ist es vielleicht, seine Fahrgäste zusammen mit den Koffern in den dafür vorgesehene Raum zu sperren, um endlich mal in Ruhe seinen Job zu verrichten. Ich für meinen Teil habe meinen Beitrag dazu geleistet und den Mund gehalten – wie könnte ich um diese Zeit auch anders? Wir erreichen den Bahnhof. Es ist immer wieder spannend letztendlich herauszufinden, wie der jeweilige Taxifahrer sich denn so angestellt hat. Ich habe begonnen sie danach zu beurteilen, welcher Betrag auf dem Taxameter steht, wenn wir ankommen. Vor kurzem erreichte einer einen Betrag von unter 17 Euro und wurde bisher noch von keinem weiteren Fahrer geschlagen. Der heutige liegt im Mittelfeld,

- 17 Euro 80 Cent

Immerhin unter 18 Euro. In der B-Note, der Bequatschungsnote, hat er noch besser abgeschnitten: Er hat mich in Ruhe gelassen und einen gescheiten Radiosender eingestellt. Selbst die Taxizentrale hat die etwa 20minütige Fahrt nicht durch ständiges Rauschen, Knacken und das Bellen von Einsatzbefehlen gestört. Bezahlt wird wie immer rund,

- 19 Euro

die ich mir auf der obligatorischen Quittung bestätigen lasse. Ich bezahle mit einem viel zu großen Schein und bekomme als Dank kiloweise Münzgeld zurück. In einer besseren Welt würde so etwas nicht passieren. Den Fahrer belästige ich nicht damit, dass er die eigentlich für die Reisekostenabrechnung relevante Information eintragen muss, von wo nach wo er mich gefahren hat. Diese Freiheit, die Reisekostenprüfstelle diese Informationen selber ergänzen zu lassen, nehme ich mir jetzt nach den Jahren. Beim Aussteigen aus dem Taxi und den wenigen Metern hinein in das Gebäude spüre ich einen eiskalten Luftzug um die Nase, aber so ist das eben, kurz vor 6 Uhr 15 in Deutschland.

... wie ein ICE dem anderen

An derselben Stelle wie schon so viele Male zuvor, stelle ich mich am Bahnsteig auf und erwarte den Zug. Zwar habe ich einen Fensterplatz reserviert, beim Aufsuchen meines Platzes aber festgestellt, dass ich mir das auch hätte sparen können, da die Züge um diese Zeit ohnehin nur zu einem Drittel ausgebucht sind. Aber was sind schon die paar Euro, die zudem die Firma und damit der Kunde bezahlt? So – meinen Platz hätte ich schon mal gefunden, jetzt erst mal das Gepäck verstauen. Unter dem Frachtaspekt ist es eine echte Plage mit dem Zug zu reisen. In mein Auto werfe ich so viel Gepäck, wie ich dabei haben möchte, beim Zugreisen hingegen kommt es auf jedes einzelne Stück an. Meine Sachen deponiere ich auf dem Gitter über dem Sitzplatz. Körperliche Betätigung am Morgen ist nicht meine Domäne, aber der kiloschwere Koffer fliegt nicht von allein da hoch. Wenigstens bin ich den blöden Kleidersack wieder losgeworden, den ich mir zur Abwechslung gekauft hatte. Ein echter Reinfall, denn die Beherrschung der Kunst, dieses ungewöhnliche Textilbehältniss so zu befüllen, dass meine Sachen nicht völlig zerknittert und durcheinander geknautscht wieder zu Tage treten, ist mir leider bis zuletzt verwehrt geblieben. Und dieses unförmige Ungetüm mal kurz über oder unter einem anderen Gepäckstück zu stapeln, wie einen Koffer, ging auch nie gut. So, wie das von außen aussah, sah es später auch darin aus, unbrauchbar. Glücklicherweise kaufte ihn mir ein junger Kollege ab, der die Dinger 'kultig' findet. Meinetwegen. Mein Gegenüber ist ganz offensichtlich ebenfalls von der beratenden Zunft. Darauf deuten neben der schrägen Uhrzeit der Anzug, das Notebook, der Trolley, der PDA, an dem er gerade rumspielt, auch ganz eindeutig sein Pilotenkoffer und das darauf eingeprägte Firmenemblem hin. Wir grüßen uns stumm und wissend, denn das Firmenlogo auf meiner eigenen Notebooktasche ist groß und ebenso gut erkennbar. Er schaut mich etwas irritiert an, weil ich erste Klasse reise und dabei Jeans, Turnschuhe und einen Schlabberpulli trage. Das habe ich mir auch erst vor kurzem angewöhnt. Die ersten paar Male auf dieser Strecke bin ich im Anzug gereist, der dann jedoch nach der vierstündigen Bahnfahrt und einem so verlockendenen wie guttuenden Nickerchen aussieht wie aus der Dreckwäsche gefischt. Ich werde bei meiner Ankunft erst im Hotel einchecken, um mich dort umzuziehen, liegt es doch

– praktisch – zwischen Bahnhof und Kundenbüro. Das klappt auch immer sehr gut, es sei denn das Zimmer ist mal noch nicht fertig, dann nehme ich mit der Umkleidekabine des Hotelpools vorlieb. Wen stören schon die 95 Prozent Luftfeuchtigkeit und der Chlorduft? Passt schon. Zweite Klasse dürfte ich streng genommen auch gar nicht fahren. So seltsam ich das noch immer finde, aber in den Richtlinien ist tatsächlich vermerkt, dass wir Mitarbeiter uns dem Status der Firma entsprechend befördern lassen müssen, nämlich erster Klasse. Dasselbe gilt für das auszuwählende Hotel. Klingt zwar elitär, ist in seiner Umsetzung aber eine sehr angenehme Vorschrift, versteht sich. Nach dem Achtung-gleich-werden-die-Türen-geschlossen-Fiepsen setzt sich der Zug still und leise in Bewegung. Ein herrlich stilles Fortkommen ist das im Vergleich zum Auto und die Hände habe ich auch noch frei. Die Stunde Schlaf, die ich mir hier gönnen kann, bekommt mir sehr gut, aber vorher muss ich noch einmal für kleine Berater. Das ist immer eine heikle Situation. Sollte ich mein Notebook etwa mitnehmen? Oder doch lieber hier lassen und riskieren, dass es gestohlen wird? Wahrscheinlich sollte ich mir mehr Sorgen um meine privaten Dinge machen – ein Notebook hat er ja schließlich selbst. Ich bitte meinen Mitreisenden auf meine Sachen aufzupassen. Er sieht seriös und viel zu verschlafen aus, um auf dumme Gedanken zu kommen. Er kommt nicht auf dumme Gedanken. Leide ich unter Paranoia?

Weil eigentlich nichts mehr für den Kunden auf der Bahnfahrt vorzubereiten ist, arbeite ich auf dem Weg dorthin auch nicht, sondern hole ein wenig Schlaf nach. Dass ich pro Fahrt mindestens zwei Stunden Arbeitszeit auf das Projekt schreibe, ist Ehrensache, denn die erbringe ich bei anderen Gelegenheiten, ohne sie explizit zu erfassen. Mit einem geschickten und technisch über die Zeit perfektionierten Griff falte ich das am Sitz befestigte Kissen so, dass einerseits mein Kopf stabilisiert wird, darüber hinaus meine Frisur aber nicht an prominenter Stelle leidet. Das Reiseritual Nummer 873 dürfte das jetzt sein. Einmal genüsslich gestreckt, zweimal tief durchgeatmet und schon bin ich auf dem Weg ins Traumland. Leise rattert der Restlärm, den man trotz der hervorragenden Geräuschdämpfung bei 200km/h doch noch hört, und bereitet den Weg in einen leichten, kalten Schlaf. Brr. Nach ein paar Minuten wache ich schon wieder auf; es ist verdammt kalt in diesem Zug. Im Sommer ist das besonders schlimm, aber so reicht es mir auch schon. Es lohnt sich ohnehin nicht, tief einzuschlafen, denn der Schaffner kommt jeden Moment und verlangt Fahrschein und Bahncard zu sehen. Wenn ich ein paar Minuten wach zu bleiben versuche, um es hinter mich zu bringen, kann ich sicher sein, dass es eine kleine Ewigkeit dauern wird, bis er endlich bei mir vorbeikommt. Und als ich das dann hinter mir habe – auch er beäugt mich ob des Schlabberlooks in der ersten Klasse – und ich gerade glaube, ich hätte endlich meine Ruhe, löst ihn die Dame des fahrenden Hauses ab und bietet Kaffee und Croissants feil. Na gut, ich nehme eins. Gesagt, getan, gegessen. Das nächste und letzte woran ich mich dann noch erinnere ist, wie ich die letzten Krümel aus meinen Zahnzwischenräumen züngele und wieder von dannen dämmere. Die im Zug genommenen Stunden Schlaf sind nicht annähernd so wertvoll wie die Stunden, die ich in der Nacht vertändelt habe. Im Sitzen schlafen, das Kissen mit dem Hinterkopf jonglierend immer wieder gestört vom DB-Personal, das hat nicht viel mit echter Erholung gemein. Und wenn es ganz schlecht läuft, werden geschwätzige Mitreisende, die über hunderte Kilometer kaum Luft zu holen scheinen, zu ausdauernden Folterknechten. Und als ob dieses gelegentlich harte Los nicht bitter genug wäre, zeichnet sich die ultimative Bedrohung bereits am Horizont ab. Die Deutsche Bahn plant die Abschaffung der Abteile in der nächsten Baureihe des ICE. Dann werde ich mir in Präparation der zukünftigen Reisen im Großraumabteil spezielle Meditations- und Autosuggestionstechniken aneignen müssen, mittels derer ich den überflüssigen Schwall redseligen Selbstdarstellens hochdynamischer Karriereristen und anderer Geißeln des allzu öffentlichen Personenverkehrs ertragen kann. In der höchsten Stufe der bis dahin hoffentlich unerschütterlichen Selbstbeherrschung schaffe ich es dann vielleicht sogar, eben dieses bisschen Schlaf wiederzufinden, das sich mir hier hartnäckig entzieht. Alles in allem liebe ich Zugfahren für die Freiheit des Nichtstuns, aber ich hasse Zugfahren für den Zwang, sich, wenn auch nur passiv, mit anderen Menschen um Uhrzeiten auseinander setzen zu müssen, zu denen man lieber niemandem begegnet. Aber jetzt sitze ich mit im Boot und mache das Beste daraus. Manchmal habe ich das dahinplätschernde Zugfahren sogar so sehr genossen, dass ich anschließend Probleme hatte, meine arbeitsame Geschäftigkeit wieder aufzunehmen. Völlig in Urlaubslaune geglitten, konnte ich mich bei diesen Gelegenheiten auf nichts Seriöses mehr konzentrieren. Heute könnte es wieder so sein. Nach rund drei Stunden, in denen man im Unterschied zum Autofahren nicht beeinflussen kann, wann man ankommt, ist das Ganze vorbei. Es hat alles sein für und wider. Wieder mal. Auf dem Weg zum Hotel muss ich ein wenig schmunzeln, weil mir einfällt, wie das mit dem Zug fahren einmal mächtig schief gegangen ist. Eine Stunde später am Bahnhof als gewohnt, stieg ich am gewohnten Gleis in den vermeintlich gewohnten ICE. Von soviel Gewohntem zu unaufmerksamer Leichtfüßigkeit animiert, kam ich erst spät dazu, darüber nachzusinnen, warum die Städtenamen auf den Reservierungskärtchen irgendwie anders aussahen als sonst. Das Piepsen, welches das bevorstehende Schließen der Türen ankündigte, half mir auf die Sprünge, aber da war es auch schon zu spät. Der ICE, der wie sich herausstellte in die Gegenrichtung fuhr, hatte mich verschlungen. Prima. Zu allem Überfluss hatten an diesem Tag Castor-Gegner an zwei Stellen des bundesdeutschen Streckennetzes Sabotageakte verübt. Natürlich traf es treffsicher die Strecke meines Zuges. Die Sprüche aufgrund dieser Aktion muss ich mir seitdem regelmäßig hier im Projekt anhören.

Metamorphose

Im Hotel begrüßen mich die Mädels am Empfang mit einem herzlichen Lächeln und ich wage zu behaupten, dass es ein wirklich herzliches Lächeln ist, nicht so wie das aufgesetzte für die anderen Gäste. Die sind quasi Laufkundschaft und ich gehöre fast schon zum Inventar. Selbst wenn dem in Wirklichkeit nicht so wäre, würde ich es mir dennoch einreden. Immerhin haben wir uns schon zu allen nur denkbaren Uhrzeiten in allen denkbaren Zuständen gesehen. Davon muss ja etwas hängen bleiben und ich gehe hier ja auch schon fast ein ganzes Jahr ein und aus. Ich bekomme mein Stammzimmer, super! Was eigentlich als Marotte und als Versuch, ein wenig Alltag in die Reiserei zu bringen, begann, ist zur reinen Notwendigkeit geworden. Weil ich in diesem Hotel nun schon so lange wohne und es mir bereits so vertraut geworden ist, brachten mich die kleinen Unterschiede der verschiedenen Zimmer völlig aus der Routine. Zu oft ist es mir dann passiert, dass ich mich nachts in Desorientierung aufgrund eines ungewohnten Zimmers im Stockdunkeln minutenlang an türlosen Wänden entlanggetastet habe, und nicht die geringste Ahnung hatte, wo es nun zum Badezimmer geht. Das ist ein erschreckend hilfloses Gefühl, denn in einer vermeintlich gewohnten Umgebung ist auf einmal alles völlig anders. Und die Hoffnung den rettenden Schalter zu finden, der Licht in die Sache bringen könnte, stellte sich erst gar nicht ein. Die hatte es sich im Stammzimmer bequem gemacht; die wusste, was gut für sie ist.

Auf dem Zimmer spielt sich dann die immergleiche Verwandlung ab, deren Ablauf mittlerweile feste Routine ist. Fernseher an, das angezeigte BTX-artig zerwürfelte Sektglas mit dem danebenstehenden ‚Willkommen Herr/Frau S.'-Schriftzug wegdrücken, Programm einstellen, Koffer auf den dafür vorgesehenen Ständer und selbigen öffnen. Weil ich ein wenig im Stress bin, werfe ich mir nur einen Kaugummi ein, statt meine Zähne zu putzen – nach dem Croissant im Zug und nach dem Schläfchen habe ich einen etwas pelzigen Geschmack im Mund. Dann in den Anzug steigen und fertig ist das Erscheinungsbild, für das der Kunde schließlich mitzahlt. Und jetzt nix wie los. Der sich einstellende Winter bewirkt kleine Anpassungen bei den Packgewohnheiten: Statt der Schuhe mit den Ledersohlen erhalten nun immer öfter die mit den Gummisohlen den Vorzug. Die quietschen dann zwar ab und zu auf den glatten Böden in den Bürogängen, wenn sie noch nass vom Regen sind, aber das ist mir allemal lieber als eine satte Erkältung durch unterkühlte Füße. Durch den unregelmäßigen Schlaf und die allgegenwärtigen Klimaanlagen bin ich ohnehin schon angeschlagen. In den Koffer gepackt werden jetzt außerdem noch die Winteranzüge. Bis vor zwei Jahren wusste ich nicht einmal, dass es so etwas wie Sommer- und Winteranzüge gibt. Als ich das zum ersten Mal hörte, stellte ich mir vor, dass dann in die Hosen eine lange Unterhose eingenäht sein wird. Das gibt es zwar meines jetzigen Wissens nicht, aber die Idee hat mir so gut gefallen, dass ich jetzt bei Kunden, die weit weg vom Hotel ihr Büro haben und ich dadurch viel im Freien laufen muss, immer meine langen Unterhosen einpacke und auch trage, denn ich mag meine Sommeranzüge einfach lieber. Den Wintermantel muss ich auch langsam mal heraussuchen. Der ist herrlich warm und ich kann mich zumindest auf meinen Wegen durch die Stadt in einen Panzer einmummeln. Wenn ich den schwarzen Mantel überwerfe, fühle ich mich gleich wie Darth Vader

- Komm zur produktiven Seite der Macht, Berater!
- Ich komm ja schon.

sage ich zu meinem Spiegelbild.

Hallo Projekt

Auf den langen Fluren des Gebäudes begegnen mir Leute aus dem Projekt. Mit fast besessener Beharrlichkeit können es sich einige von ihnen nicht verkneifen, mir ein kräftiges

- Mahlzeit!

zusammen mit einem erwartungsvollen Grinsen entgegenzuschmettern, wenn ich um diese Uhrzeit aufkreuze.

- Genau. Mahlzeit.

sage ich und lächle mit aufeinander gepressten Lippen zurück. Stimmt ja, ich komme ja jetzt erst, wo alle anderen schon da sind. Jetzt, wo der halbe Tag schon vorbei ist. Entsprungen dem behaglichen Schoß einer ruhigen Zugreise. Dass ich dabei schon halb Deutschland hinter mir gelassen habe, interessiert dagegen niemanden.

- Och, ich reise eigentlich ganz gerne und mit dem ICE fahren finde ich besonders toll. Da beneide ich Sie aber.
- Ach so.

Das ist nicht wirklich witzig. Wenn ich genau wie diese Leute nur zwei Mal im Jahr mit dem ICE führe, fände ich das sicher auch noch klasse. Aber wenn das für ein lange Weile mehrmals wöchentlich praktiziert wird, verliert sich der Reiz, man kennt das. Noch diese letzte Ecke umrunden, dann stehe ich vor der Tür unseres Projektbüros. Als wir hier anfingen, wurde uns gesagt, dieser Raum sei nur eine Übergangslösung. Dieser Raum, keine unendlichen Weiten, sondern dreißig lang gezogene Quadratmeter. In die ungünstigste Ecke ist ein kleines Fenster eingelassen, mit Aussicht auf die gegenüberliegende Mauer. Licht fällt hier kaum ein, das kommt von den bahnhofswartesaalbewährten Neonröhren an der Decke. In einer weiteren Ecke steht eine alte Garderobe, die in einem der anderen Büros überflüssig geworden war. Wir haben ihren Erhalt gefeiert wie ein Weihnachtsgeschenk, weil sich von da an unsere Jacken und Mäntel nicht mehr unorganisiert auf einem Bürostuhl stapelten. Die Tische wurden in Ermangelung inspirierter Vorschläge einfach entlang der Wände gestellt, so dass man auf die geschlossene Blechtrennwand zum Nachbarbüro schaut, wenn man vom Rechner aufblickt. Oder auf die Rauhfasertapete der Außenwand mit dem 'Fenster ohne Aussicht' – ein Stillleben der zermürbenden Sorte. Na ja, wenigstens haben wir eines. An der Anordnung der Tische hat später niemand mehr etwas geändert. Die normative Kraft des Faktischen hat sich voll entfalten können. Obwohl – gegen das Aquarium, in dem wir einmal für zwei Monate untergebracht waren, ist das hier das reinste Tadjmahal. Ob wir damals, derart ausgestellt, als Schlipsfische oder Yuppieguppies tituliert wurden, frage ich mich beim Zurückdenken gelegentlich heute noch. In der Mitte des Raumes steht ein kleiner Rollcontainer, auf dem das einzige Telefon steht, und der neben Giveaways für den Kunden auch die Chauvi-Kasse beherbergt. In diese Kasse müssen die Herren des Projekts einzahlen, wenn sie sich einen entsprechenden Spruch nicht verkneifen konnten.

- Guten Morgen
- Hallo
- Hi

Nach kurzem Aufblicken vom Rechner tippen die anwesenden Kollegen fleißig weiter auf ihren Tastaturen herum. Die sind alle schon seit gestern hier. Es setzt mich ein wenig unter Druck, dass ich erst vormittags ankomme und alle anderen schon seit Stunden am Arbeiten sind. Ich habe das Gefühl, dass sie einen Vorsprung haben und viel Zeit zum Ausgleichen bleibt mir nicht, denn heute Abend gehen wir mit dem gesamten Projekt-Team essen. Das ist eine Pflichtveranstaltung, die auch schon für 20 Uhr 30 angesetzt ist. Wer hat sich das wieder ausgedacht? Das heißt dann, dass meine Zeit zum Arbeiten heute auf acht Stunden beschränkt ist. In Anbetracht des Pensums für diese Woche und des verlorenen Tages gestern, wird heute ein strammer Tag. Beratern wird ja sonst schon nachgesagt, dass sie arrogant seien und immer in Eile; heute werde ich dieses Vorurteil sicher nicht widerlegen können, also los. Gestern um diese Zeit war ich gerade auf dem Weg zu der Präsentation. Ich muss aufholen und packe hektisch meine Sachen aus. Ich fahre den Rechner an dem Platz hoch, den ich üblicherweise besetzte. Was ist das denn? Wer hat an meinem Rechnerchen gearbeitet? Das Anmeldefenster schlägt mir ein Kürzel vor, mit dem ich nichts anfangen kann.

- Ach, dein Rechner. Da saß gestern so ein Spezialist, den wir kurzfristig aus England hier hatten.
- Ah ja? o. k., na dann.

Ist ja auch nicht mein Eigentum, dieser Rechner. Hochgefahren und Outlook gestartet, erschlägt meinen Posteingangskorb die Flut der gesammelten Montagsergüsse unserer Projektleiterin auf Kundenseite. Sie ist mehr als bloß kommunikativ. Nicht nur, dass sie versucht, jeden in endlose Gespräche zu verwickeln, bei denen sie ohnehin nur erzählt, ohne zuzuhören, nein, dazu spannt sie auch skrupellos die modernen Mittel der Informationstechnologie ein. Ich hege nach wie vor den Verdacht, dass sie morgens eine Stunde damit verbringt, E-Mails zu verfassen, die sie dann automatisiert von Outlook über den ganzen Tag verteilt versenden lässt. Denn, wieviele E-Mails kann man bitte schreiben, wenn man den halben Tag auf dem Flur oder in fremden Büros verbringt, wie sie? Wie viele? Zwölf. Oh, nur zwölf. Stimmt, sie hatte gestern frei, dann sind die alle von heute. Es ist nichts dabei, was mich oder meine Aufgaben unmittelbar betreffen würde, na gut.

- Gab es etwas Neues seit gestern? Ist irgendwas passiert?
- Nicht wirklich

bekomme ich zu hören. Das ist eine gute Nachricht in dieser Phase des Projektes. Ich drucke noch schnell ein paar Sachen aus, denn der Bereichsleiter, mit dem ich mich gleich treffen werde, bespricht lieber vom Papier, als am Bildschirm. Bin schon unterwegs.

Leisten und lenken

Mit meinen Papieren und Schreibzeug unterm Arm marschiere ich zum Büro des Bereichsleiters. Dieses Meeting musste ich zum Glück nicht vorbereiten, denn wir haben das Thema, worum es gleich wieder gehen wird, letzte Woche nicht zu Ende führen können. Aber wir haben es glücklicherweise auf einen Stand gebracht, den man ruhigen Gewissens über das Wochenende so ruhen lassen konnte. Ich klopfe von innen an die offene Tür.

- Ach, Hallo.
- Auch Hallo.

Es ist ein sehr schönes Büro, in dem er sich gemütlich eingerichtet hat, ein Eckbüro mit vielen großen Fenstern, durch die man den Blick über den großen Fluss wandern lassen kann. Die einfallende Sonne wird von sündhaft teuren Design-Sichtblenden umgelenkt und strahlt auf den riesigen Schreibtisch. Dieser teilt den Raum, fast wie im Büro eines Notars. Darauf stehen Familienbilder in Silberrahmen und edles Schreibzeug, denn den Computer duldet er dort nicht. Das ‚hässliche Ding', wie er es gerne nennt. Das Ding steht demzufolge eher toleriert als akzeptiert auf einem kleinen Tisch an der Wand gegenüber des Schreibtisches. Aber dies ist nun mal ein IT-Projekt und da gehört die Kiste einfach dazu. Als ich ihn begrüße, sieht er kurz auf die Uhr. Er weiß genau, dass ich nicht mit einem solch geschäftigen Blick zu einer runden Uhrzeit in seinem Türrahmen stehen würde, wenn wir nicht einen Termin hätten. Den hat er auch sicher heute Morgen in seinem Kalender gesehen, ihn wieder vergessen, aber wenigstens nicht den Vormittag für etwas anderes verplant. Irgendwie funktioniert es doch immer wieder. Er lächelt mit der Gewissheit, dass ich ihn mit wenigen Sätzen wieder in den Kontext unseres letzten Gesprächs versetzen werde. Das wiederholt sich so ziemlich jede Woche aufs neue. Er muss sich nicht permanent vor Augen halten, worum es beim nächsten Termin gehen wird, er hört mir zu und lässt mich den Zusammenhang wieder herstellen. Und das funktioniert im Laufe des Projekts immer besser. Es ist witzig: immer die selben Mechanismen, die selben Gesten und Erwiderungen. Zurückgelehnt lauscht er mir geduldig, bis er den Faden wieder aufgenommen hat. In dem Moment beugt er sich dann mit dem gequälten Blick des Erwischten wieder nach vorne und fängt fast genau bei dem Satz an weiter zu sprechen, an dem er vergangene Woche aufgehört hat. Es macht Spaß, wenn eine solche Zusammenarbeit funktioniert. Wir begeben uns an den Rechner und ich fange an, ihm an ein paar Beispielen das Thema zu verdeutlichen. Den Rechner lasse ich ihn bedienen, darauf haben wir uns geeinigt, denn auf diese Weise geübt, sieht er bei Präsentationen nicht ganz so unbedarft aus, wie er es doch eigentlich ist. Dabei blickt er immer über den oberen Rand seiner Lesebrille und hält die Maus wie einen giftigen Frosch mit den Fingerspitzen so weit weg vom Körper, wie nur möglich.

Er versteht sein Geschäft und will wissen, wie es durch das neue System unterstützt und abgewickelt wird, aber es ist nun mal komplex und gewöhnungsbedürftig. Sobald er also den Überblick hat, überlässt er mir die Feinarbeit; darum muss er sich nun wirklich nicht kümmern. Heute sind ein paar grundsätzliche Dinge zu klären. Er ist dabei stets bedacht, die Begriffe zu verwenden, die er von mir aufschnappt. Die lässt er dann gerne bei Diskussionen fallen oder verwendet sie bei Präsentationen. Er hat einen Riesenspaß, sein Know-how und seine Vertrautheit mit dem neuen System zu demonstrieren und so Gerüchten den Boden zu entziehen, er sei zu alt und stünde abseits von innovativen Maßnahmen im Unternehmen. Fast pünktlich nach Ablauf der angesetzten Stunde sind wir durch und ich verabschiede mich höflich. Mit dem Mann kann man arbeiten und dazu noch in der geplanten Zeit. Das geht bei weitem nicht mit jedem so.

Ein Paradebeispiel dafür ist einer meiner besonderen Lieblinge hier im Projekt. Mit diesem Prachtstück habe ich schon in einer Viertelstunde den nächsten Termin. Egal, worüber wir uns beim letzten Mal einig geworden sind, er kann sich erstens grundsätzlich beim nächsten Gespräch nicht mehr an die entscheidenden Details erinnern, und zweitens hat er bis dahin ohnehin seine Meinung schon wieder revidiert. Er ist der beste Beleg für die Berechtigung und Richtigkeit des Ausspruches ‚Wer schreibt, der bleibt'. Grundsätzlich mache ich nach Terminen mit ihm ein Kurzprotokoll, das ich ihm dann mit der Aufforderung zukommen lasse, innerhalb von einem Tag Einwände zu äußern. Eine Zeit lang wähnte ich mich mit diesem Vorgehen auch auf der sicheren Seite, bis er mir, mit einem wichtigen und unwidersprochenen Protokoll konfrontiert, mit einem Zitat diese Illusion nahm:

- Was interessiert mich mein Geschwätz von gestern?

Wo wir in Deutschland doch sonst das geschriebene Wort so hoch – oft höher als das Gesprochene – schätzen, muss ich mir so etwas sagen lassen! Aber der Kunde ist König und der König hat gesprochen und ist das Zitat nicht von Adenauer? Leute wie er verwässern meine ansonsten effektive Tagesplanung, weil ich nie weiß, wann ich im Laufe einer Besprechung glauben darf, eine Einigung gefunden zu haben. Einmal habe ich versucht, an sein wirtschaftliches Gewissen zu appellieren und ihn daran erinnert, dass jede Sitzung, in der wir längst Vereinbartes neu diskutieren, nicht nur meinen Einsatz und damit ein paar hundert Euro pro Stunde kostet, sondern auch ihn als Ressource unnötig belastet. Sein Argument, er sei ohnehin jeden Tag im Hause und seine Zeit deshalb nicht so streng in Aufwandsstunden aufzurechnen wie die meine, hat mir dann vollends den Boden unter den Füßen weggezogen. Kann man denn als Profi im Geschäft von seinem Selbstverständnis her so bar jeder betriebswirtschaftlichen Vernunft sein? Ich bin ehrlich davon überzeugt, dass er es ist.

Du versus Sie

Auf dem Rückweg zum Projektbüro treffe ich einen wirklich besonderen Kollegen, mit dem ich sehr gut auskomme. Mit ihm verstehe ich mich mittlerweile sogar so gut, dass ich ihn immer als Kollegen bezeichne, obwohl er ein Mitarbeiter des Kunden ist. Das liegt neben der gegenseitigen Sympathie daran, dass er ganz anders als seine eigenen Kollegen arbeitet. Ihm scheint deren dröge Art, insbesondere die seiner direkten Mitarbeiter, mitunter so sehr auf das Gemüt zu schlagen, dass er sich gerne bei uns herumtreibt und so viel wie möglich direkt mit uns und bei uns erledigt. Dabei ist er so gut, dass er hier in unser Team passen würde. So direkt meine ich – als echter Kollege, als Berater. Er hat bei verschiedenen Gelegenheiten schon angedeutet, dass er unsere Arbeit mehr als nur interessant findet. Er tastet immer wieder mal nach, ob man sich ihn wohl als Teil eines Beraterteams vorstellen könnte. Wir können, definitiv. Und er ist in unserer Runde schon so weit etabliert, dass er tat- und wortkräftig dabei ist, wenn es gilt, einen der Kollegen ein wenig hochzunehmen. Dabei ist er sich auch durchaus seiner Unantastbarkeit – aufgrund seiner Kundenzugehörigkeit – bewusst. Köstliche Szenen haben sich da schon abgespielt. Wir dürfen uns ihn eigentlich nicht als Teammitglied vorstellen. Vorstellen vielleicht schon, aber mit dieser Vorstellung direkt auf ihn zugehen dürften wir in keinem Fall. Es ist schon im Vorfeld des Engagements vertraglich durch eine Standardklausel geregelt, dass wir dem Kunden keinen Mitarbeiter ausspannen dürfen. Andersherum ist das zwar keineswegs verboten, aber das ist auch nicht wirklich notwendig, denn keiner von denen, die ich kenne, kann sich wirklich vorstellen, einfach so zu einem Kunden zu wechseln. Die Projekte sind zwar immer sehr spannend, aber dann nur noch routinemäßig die Systeme zu nutzen, die wir konzipiert und implementiert haben, allenfalls ein paar Erweiterungen zu realisieren oder hier und da mal eine kleine Projektleitung durchzuführen, ist den meisten dann doch zu wenig. Aber zurück zu meinem Lieblingskollegen: Wir duzen uns sogar. Es kostete mich ein gehöriges Stück Überwindung, das ‚Du' zu übernehmen, das muss ich zugeben. Nachdem wir dann aber in der Kantine einmal laut gackernd darüber gerätselt haben, warum der Ton eines wiederholt auf den Tassenboden einer heißen Schokolade klopfenden Löffels immer höher wird, war es nun wirklich aus mit dem ‚Sie'. An sich habe ich für mich beschlossen, derartiges nicht zuzulassen, da mir das gleich in mehrerlei Hinsicht Probleme bereiten könnte. Das größte Problem, das ich für mich dabei vorausgesehen habe, ist dann natürlich auch so eingetroffen. Ich tue mich nämlich nach dem Einführen des ‚Du' unheimlich schwer, fällige Arbeitsergebnisse, die so genannten Deliverables, von ihm mit dem erforderlichen Nachdruck einzufordern. Das geht mir einfach leichter von der Hand, wenn ich jemanden frage ‚Kann ich mit Ihrer XY-Aufstellung wie vereinbart bis 16 Uhr heute Nachmittag rechnen?' als wenn ich das mit ‚Du' formulieren müsste. Situationen, die mich seitdem auch verlässlich in Verlegenheit bringen, sind Gesamtprojektmeetings. Denn die beiden Parteien, also Berater und Kunden, sitzen sich dabei immer wieder gerne – klassische Konstellation – in Gruppen gegenüber. Und wenn es dann bei den prekären Themen die üblichen Diskussionen gibt, ruft es immer Verwirrung hervor und ich meine, es bringt auch Verstimmung in die Runde, wenn wir uns in diesem Forum duzen. Der aus dem einen Lager und der aus dem anderen – war das nicht so ähnlich bei ‚Fackeln im Sturm'? Das lässt die jeweilige Restgruppe dann vermuten, wir hätten uns verschwörerisch zusammengerottet und vertraulich Dinge besprochen, die sich siezende Kollegen nicht verraten würden. So oder ähnlich ist ja auch. Wir reden viel im Vertrauen über das Projekt und somit auch über die Mitglieder des Projektteams. So weiß ich beispielsweise von besonderen Konstellationen beim Kunden, die Außenstehende eigentlich nichts angehen. Er schimpft zuweilen auch auf die hauseigene Marketingabteilung, weil die ja eigentlich keine messbare Arbeit leisten würden und daher dort gerne die Mitarbeiter Zuflucht suchen, die sich einer Leistungsfeststellung gerne und auch um ihrer selbst Willen entziehen. Oder er erzählte mir wiehernd lachend von einem Buchhaltungschef, der, sobald Diskussionen leidenschaftlicher werden, gewöhnlich im Brustton sein Credo kundtut:

- Soll und Haben sind mein Geschäft!

Dass der Bereichsleiter, mit dem ich soeben meinen Termin hatte, Vorsitzender des örtlichen Kleingartenvereins ist, hätte ich auch nicht gedacht. Er dehnt seinen Führungsanspruch gerne auf den Feierabend aus und diese Marotte scheint nicht gerade unüblich zu sein. Als ich eines Abends mit ranghohen Kundenmitarbeitern einige Partien Volleyball gespielt habe, sind die ihren Führungsrollen auf faszinierend kleinkarierte Weise treu geblieben; sie unterbrachen das Spiel eigenmächtig und fochten ihnen zweifelhaft erscheinende Entscheidungen des tagsüber untergeordneten Schiedsrichters an, um letzten Endes dann doch – sich der Tageszeit und Situation besinnend – klein beizugeben. Andersherum halte ich mich lieber bedeckt, was unsere Seite angeht. So korrekt und professionell das meinerseits sein mag, bringt mich dies aber immer wieder in ungleich gewichtete Situation: Er erzählt und erzählt und erwartet wahrscheinlich gleiches von mir, aber ich schweige oder reflektiere nur das von ihm Erzählte. Vielleicht will er das alles auch einfach nur loswerden und ist froh, dass jemand in seinem Umfeld ein Ohr hinhält. Meinetwegen.

Kabinett des Staunens

Abgesehen von solchen Ausnahmen aber scheint sich bei der Besetzung von IT-Projekten immer dasselbe Schema zu wiederholen. Es läuft stets auf das Casting der selben Rollen hinaus: Da gibt es den Projektleiter kundenseitig, der, wenn man Glück hat, dieses Projekt übertragen bekommen hat, weil er fähig und willig ist; sei es um des Fortkommens auf der Karriereleiter willen oder einfach, weil er schon an anderer Stelle bewiesen hat, dass er das hinbekommen kann. Schlechtenfalls wiederum wollte er das Projekt gar nicht und ist damit schlicht überfordert, was wiederum eine Chance für das Beraterteam ist, die Steuerung des Projekts im eigenen Sinne zu beeinflussen. Bis auf dessen lautstarkes Aufbäumen alle paar Wochen, um zu zeigen, dass er noch da ist, klappt das dann oft auch ganz gut mit diesen Kandidaten. Die weiteren Projektmitglieder sind dann u.a. die Interessierten, die Kompetenten, aber auch die schwer Vermittelbaren. Die Interessierten und Kompetenten haben sich durch Ihre Qualifikation ausgezeichnet und man erhofft sich von ihnen wertvollen Input für das Projekt. Die schwer Vermittelbaren bekommt der Kunde anderweitig nur noch schwer untergebracht, sei es wegen einer Umstrukturierung, weil der Ruhestand nicht mehr weit entfernt ist oder einfach, weil die Leistung ausbleibt. Hier im Projekt versammeln sie sich alle. Zusammen sind sie dann ein hochinteressanter Cocktail namens Kunde. Unseren schwer Vermittelbaren – ich nenne ihn gerne den Querschießer – will keiner mehr in seiner Abteilung haben, weil er neben seiner flachen Leistungskurve nur Unfrieden mit sich bringt. Aus diesem Grund wurde er wohl auch hier in das Projekt abgeschoben. Offiziell heißt das natürlich

- ... um das Projekt mit seinem Erfahrungsschatz zu bereichern!

Ja genau. Seine Kollegen im Projekt gehen schon nicht mehr sehr höflich mit ihm um, der muss sich schon eine Menge geleistet haben. Alle Beobachtungen verdichteten sich zu dem Schluss, dass er hier einfach die Zeit bis zum Ablauf seines Verfallsdatums absitzen soll. Seinen Frust über die Situation lässt er am Reinigungspersonal aus. Er streut die Krümel seines mitgebrachten, selbst geschmierten Brotes auf den Boden und prüft dann am Folgetag penibel, ob sie auch fachmännisch entfernt worden sind, um gegenbenenfalls aufgeregt über die mangelhafte Pflichterfüllung der Gebäudereiniger schimpfen zu können. Zum Glück muss ich mich nicht in dieses Gefüge eingliedern. Ich muss nie langfristig mit diesen Menschen auskommen und kann mein Ziel, den Projekterfolg oder meine konkrete Aufgabe, entsprechend geradlinig verfolgen. Dabei kommt es mir immer wieder zu gute, dass ich mich als Berater über die Kompetenz- und Ranggrenzen hinweg beim Kunden bewegen kann. Will ich eine grundlegende Sache mit einem Bereichsleiter besprechen, gehe ich einfach hin. Geht es um ein Detail zur Ausgestaltung der Lösung eines Problems, gehe ich zum Sachbearbeiter – die klassenlose Gesellschaft, praktiziert im Herzen der Wirtschaft, für einige wenige Auserwählte. Hoffentlich wird das später nicht einmal zum

Problem. Es soll schon so einige Ex-Berater gegeben haben, die sich nach einem Wechsel in ‚die Linie' massiven Problemen gegenübergestellt sahen, weil sie die Liniendisziplin und deren Gesetze nie wirklich gelernt haben. Mancher Ex-Kollege soll sich dann wie die Axt im Walde benommen und jedwede disziplinarische Gegebenheit im Unternehmen ignorierend gewütet haben. Das mag unter dem Vorzeichen der budgetgerechten Zielerreichung abstrakt seine Berechtigung haben, aber Linie ist nun mal Linie. Im Gegenteil werde ich persönlich mit einer Linienposition in ferner Zukunft einmal eher dahingehend Probleme bekommen, weil ich zu nett zu allen bin, weil ich langfristig mit meinen Kollegen auskommen muss. Auf einem Projekt hingegen sind Konflikte jeder Art nur begrenzt auf Dauer auszubaden, weil das Projekt ja auch mal zu Ende geht, aber in einem Festangestelltenverhältnis? Ich darf gar nicht daran denken. Also besinne ich mich meiner Rolle hier und mache mich auf den Weg zum Projektbüro, als mein Telefon klingelt. Es ist mein Kumpel, dessen Arbeitgeber sich in Auflösung befindet. Dann bin ich mal gespannt und lasse mir schildern, wie der Alltag in einem gescheiterten Start-up kurz nach dem Stellen eines Insolvenzantrages aussieht. Nachdem die Online-Bewerbungsmappen fertig gestellt und erste Bewerbungen abgeschickt worden sind, sei nun ein sowohl erbitterter, als auch fantasievoller Wettstreit unter den Noch-Kollegen entbrannt, wer in kürzester Zeit die aufwändigste private Homepage mittels Gratis-Tools, die man sich irgendwo aus dem Internet herunterladen kann, erstellt. So viel Zeit hätte ich auch gerne mal wieder. Im Projektbüro angekommen, habe ich zum ersten Mal Zeit, mich meinem geliebten Notebook zu widmen.

Erweitertes Ich: Mein Notebook

In diesem trostlosen Projektraum öffnet mir mein Notebook tatsächlich ein Fenster zur echten, mir wichtigen Außenwelt. Es ist ein schönes Gerät, denn bei der Auswahl der Modelle achten unsere Leute immer auch ein wenig darauf, dass unsere Werkzeuge auch optisch etwas hermachen. Es schaut edel und modern aus und auf ihm trage ich alles Digitale herum, was mir Freude bereitet. Neben den Fotoalben der letzten Urlaube sind auch meine Lieblings-CDs darauf abgelegt, damit ich abends bei der Lektüre eines guten Buches nicht auf angenehme Untermalung verzichten muss. Die Lautsprecher sind bei dem Modell besonders kraftvoll. Und wenn nun gar nichts im Fernsehen kommt und ich Lust auf einen Film habe, schaue ich DVDs. Mein Notebook – Tempel der passiven Unterhaltung! Jetzt frage ich meine E-Mails ab. Zuvor die kurze Frage in die Runde, ob jemand in der nächsten Viertelstunde diese einzige TAE-Dose des Raumes benötigt. Nein? Gut. Also los. Hochfahren, Kabel an das Modem und in die Telefonbuchse, den Rechner mit dem Internet verbinden und endlich bekomme ich meine gesammelten E-Mails seit dem Sonntagabend. Daheim wollte ich am Sonntag durch Starten des Rechners nicht die Stimmung noch weiter runterziehen und gestern blieb auch keine Zeit mehr dafür. Ich war schon völlig unterversorgt mit Nachrichten von meinem besten Freund, der auch als Berater die Republik durchkreuzt. Unter der Woche kommen wir nicht sonderlich oft zum Telefonieren, da ungestörtes Telefonieren bei manchen Kundenstandorten fast unmöglich ist. Deshalb tauschen wir uns hauptsächlich auf dem E-Mailwege aus, um einander auf dem Laufenden halten. Er wohnt zudem noch am anderen Ende des Landes, da sehen wir uns kaum. Was er nun wieder von seinem Wochenende zu berichten hat, dagegen ist es mir ja richtig gut gegangen. Er durfte schon wieder fast das gesamte Wochenende durcharbeiten. Seine Freundin kennt das zwar zur Genüge, aber ich bin sicher, dass er untertreibt, wenn er behauptet, es störe sie nicht wirklich. Ich nehme mir die Zeit, um wenigstens ein paar der eingegangenen Nachrichten zu beantworten. Die rechte Ruhe dafür habe ich jedoch nicht, da der Tag ja durch das bevorstehende Abendessen durchschnitten wird und wenn der Projektleiter uns einschärft, diesmal alle dabei zu sein, wird das schon seinen Grund haben, denke ich. Heute werde ich das Notebook wohl nicht mehr benötigen, fahre es deshalb herunter und bugsiere es zwar mit geübten Handgriffen, aber dennoch immer etwas zu rabiat zurück in sein Reisefutteral. Beim letzten Gerät ist dabei einmal das Display aus seiner Verankerung gerissen, weil ich mich geringfügig verzielt habe; der Austausch ging wirklich sehr schnell. Schon pervers, ein tausende Euro teures Gerät so zu behandeln, aber es ist bekannt, dass davon noch einige auf Halde liegen und verbraucht werden müssen, denn die nächste Generation ist schon geordert. Ordern, Abendessen, beeilen. Stimmt ja, also weiter schaffen, bis wir dann weg müssen.

Trotz meines späten Erscheinens ist es noch ein langer Arbeitstag geworden, ich schufte bis zur letzten Minute, denn wir müssen ja mit dem gesamten Projektteam bald los. Es geht heute schon um 19 Uhr 30 ins Hotel, da wir um 20 Uhr 15 schon ums Eck im ‚Pacific' sein wollen. Wie der Dienstleister eben ist, werden wir diejenigen sein, die auf jeden Fall pünktlich, eher noch zu früh, dort eintreffen. Auf dem Weg zum Hotel darf ich noch einem Einheimischen den Weg zu einem Lokal erklären; zu Hause hingegen kenne ich mich mittlerweile nicht mehr so gut aus, das macht mir Sorgen. Auf meinem Zimmer angekommen, lasse ich mich erst einmal auf das Bett fallen und hole tief Luft, um den Stress heraus zu lassen. Ich habe einen furchtbaren Pelz auf der Zunge, weil ich einen Kaffee nach dem anderen getrunken habe. Also erst mal Zähne putzen, dann fühle ich mich gleich wohler. Der Koffer steht noch von meiner Mittagsumkleiderei offen und lässt mich schon von fern erkennen, dass es mir wieder passiert ist: Den Kulturbeutel habe ich vergessen! Und das bemerke ich jetzt – um 19 Uhr 40. Vielen Dank auch! An der Rezeption erfrage ich den Weg zum nächsten Supermarkt, weil das Standardrepertoire des Hotels für solche Fälle nicht alle Dinge umfasst, die ich zum Wohlfühlen benötige. Denn Einwegzahnbürsten und –rasierer sind ein guter Anfang, o.k., unterbinden aber nicht die Bildung von Schweißgeruch, genauso wenig bringen sie die Frisur in Form. Also los, und meine Grundausrüstung bestehend aus Zahnbürste / Zahncreme / Rasierer / Rasierschaum / After Shave / Wetgel besorgen. Aral soll da auch ein gutes Angebot haben, ich mache mich aber auf den Weg zum Supermarkt. Im Schnitt kostet der Spaß so um 25 Euro und erhöht diesmal den Redundanzfaktor von Zahnbürsten und Rasierern mit jedem Kauf jeweils auf den Faktor fünf. Nicht auszudenken, wenn ich eine Frau wäre, dann dürften solche Aktionen in 20 Minuten nicht mehr zu schaffen sein, außerdem wäre da sicher eine höhere Summe fällig. Gar nicht zu reden von den Fehlfarben, weil das typgerecht ermittelte Spektrum gerade nicht verfügbar war. Wenn das einer Kollegin passiert, schaut sie unerklärlich anders aus, denn wer kennt schon den Lieblingsfarbton einer Frau, seiner Frau, geschweige denn seiner Freundin? Den Sprint zum Supermarkt und zurück bewältige ich schneller als erwartet, so dass ich pünktlich in der Hotellobby auf meine Kollegen treffe und wir losgehen können.

Tiefstapeln

Abendessen oder eigentlich überhaupt das Essen ist ja immer etwas Schönes. Besinnen auf ein elementares Vergnügen. Aber mit Kunden zusammen macht mich das eher angespannt. Das bedeutet nicht, dass ich die Leute, mit denen wir essen, nicht mag, aber mit dem Essen verbinde ich auch immer ein wenig Entspannung und sich Fallenlassen. Zumindest beim Abendessen, tagsüber zusammen einen Döner in der Fußgängerzone einwerfen ist natürlich etwas Anderes, da entspannt man ohnehin nur verbal, wenn überhaupt, aber Abendessen: Im Bewusstsein, dass nach dem Essen keine Arbeit mehr auf mich wartet, schon mal ein oder vier Bierchen trinken und die Seele baumeln lassen – das ist Abendessen! Mit Kollegen geht das auch ganz wunderbar. Mit denen kann ich mich über Freizeitaktivitäten unterhalten und muss nicht bei jedem Detail erläutern, warum es im erzählten Zusammenhang etwas Bemerkenswertes ist. Die kennen nämlich aus anderen Gesprächen schon die Vorlieben und Hobbys und deren Normalbetrieb. Essen mit Kunden bedeutet eben immer auch Beherrschung. Wir haben einen Tisch für 15 Personen reserviert, das hat unser Projektleiter gemacht. Das Restaurant hat sein Counterpart auf Kundenseite vorgeschlagen. Es sei ein edles Restaurant mit sanfter Beleuchtung und einem Pianisten, heißt es. Langsam werde ich neugierig. Interessant wird auch die Kleidungsfrage. Einige der Mitarbeiter des Kunden verstehen es leider nicht einmal, sich tagsüber für die Arbeit geschmackvoll anzuziehen; was doch wohl nicht so schwierig sein kann. Mal sehen, wie sich die Spezialisten unter ihnen heute Abend anstellen. Bloß nicht blöd grinsen oder gar lachen, wenn einer herein kommt und den Entgleisungsrekord für das Projekt angeht. Doch es ist zu spät für ausgiebige mentale Vorbereitungen, denn, weil der Kundenprojektleiter bei diesem Ereignis dabei ist, kommen die Damen und Herren allesamt pünktlich und damit fast gleichzeitig. Wenn das nur einmal in Projektmeetings so laufen würde, aber da ist der Chef ja meistens nicht dabei. Aber wer kommt da? Unser Querschießer. Nein. Oh mein Gott. Er sieht aus, wie eine Antiwerbung zum Thema Baumwollsakkos. Unterwürfig wie seine Kollegen, sucht auch er den Blick des Chefs, um sich ein fast unsichtbares Nicken der Begrüßung abzuholen. Die anderen Mitarbeiter des Kunden haben sich ganz gut herausgeputzt, während wir Berater durch die Bank den lässigeren Look in der Freizeit vorziehen. Zum Glück habe ich noch nicht Platz genommen, so kann ich versuchen, unauffällig einen Platz zu besetzen, der nicht gerade zwischen den furchtbarsten Leuten gelegen ist. Fast hätte es nicht geklappt, wie ich es mir gewünscht hätte und ich hätte mich in der Riege der Mitarbeiter vom Rechnungswesen und der Abwicklung statt eigener geschätzter Kollegen wiedergefunden. Die Bedienung kommt und der erste Meilenstein eines solchen Abends wird erreicht. Ich bestelle mein Bier und die Beraterseite – wir sitzen tatsächlich alle wie im Projektmeeting angeordnet auf der einen Seite des Tisches – tut es mir gleich und ordert Wein oder Bier; ganz selbstverständlich eben. Nicht so die Fraktion gegenüber. Dort wenden sich alle Augenpaare nach der Aufforderung der Bedienung in Richtung Chef. Was bestellt der? Bestellt er Alkohol? Dann traut sich der Rest der Mannschaft ebenfalls. Bestellt er nur eine Apfelsaftschorle, trauen sich nur noch die gefestigteren Charaktere trotzdem etwas mit Drehzahl zu bestellen. Er bestellt ein Weizen. Erleichtertes Schulterfallenlassen durchfährt die Reihe und alle bestellen auf Aufforderung, wie aus der Pistole geschossen, was sie wirklich wollen.

Leichte Konversation beginnt. Da ich nun mal inmitten von Projektmitgliedern sitze, mit denen außer projektbezogenen Themen auf Anhieb nicht viel zu besprechen ist und ich hier mindestens für die folgende Stunde festsitze, besinne ich mich meiner Möglichkeiten und fange ein Gespräch an, bei dem ich nicht müde werde zu betonen, wie wichtig gerade die Arbeit der Anwesenden für das Gelingen des Projektes ist. Detailliert male ich die Tragweite des Inputs aus, der von den Umsitzenden erbracht wurde und noch zu erbringen ist. Und wenigstens das funktioniert, wie erwartet. Schön. Gewisse Eifersüchteleien unter den Kundenmitarbeitern um die Gunst ihrer Vorgesetzten oder auch der Berater sind nicht zu übersehen. Mit dem einen kommt man gut klar, mit dem anderen weniger. Und wenn die schwierigen Kandidaten mitbekommen, wie angeregt man sich mit dem vielleicht auch noch rivalisierenden Kollegen unterhält, wird es ungemütlich für alle Beteiligten. Und heute wird ist es ungemütlich. Beim Bestellen des Essens wiederholt sich das klägliche Spiel um den Chef von Neuem. Ich traue meinen Ohren nicht: Er bestellt schon wieder als erstes, weil es kein anderer wagt. Die Bedienung scheint die Autorität, die angesichts der Unterwerfung seiner Angestellten evident ist, erkannt zu haben. Die Hackordnung wird noch durch seine Untergebenen unterstrichen, die beim Erblicken der Bedienung zu ihm hinüberstieren. Wieder erleichtertes Aufatmen als er Steak bestellt. Es scheint ein verbreitetes Phänomen zu sein, dass die Untergebenen niemals etwas Größeres, Teureres, Besseres oder Böseres bestellen als der Chef. Im Extrem habe ich einmal erlebt, dass der Chef nur eine Weißwurst mit Brezel bestellt hat und die Belegschaft gleichzog, weil es nichts noch kleineres auf der Speisekarte gab. Wenn nach unten hin sonst noch Spielraum ist, mag das nicht auffallen, aber unterhalb der Brezel gab es nur noch Tütenketchup. Das wird ein zäher Abend.

Ab ins Hotel

Glücklicherweise traute sich einer der couragierteren Mitarbeiter relativ früh, wenn auch mit einer fadenscheinigen Ausrede, die Zusammenkunft zu verlassen. Das öffnete den Damm, woraufhin dann 90% der Projektmitglieder innerhalb der nächsten 15 Minuten den Tisch verließen. Gott sei Dank. Die Projektleiter schienen auch gar nicht böse darum zu sein, konnten sie sich jetzt doch endlich über vertraulichere Themen unterhalten. Wahrscheinlich war das ganze ohnehin als Zwei-Personen-Besprechung geplant, um dann zum vermeintlichen Social-Event ausgeweitet zu werden, das schon überfällig war. Auch ich seile mich mit einem großen Schwung ab und marschiere allerdings allein zum Hotel, da der Schwung sonst aus Kundenmitarbeitern bestand. Wenigsten muss ich auf Geschäftsreisen nach einem solchen Abend fast nie Auto fahren. Und das ist gut so. Die frische Luft tut gut. Hinter der Rezeption begrüßen mich freundlich die Damen der Nachtschicht – leckere Damen. Aber ich hab ja die Freundin zu Hause. Und so viele Probleme wir auch habe mögen, werde ich keinen Schritt in die Richtung tun, sie zu betrügen. Das schulde ich ihr und meinem Anstand. Das Thema Anstand strapaziere ich höchstens in einer Situation wie im letzten Jahr. Da war ich zwischenzeitlich solo und habe bei einem Kurzurlaub bei Freunden ein Mädel kennen gelernt, mit der ich ein kurzes, aber heftiges Techtelmechtel hatte. Als sie nun in der Stadt, in der ich wenige Monate später im Projekt war, ein Vorstellungsgespräch hatte und ohnehin ein paar Tage dran hängen wollte, habe ich großzügig meine Hotelunterkunft zum Übernachten angeboten. Auf Privatkosten habe ich mein Einzel- zu einem Doppelzimmer umgebucht. Frei war nur noch eine ganze Suite und schon hatten wir für ein paar Tage ein luxuriöses Liebesnest. Sie absolvierte ihr Gespräch und konnte sich ein paar Tage die Stadt intensiv ansehen. Abends waren wir an jedem Tag zusammen unterwegs und hatten viel Spaß. Spaß, den man mit Kollegen nicht hat. Oder nur in Ausnahmefällen. Andere Kollegen – natürlich keine die ich persönlich kenne – sind da grobschlächtiger und begeben sich je nach Bedarfslage auch mal in die einschlägigen Viertel der Stadt und geben dort ihr Geld für körperliche Dienstleistungen aller Art aus. Meinetwegen. Ich fahre – allein – mit dem Aufzug in die fünfte Etage. Zum Glück habe ich mein Stammzimmer. Das scheint auch kein Problem mehr zu sein, seit klar wurde, dass meine regelmäßige Anwesenheit hier mindestens so planbar ist wie der Urlaub des Hotelpersonals. Codekarte rein-raus. Ein leises Klicken, dessen Echo von den dicken Teppichen und Wandbehängen vollständig geschluckt wird und die grüne Leuchtdiode fordert mich zum Eintreten auf. Ich reiße das Fenster auf und schalte den Fernseher an.

Die Klamotten sind total verqualmt. Gut nur, dass ich direkt morgen wieder abreise. Bevor ich mich mit einem letzten Quantum Bier aus der Minibar auf das Bett setze, um den Tag von mir abgleiten zu lassen, packe ich meinen Kassettenrekorder aus. Zum Einschlafen lasse ich mich von Dreifragezeichenkassetten unterhalten. In den ersten Jahren meiner Reisetätigkeit habe ich mir angewöhnt, abends einfach nur Bier zu trinken, um mich in der ungewohnten Umgebung, in Abwesenheit von Gemütlichkeit, müde zu machen. Das hat aber bekanntermaßen gleich mehrere Nachteile. Neben dem unruhigen Schlaf kommt die unnötige Kalorienaufnahme dazu, die sich schon, gepaart mit Bewegungsmangel, nicht gerade günstig auf meine körperliche Konstitution ausgewirkt hat. Auch die Leistungsfähigkeit für den nächsten Tag hat dieses Vorgehen bisher noch nie positiv beeinflusst. Also habe ich mich darauf besonnen, wie ich denn in anderen Zeiten meines Lebens zur Ruhe gekommen bin. Mit Kollegen habe ich auch schon darüber gesprochen und mein Chef hat mir verraten, dass er mit Wonne und Begeisterung ‚Perry-

Rhodan'-Romane zum Einschlafen liest. Dann ist er in einer anderen Welt und kann richtig abschalten. Andere Kollegen bevorzugen TKKG, erleben aber offensichtlich dasselbe Phänomen wie ich. Beruhigend. Eine andere Welt, erinnerte ich mich, hatte ich immer dann erlebt, wenn ich Justus, Bob und Peter nach Rocky-Beach gefolgt bin und gelauscht habe, wie sie wirre Kriminalfälle lösten. Also habe ich mir einen Kassettenrekorder gekauft und meine alten Hörspielkassetten herausgekramt. Und siehe da: Es wirkt noch. Heute wie damals kommt es mir immer noch nicht darauf an, die konkrete Handlung zu verfolgen, sondern es sind vielmehr die Bilder, die in meinem Kopf zu den Klängen und Dialogen wieder erscheinen. Nostalgiekino im Kopf. Und mit den alten schon fast vergessenen Bildern kommt auch der kindliche Frieden ein Stückchen wieder. Damals gab es keine Sorgen, die vergleichbar mit den heutigen wären. Dies gilt natürlich nur aus heutiger Perspektive, denn damals waren die großen Sorgen einfach große Sorgen. Aber jetzt, wo mir jede Szene ein Stück meiner friedlichen Kinderwelt zurückholt, beruhige ich mich schnell und entspanne, wie schon lange nicht mehr. Anfangs kam ich mir dabei ein wenig albern vor. Aber die Wirkung ist so überzeugend, dass ich mittlerweile gerne dazu stehe. Von meinen Kollegen hatten viele sogar noch Kassetten zu Hause, die sie mir dann mitbrachten. Die echten Originale, schwarz mit gelbem Aufkleber und schwarzer Schrift! Unfassbar. Ich bin irgendwann dazu übergegangen, mir in den Kinderabteilungen der großen Kaufhäuser große Mengen der neuen Folgen selber zu kaufen. Das habe ich mir als Kind schon immer gewünscht und geplant: Wenn ich einmal erwachsen bin und Geld habe, dann kaufe ich sie mir alle, alle Folgen! Die neuen Folgen, das sind für mich die Folgen ab der Nummer 31. Leider besaß ich nur einige wenige, weil ich nie genügend Geld hatte, mir eine Sammlung aufzubauen. Ich lieh sie mir immer in Fünferpacks von einem Freund und hörte sie ein paar Wochen rauf und runter, dann die nächsten fünf. Aber als ich nun in die neueren Folgen hineinhörte, ereilte mich schnell ein jäher Schock. Nicht nur, dass die drei Detektive auf einmal Freundinnen haben sollten und Auto fuhren, nein, auch die Musik hat sich dramatisch verändert! Die Titelmelodie klingt wie ein Crossover aus Modern Talking und Kraftwerk. Mein Gott, wirklich Freundinnen sollen die Drei jetzt haben? Und Autos fahren? Und die wiederkehrenden Brüche ungeschriebener Gesetze der Serie, wie ständige Bezugnahme auf alte Folgen, Nennung von Datumsangaben und zeitgenössischer Personen und Filme!? Eine Welt brach für mich zusammen. Nein, ein Zusammenbruch wäre eine saubere Sache gewesen, hier passierte vielmehr eine schändliche Verformung. Verrat! Dank des Internets fand ich schnell heraus, dass es nicht nur die neuen Folgen sind, die so schlecht unterfüttert sind. Auch die Originale wurden mit der schlechten Musik nachträglich verstümmelt, weil es Rechtsstreitigkeiten mit dem Komponisten gab. Nur ein paar Szenen, die aufgrund der jungen Stimmen der Sprecher und des fließenden Übergangs zur Musik im ursprünglichen Zustand belassen wurden, haben die Revision überlebt. So ging ab diesem Tag die Jagd nach den alten Folgen los. An Wochenenden fand man mich auf Flohmärkten und ich kaufte alles was zu finden war. Das einschneidendste Erlebnis auf dieser Odyssee war jenes, als der Bruder eines Kollegen, der die gesamten Folgen 1-31 gesammelt hatte, diese mir trotz eines Angebots von zehn Euro je Kassette nicht verkaufen wollte. Das rief gleichermaßen tiefen Respekt und unbändigen Frust in mir hervor! Ritterlich lieh er sie mir aus und ich ließ mir die Wertvollsten samplen und auf CD brennen. Es leben die alten Hörspiele. Also los, Fernseher aus, den ‚Fluch des Rubins' rein und los. Auf dem Schrottplatz der Firma Jonas herrschte Hochbetrieb.

- ‚Mrs. Mathilda Jonas hielt ihren Neffen Justus und seine Freunde Bob und Peter ganz hübsch in Trab.'

Mittwoch

Kalt erwischt

Der Wecker geht und mein erster Handgriff sucht die Fernbedienung; die des Hotelfernsehers habe ich mittlerweile öfter in der Hand als meine eigene. Morgens schaue ich immer und überall das Morgenmagazin. In diesen ersten Stunden des Tages brauche ich soviel Vertrautes wie möglich, um mich wohl zu fühlen, und da leistet die Mannschaft von ARD und ZDF wunderbare Arbeit. Pünktlich zur halben Stunde kommen die Nachrichten und dazwischen gibt es angenehmes Hintergrundgeplänkel. Auf dem Weg zum Bad muss ich den Fernseher nicht einmal lauter drehen, denn auch dort sind Lautsprecher installiert, die den Ton des Fernsehers wiedergeben. Innerhalb von 25 Minuten bin ich zivilisationskompatibel und fahre runter zur Rezeption zum Auschecken, einer weiteren Instanz, an der sich die Spreu vom Weizen trennt. Die erfahrenen Reisenden checken zuerst aus und begeben sich dann an das Frühstücksbuffet. Das sind diejenigen, die zur Meute der Jungreisenden hinüberlächeln, die sich nach dem Frühstück gemeinsam in einer hektischen und fahrigen Schlange wundert, warum alle auf einmal auschecken. Die Erkenntnis, dass die Ereignisse ‚Zahlen' und ‚Schlüssel abgeben' durchaus voneinander trennbar sind, setzt eben nicht automatisch ein, wie bei mir auch nicht, muss ich zugeben. Wie sehr beim Auschecken das Selbstverständnis von Mitarbeitern gewisser Beratungsunternehmen zum Tragen kommt, zeigt sich in der Erzählung eines werten Kollegen, der Zeuge dieses skurrilen Zwischenfalls wurde: Er musste tatsächlich folgendes Ersuchen einer jungen Kostümchenträgerin vom Ende einer aus vier Personen bestehenden Schlange vernehmen:

- Ich müsste mal bitte vor, ich bin von ‚McKinsey'

Die an den Monitor der Rezeption geklebte Liste mit Kurzcodes der größeren Beratungsunternehmen ließ zwar keinerlei Zweifel daran, dass es sich bei der Klientel des Hauses fast ausschließlich um Berater handelte – die Dame sich also in verständigem Publikum wähnte. Doch ihre Aufforderung beeindruckte offenkundig wenig. Der Kollege bewies glücklicherweise Spontaneität und entgegnete

- Na und? Ich bin von Freiburg.

worauf hin die Dame unter allgemeinem Geschmunzel, inklusive Hotelpersonal, in errötendes Schweigen versank. Manchmal, wenn ich in einer solchen Schlange stehe, frage ich mich, ob das eine Legende ist, oder ob man tatsächlich so bescheuert sein kann.

Ich bezahle meine Rechnung und marschiere in den Frühstücksraum. Marschieren tue ich deshalb, weil ich mich zusammenreißen muss, vor den Kollegen nicht so schlapp auszusehen, wie ich mich fühle. Mir ist heute Nacht noch ein kleines Missgeschick passiert, das mich ein klein wenig wach hielt. 2 Uhr 40 glühte es mir rot durch die Dunkelheit entgegen. Wo war ich? Und wie roch es denn hier? Das ist nicht mein Bett, mein Schlafzimmer, mein Zu Hause. Also Hotel, dachte ich und die Leuchtdioden sind die vom Fernseher. O.K., hier lag ich und musste pinkeln. Schlaf- und sicher auch ein wenig betrunken ertastete ich durch die Dunkelheit den Weg zum Badezimmer, denn das Licht anzuschalten hätte mich erst richtig wach gemacht, und das war für mein Vorhaben nur wirklich nicht nötig. Das Bad und die ersehnte Kloschüssel waren gefunden, und: setzen. Ein Schreck lies mich allerdings fluchend auffahren. Ich hatte mich auf etwas Eiskaltes gesetzt – so kalt, dass es sich fast nass anfühlte. Konnte das sein? Das ließ sich bei der niedrigen Temperatur der Kloschüssel kaum sagen. Na wunderbar, ich hatte es also geschafft mich in das blanke Porzellan zu setzen, während der Toilettensitz noch nach oben geklappt war. Ich konnte förmlich das versammelte Gelächter aller badezimmerputzenverabscheuendenden Frauen und Freundinnen durch die Stille der Nasszelle hallen hören, aber das war zugegebenermaßen nicht mein erster Gedanke. Also super. Zwar ist es ein angenehmer Luxus, auf der Toilette des Hotelzimmers im Stehen pinkeln zu können, ohne den Streuverlust am Wochenende im Rahmen der Wohnungsreinigung entfernen zu müssen, das wieder Herunterklappen darf man jedoch auch hier nicht vergessen. Das kann offensichtlich nach hinten, respektive nach unten losgehen.

Zwar bin ich sicher, dass die Kollegen genauso unfit sind wie ich, aber keinem von ihnen merkt man etwas an, Verräter. Sollte es denn wirklich so sein, dass ich morgens immer der Schlappeste bin? Der ganze Raum ist erfüllt vom Duft des frisch gebratenen Specks, der direkt im Frühstücksraum zubereitet wird. Guten Morgen. Manchmal finde ich das lecker – so wie heute. Meist stört es aber. Meine Kollegin hält die Tageszeitung in Händen und liest konzentriert. Wie kann man denn um Himmels Willen nur freiwillig so früh aufstehen, dass man hier unten noch Zeit haben kann, die Zeitung zu lesen? Das Zeitunglesen ist übrigens der Grund, warum wir an diesem Tisch sitzen und nicht mehr an dem alten Stammtisch in der entfernten Ecke des Frühstückssaals. Dort bläst die Klimaanlage direkt aus der Decke auf den Tisch und macht ein zwischenfallfreies Zeitunglesen unmöglich. Mir ist jede Minute Schlaf einfach zu viel wert für solche Eskapaden, deshalb lege ich meinen Schlüssel einfach oberhalb meines Tellers ab und stürme das Buffet. Nach dem gestrigen Abend ist mir heute nach etwas Deftigem. Und so werde ich mir heute das salzige Menü zusammenstellen. Rühreier, Speck, Toast und Ketchup. Also zum Rechaud mit den Eiern. Streng genommen finde ich es zwar unappetitlich, Rühreier über Stunden in einem solchen Behälter warm zu halten. Was aber getan wird, um die Butter einigermaßen fest und frisch zu halten, ist so anfänglich ästhetisch wie im Resultat unappetitlich. Da schwimmen dann kleine Stückchen Butter in Blütenform zusammen mit Eiswürfeln in einer Schale mit Wasser. Aber beim Schrecken dieses Anblicks bleibt es nicht, denn bereits während ich noch das Rührei würze, bahnt sich das Wasser, das noch an der Butterblume haftete seinen Weg zur Tellermitte, um vollständig von der Ecke des Toasts aufgesogen zu werden. Lecker. Die Illusion, dass ich meinem Frühstück noch eine gesunde Komponente geben kann, indem ich Orangensaft zum Kaffee trinke, übersteht den bittersüß-herben Geschmack dieser Melange im Mund nur mit sehr viel gutem Willen. Meine Kollegen leben mir da jeden Hotelmorgen ein Musterbild an gesunder Ernährung vor. Vorab einen, manchmal zwei Teller Obstsalat. Dann folgt noch eine ausgewogene Mischung verschiedenster Aufstriche und Käsesorten, dazu gibt es Tee. Ich trinke Kaffee. Seit ich erfahren habe, dass der Kaffee üblicherweise um 6 Uhr gebraut und dann stundenlang heiß gehalten wird, schmeckt er mir zwar nicht mehr so gut wie früher, trotzdem ordere ich ihn immer noch einfach des gewohnten Ablaufs willen. Aber ich könnte schwören, dass ich, seit ich diese Information bekommen habe, nach dem Frühstück automatisch einen Pelz auf den Zähnen zu haben glaube. Bevor ich meine Sachen zusammenpacke, putze ich erst noch einmal meine Zähne. Zur Untermalung schalte ich auch das Frühstücksfernsehen wieder ein. Alle gestern Abend neu erworbenen Badezimmerutensilien wandern jeweils nach ihrer letzten Benutzung direkt in den Koffer. Der wandert dann in den Koffer und ich mit ihm nach einem abschließenden Kontrollgang durch das Zimmer zum Aufzug. Alle paar Monate nehme ich ein paar Handtücher mit, denn die gefallen mir gut. Zufällig prangert auf ihnen der Anfangsbuchstabe meines Nachnamens. Den Bademantel traue ich mich nicht mitzunehmen, obwohl ich ihn schon mehrmals anprobiert habe und er verdammt gut an mir aussah – also ich in ihm. Den Schlüssel werfe ich in den Schlitz im Tresen der Rezeption und den Koffer gebe ich am Aufbewahrungsraum ab, wo er bis zu meiner Heimfahrt heute Abend auf mich warten wird. Tschüss bis später und ab ins Büro.

Jedes Mal, kurz bevor ich das Gepäck in Verwahrung gebe, bin ich für einen Moment versucht, meinen Koffer zu schnappen, schnurstracks zum Bahnhof zu hasten und in den nächsten Zug Richtung Heimat zu springen. Aber andererseits ist das Projekt schon fast geschafft, sind nur noch ein paar Tage bis zum Produktivstart, dem Tag, von dem an ausschließlich die neue Software benutzt wird, die wir im vergangenen Vierteljahr dort mühsam eingeführt haben. Endspurt. Na gut, Finger an die Linie, Augen geradeaus. Das Büro ist das Ziel. Die frische Luft auf dem Fußmarsch tut jetzt verdammt gut. Sie macht den Kopf ein wenig frei und bringt die Lebensgeister zurück, die ich gestern mit den letzten Schlucken Alkohol ins Hinterzimmer gesperrt habe. Durchatmen. Leichte Kopfschmerzen habe ich aber immer noch – das übliche Entrümpeln, wenn die Party gelaufen ist. Die Sonne funkelt mir entgegen und wirft in mir die Frage auf, was man nicht alles Schönes an einem solchen Tag unternehmen könnte. Mit der Freundin raus in die Natur fahren zum Beispiel. Das würde ich jetzt gerne machen.

Keine fünf Minuten später komme ich im Büro an und trotte die ewig langen Flure mit den furchtbar hässlichen Bildern an der

Wand entlang. In manchen Fluren hat man offenkundig in Ermangelung schöner Bilder oder auch nur guten Geschmacks Werbeplakate aufgehängt. Unterwegs treffe ich auf meinen Projektleiter, der sich in die Ecke eines Flurs mit vielen Grünpflanzen zurückgezogen hat, dem Hydrokultur-Dschungel – wie immer, wenn er in Ruhe telefonieren will. In Ruhe zu telefonieren ist in diesem Projekt ein echtes Problem. Das Projektbüro selber ist ja gleich aus mehreren Gründen dafür ungeeignet. Erstens ist es nur ein einzelner Raum und so tönt man beim Telefonieren das gesamte Team voll. Das lässt sich auch nicht immer durch Senken der Stimme vermeiden, da das andere Ende oft aus dem Auto oder aus dem Zug telefoniert und es gilt, sich gegen die dortige Geräuschkulisse durchzusetzen. Zweitens geht es die versammelte Mannschaft selten an, was man da so zu besprechen hat. Neben vertraulichen beruflichen Dingen geht es genauso oft um Privates. Es gibt einen Kollegen, dem nimmt man es nicht einmal übel, dass er seine privaten Dispute im Projektraum telefonisch austrägt, denn der Unterhaltungswert für die übrigen kommt dabei selten zu kurz. Ein würdiger Ersatz für die Tag für Tag verpassten Seifenopern.

Die lieben Kollegen

Als ich das Büro betrete, sind die meisten meiner Kollegen bereits anwesend und fleißig in ihre Arbeit vertieft. Das mag sich jetzt nach Stille, dem ununterbrochenen Klackern von Keyboardtasten und gedämpften Zwiegesprächen anhören. Stimmt im allgemeinen auch, aber nicht, wenn die beiden Damen des Teams anwesend sind. Während der Großteil der Mannschaft tatsächlich still vor sich hin werkelt oder im Haus bei Mitarbeitern des Kunden unterwegs ist, diskutieren die beiden tatsächlich mal wieder kontrovers und vor allem lauthals über allerlei Detailfragen. Warum sollte man zu solchem Diskurs auch einen Besprechungsraum aufsuchen, wenn man damit genauso gut einen Raum voller konzentriert arbeitender Kollegen beschallen kann? Das akustische Pendant zur oft gestellten Frage: Was stimmt an diesem Bild nicht? Betritt man in solchen Momenten den Raum, kann man sich für einen flüchtigen Moment als Statist in einem schludrig für das polytechnische Institut in Prag hinsynchronisierten Arbeitskundefilm wähnen. Na gut, wollen wir den beiden nicht unrecht tun. Es ist nicht jede

Woche so. Wenn auch nur deswegen, weil sich die beiden immer wieder mal wochenlang anschweigen und sich aus dem Weg gehen. Dann ist es schön still, zumindest für den Rest von uns; die Luft konnte man in dieser Zeit allerdings locker mit einem der stumpfen Messer aus der Firmenkantine schneiden. In belebteren Zeiten nehmen die Anfeindungen bedrohliche Ausmaße an und es wird schon mal davon gesprochen, dass mal die eine, mal die andere, die Arbeit von einer ganzen Woche nun noch einmal machen müsse – selbstverständlich, weil die andere mal wieder etwas versäumt oder falsch gemacht hat. Na schau an. Das Hauptproblem der beiden ist, dass sie sich ein fachliches Thema teilen müssen. Das ist an sich schon unüblich. Dass diese Ausnahme dann ausgerechnet zwei Frauen erwischt, multipliziert in unserem Falle die Komplikationen zu einem handfesten und immer wieder auflodernden Krisenherd; für die UNO aber noch uninteressant. Das Abstimmen dieser beiden klingt heute besonders verstimmt. Stimmt da etwas nicht? Ein amüsierter Blick von einem meiner Lieblingskollegen versichert mir, dass das nur wieder das übliche Gezeter um die immer gleichen Themen ist. Na dann.

Für die restliche Dauer des Projektes werde ich mich davon nicht mehr stören lassen. Schon bald ist es vorbei damit für mich. Ich habe meine Themen hier im Projekt weit unter Planaufwand unter Dach und Fach gebracht und reif für den Produktivbetrieb gemacht, so dass ich schon bald mein nächstes Projekt in Angriff nehmen werde. Und das wird meine erste Teilprojektleitung. Das klingt ein wenig verniedlichend, in Anbetracht des Umfangs des zu bewältigenden Gesamtprojektes aber schon wieder angemessen. Die Teilprojektleitung war der logische nächste Schritt in meiner Fortentwicklung. Und anders als bei anderen Kollegen klappt bei mir die zeitliche Abfolge zwischen Beendung des einen und Beginn des neuen Projektes erstaunlich gut. Schon morgen ist dort der Kick-Off – die Eröffnungsveranstaltung eines jeden Projektes, das etwas auf sich hält. Und da schlägt es dann auch wieder zu, das zweischneidige Schwert Projektarbeit. Das Durchhalten in einem unangenehmen Projekt wird auch bei widrigsten Umständen ungemein durch die Aussicht versüßt, es bald hinter sich zu haben. Auf der anderen Seite unterbricht ein Projektende oder –wechsel manche neu gewonnene Freundschaft, wandelt sie in eine telefonische Fernfreundschaft, die bald in eine Bekanntschaft abgleitet, oder verpasst ihr praktisch den Todesstoß; wie es ausgeht, weiß man im Grunde doch schon, bevor es soweit ist. Aber als ob ich mit meinem glatten Exit und Neustart nicht schon genug Glück hätte, kann ich meine Lieblingskollegen aus diesem Projekt quasi einpacken und mitnehmen.

Mit zweien habe ich mich ein wenig angefreundet und ausgerechnet diese beiden sind auch bei dem neuen Projekt wieder dabei. Der eine ist sowieso im Projektteam, weil er einfach die einzige Kapazität auf seinem Gebiet ist und es dort auch um sein Thema geht. Er ist ein alter Hase, auch vom wirklichen Alter her. Genau genommen könnte er mein Vater sein. Noch genauer genommen, hat er sogar einen Sohn in meinem Alter, und das färbt in angenehmer Weise auf unsere Zusammenarbeit ab, denn wenn er mir Dinge erklärt oder mich bei der Verrichtung gewisser Arbeiten zur Gründlichkeit mahnt, klingt das immer ein wenig väterlich, so geduldig mild. Das macht er nicht nur bei mir so. Und das ist gut in mehrerlei Hinsicht. Nicht nur, dass uns so kein familiärer Bezug angedichtet wird. Er bringt auf diese Weise auch immer wieder eine gewisse Ruhe und Besonnenheit ins Projekt, wenn sich alle gegenseitig in Hektik und Panik diskutieren. Einige Situationen lassen sich nur noch mit einer gewissen Seniorität bereinigen und die hat er ohne jeden Zweifel. Und manche Diskussionen führen Entscheider des Kunden auch lieber mit Gleichaltrigen als mit uns Endzwanzigern. Für derlei Szenarien haben wir eine mittlerweile eingespielte Vorgehensweise. Wann immer solche Runden mit Diskussionen anstehen briefe ich ihn, was bei dem Thema der sinnvolle Standpunkt ist und er führt die Gespräche, mit mir als Stichwortgeber, wenn er im Detail mal nicht weiter weiß. Zugegeben: Anfangs machte es mir sehr zu schaffen, von manchen Entscheidern nicht für voll genommen zu werden, aber letztlich muss ich die Umstände nehmen wie sie kommen und mich damit arrangieren. Wenn dann ein langgedienter Kollege da ist, mit dem zusammen solche Situationen gut zu bewältigen sind, soll es mir recht sein. Im zur Verfügung stehenden Projektbudget ist ja auch keine Position explizit für das mühsame Überwinden der Vorurteile von doppelt so alten Gegenübern vorgesehen – also ist das auch eine Aufwandsfrage. Der andere Lieblingskollege wird definitiv mein – derzeit noch einziges geplantes – Teammitglied sein. Den habe ich mir quasi dorthin wünschen können. Mein rechter, rechter

Platz ist frei! Ich musste nur frühzeitig anfangen ihn von seinen bestehenden Aufgaben frei zu schaufeln, indem ich den Bereichsleiter geimpft habe, er könne wertvolles Know-how dadurch in seiner Mannschaft aufbauen, dass seine Mitarbeiter zunehmend Aufgaben aus dem Einführungsprojekt übernehmen. Stimmt ja auch, tat er dann auch. Er sah das genauso und ich habe den ersten Spieler für mein Team. Der junge Kollege und ich, wir sind einander zwar schon bei so einigen Projekten begegnet, hatten aber dabei nie die Gelegenheit gehabt uns kennen zu lernen. Hier war das dann schließlich anders. Er ist erst nach einer Weile zum Projektteam gestoßen. Bis dahin ist er durch die Landen getourt, weil er bei seinem ersten Projekt seine Aufgabe so gut gemacht hat, dass er seine Magie nun bei zahlreichen anderen Vorhaben wirken lassen sollte. Anfangs konnten wir beide den anderen nicht besonders gut leiden. Dass daraus dann so ein gutes Verhältnis wurde, wundert mich nicht, denn mit unheimlicher Regelmäßigkeit dreht sich mein erster Eindruck von Menschen nach einiger Zeit noch um einige Grad. Selbst meine späteren besten Freunde konnte ich ursprünglich nicht leiden. Abends waren wir hier oft zusammen unterwegs und haben viel geredet und viel erlebt. Wir sind Kneipenschlägereien entkommen, haben Kellner gepiesackt, Leute kennen gelernt und einige Male frühmorgens noch ein Mitternachtsmenü bei McDonalds vernichtet. Ich bin bei einem Projekt in der Stadt nie so viel herumgekommen wie bei diesem und deswegen auch schon gespannt auf das nächste. Dass mein neu gewonnener Spezi im nächsten Projekt mein Untergebener sein wird, sollte eigentlich kein Problem darstellen. Ich sehe uns eher als Kollegen, die einfach verschiedene Aufgaben haben. Und meine umfassen im Gegensatz zu seinen jetzt zunehmend Entscheidungen zum Vorgehen, seine mehr die Verrichtung der Aufgaben. Passt doch: Captain und erster Offizier.

Bisse auf der Koppel

Die übrigen Kollegen sind so oder so in Ordnung. Da würde ich fast jeden gerne in ein neues Projekt mitnehmen, auch die beiden Damen des Projekts – aber um Gottes Willen nur eine von beiden! Denn dieses Gespann ist wirklich einzigartig. Obwohl, wenn ich so recht überlege, scheint mir das mit den weiblichen Kollegen ohnehin ein spezielles Thema zu sein. Darüber hinaus hat die

Darreichungsform des Doppelpacks ihre ganz speziellen Tücken, zumal die beiden auch noch ein gemeinsames Thema bearbeiten müssen. Aber selbst vereinzelt tun sich die Damen immer wieder durch außergewöhnliche Klänge hervor. Aus diesem Grund kann ich mich langsam nicht mehr des Eindrucks erwehren, dass es mehrheitlich Frauen eines bestimmten Schlages in die Beratungsbranche verschlägt. Ich beschränke meine Aussage bewusst auf die Beratungsbranche, weil ich mir kein Pauschalurteil über die weibliche Angestelltenschaft Deutschlands erlaube. Auch beschränke ich meine Feststellungen auf den Großteil der Damen, weil ich dann wiederum doch zu gute Ausnahmen kennen und schätzen gelernt habe. Dieser besagte Schlag Frauen ist extrem fleißig und gewissenhaft, sehr fachkompetent und genau, gut gekleidet, aber leider so gut wie nie entspannt. Das mag daran liegen, dass sie alles im Job – und das ist meines Erachtens schon die Wurzel allen Übels – persönlich nehmen. Es liegt mir fern zu behaupten, dass männliche Berater mit dem Anlegen der Krawatte ihre private Sicht der Dinge ausschalten können, aber die Trennung zwischen professionellem Feedback und persönlicher Rückmeldung scheint mir bei den Herren tendenziell besser zu funktionieren. Bei den beschriebenen Damen kommt solche Resonanz gerne so an: Eine Schätzung wird angezweifelt? Ein Angriff auf die Fachkompetenz! Ein Review brachte nur 90 von 100 möglichen Punkten? Angriff auf den Charakter! Die Frage, ob es im Röckchen Anfang Januar nicht ein wenig zu kalt ist? Chauvinistenschwein! Mein Projekt hat nur Priorität 2 in deiner Planung? Sabotage, Mobbing! In diesem Fall habe ich zum ersten und einzigen Mal ein Telefongespräch mit einem Kollegen, also einer Kollegin, durch das Auflegen mitten in einer Schimpftirade beendet, bevor die Dame noch Vokabeln anbringen konnte, die ihr später noch mehr hätten leid tun müssen. Dass statt der angemessenen Entschuldigung beim nächsten Gespräch nur zuckersüße und überzogene Freundlichkeit kam, verstand sich von selbst. Auch das Augenklimpern wird gerne praktiziert. Wenn das dann allerdings nicht zieht – wehe dem Charmeverweigerer! Abschließend stellt sich bei dieser Betrachtung die Frage, ob es realistisch gesehen möglich wäre, eine Beratungsfirma nur aus Frauen bestehend zu betreiben, bei der die Damen womöglich noch untereinander zusammen arbeiten müssten. Und zwar auch operativ – nicht nur ein loser Beraterpool! Ich wage zu behaupten, dass die

Firma entweder zum Kleinwuchs, zur Erfolglosigkeit – weil nicht handlungsfähig – oder zum Scheitern verdammt wäre. Dem Vorwurf des Chauvinismus kann ich vorab entgegnen, dass Frauen sich schlussendlich gegenseitig das Leben am schwersten machen. Nicht ohne Grund existiert für gleichgeschlechtliches Konkurrenzgerangel nur ein weibliches Synonym aus der Welt der zu den Unpaarhufern gehörigen Säugetierfamilie der Equiden.

Lektionen

Lektionen der allgemeinen Art habe ich bisher von ausnahmslos jedem einzelnen Kollegen, mit dem ich zusammen gearbeitet habe, lernen können. Ich habe mir aber auch – zugegeben – Mühe gegeben, aus Begegnungen und Zusammenarbeit mit Kollegen immer etwas an Gelerntem mitzunehmen. Dieser konsequenten Neugierde auf meine Gegenüber ging allerdings die wachrüttelnde Erkenntnis voraus, dass sie die Menschen sind, mit denen ich in einer typischen Arbeitswoche gute 80 Prozent meiner wachen Zeit verbringe. Denn neben den mitunter sehr langen Arbeitstagen, die schon mit dem gemeinsamen Hotelfrühstück beginnen, beschließen wir auch viele der Abende an derselben Bar oder auf dem Balkon eines unserer Zimmer. Das erinnert ein wenig an WGs in der Studienzeit. Dort hat man ebenfalls einen beträchtlichen Teil der Zeit gemeinschaftlich totgeschlagen. Selbst wenn uns die Vorlesungen nicht verbanden, so hat man doch am Morgen, abends und manches Wochenende aufeinander gehockt, zusammen Dinge unternommen, abgespült, die Haare des anderen aus der Dusche gefischt, wenn man mal wieder mit Badezimmer putzen an der Reihe war. Es wurde gemeinsam gefeiert, geflucht und so einiges Privates, sogar Intimes geteilt. Und wenn es gut lief, hat man diesen Lebensabschnitt vielleicht auch gemeinsam vollendet. Manche sind dann direkt von der Uni in die Beratung gekommen – mittlerweile muss der Abschluss ja gar nicht mehr so exzellent wie in früheren Zeiten sein. Tja, dann wird der Beraterjob angetreten, und dann? Dann findet man sich abends wieder zu zweit, zu dritt, quatschend auf einem Zimmer wieder. Zwar lebt man nicht die ganzen 24 Stunden zusammen, aber geteilt wird doch um einiges mehr als in anderen Berufen. Den lieben langen Tag teilt man die immer provisorisch anmutenden Projekträumlichkeiten, bekommt private Anrufe mit, streitet und verhandelt mit denselben Leuten.

Und danach wird es oft noch vertraulicher. An endlosen Abenden in Lokalen am Projektstandort über gemeinsamen Absacker-Burgern, bis hin zum unvermeidbaren Katerfrühstück mit reichlich Rührei mit Speck am Hotelbuffet lernt man die Kollegen fast genau so gut kennen, wie die ehemaligen WG-Mitwohner.

Die Abendgestaltung findet nicht zuletzt auch deswegen oft gemeinsam statt, weil man niemand anderen in der Stadt kennt. Selbst wenn man jemanden dort kennt, muss man es immerhin noch schaffen, einen passenden Termin auszukaspern. Und der Weg innerhalb der Stadt kann Zeit verschlingen. Da ist es schon allein unter logistischen Gesichtspunkten interessant mit Kollegen etwas zu unternehmen; die Arbeitszeiten sind doch sehr ähnlich, wenn nicht identisch, und ein zu berücksichtigender Anreiseweg entfällt. Was ich von meinen Kollegen lernen konnte, waren die verschiedensten Dinge. Sicher, von den meisten sind es oft nur Formalien, aber die Skala ist nach oben offen. Zu nennen sind da beispielsweise die optimale Auslegung von Reisezeiten für die Reisekostenabrechnung, geschickte Aufwandsschätzungen oder die Gestaltung tragfähiger Projektpläne. Bei anderen konnte ich mir abschauen, wie man selbst mit den schwierigsten Kundenpersönlichkeiten zurecht kommt und mit Geduld und Beharrlichkeit doch weiter kommt, als mit richtigen Argumenten gepaart mit Eile. Von meinem jetzigen Projektleiter habe ich eindrucksvoll demonstriert bekommen, wie ein Projektmeeting abzulaufen hat. Da wird kein Punkt ungeklärt im Raum stehen gelassen. Alles wird benannt und geklärt oder Aufgaben zur Erledigung der Punkte verteilt und mit Lieferterminen versehen. So etwas Konsequentes habe ich selten erlebt. Und da ich das über Monate verfolgen konnte, habe ich auch erlebt, dass das in der Umsetzung wirklich funktioniert. Diese Dinge und noch viel mehr habe ich so nebenbei im Projektalltag von meinen Kollegen lernen können, von den Abenden mit den Kollegen ganz zu schweigen.

Vorbilder

Die Krönung dieser Unterrichtseinheiten sind die Menschen, die über die Zeit zu persönlichen Vorbildern geworden sind. Die sucht man sich ganz unwillkürlich in einem Umfeld, in dem die Aufgaben eines zur Zeit Ranghöheren die eigenen von morgen sind. Manchmal sind es sogar Vorbilder, die man menschlich nicht einmal leiden kann, die aber bestimmte Aufgaben einfach so exzellent angehen und erledigen, dass man sich eine dicke Scheibe abschneiden möchte. Mit meinen persönlichen Vorbildern habe ich, was das betrifft, sehr viel Glück und dafür bin ich sehr dankbar. Über alle Hierarchiestufen hinweg habe ich Vorbilder, mit denen ich gut klar komme und die ich gut leiden kann; das ist sehr viel wert. Als erstes denke ich dabei natürlich an meinen Tutor, der mich von Tag Eins an begleitet, gefördert und gefordert hat. Zwar bin ich ihm durch einen schlichten Federstrich zugeteilt worden, das hat uns aber nicht daran gehindert über die Zeit einen sehr guten persönlichen Bezug zueinander aufzubauen. Diese Zuordnung ist eigentlich nur für die erste Zeit des Einfindens in die Firma gedacht, trotzdem haben wir uns weit über diese Zeit hinaus immer wieder getroffen und mein weiteres Fortkommen diskutiert. Dabei hat er nie damit gegeizt, mich auch an den Lehren aus seinen Misserfolgen teilhaben zu lassen; Lektionen dieser Art sind um Einiges anschaulicher als Erfolgsgeschichten. Also mein Tutor ist nach wie vor mein Vorbild Nummer Eins. Vielleicht ein wenig deshalb, weil das, was er tut, für mich noch immer am greifbarsten ist. Wenn ich mir da meine Vorbilder in der höheren Riege betrachte, fällt die Vorstellung, wie das alles mal bei mir aussehen kann, ungleich schwerer. Di-Ding. Mein Palm erinnert mich daran, gar nicht erst mit einer langwierigen Tätigkeit zu beginnen, da wir in nicht ganz einer Viertelstunde ein Projektmeeting haben.

Interne Meetings

Ich lese also nur meine neuen E-Mails und schreibe selber ein paar drängelnde, weil mal wieder fällige Lieferungen ausbleiben. Beim bevorstehenden Meeting ist der entscheidende Unterschied zum üblichen Arbeitsmeeting der, dass es ein internes ist, bei dem also nur die Berater teilnehmen. Das heißt – so bitter das auch klingt – dass es dann endlich mal wieder effizient, konstruktiv und sachlich zugeht. Natürlich nur, wenn unsere beiden Damen nicht wieder ihren Zwist in die große Runde tragen wollen. Hier im Projekt haben wir das große Glück, dass alle Schlüsselpositionen mit Kollegen besetzt sind, die erstens schon so einige Projekte und zweitens auch noch zusammen bestritten haben. Vieles läuft also sehr eingespielt ab, weil man sich über das Meiste einfach einig ist.

So entfällt ein Großteil der Verluste bei der Kommunikation und später auch in der Umsetzung. Diese Schlüsselspieler haben begriffen und verinnerlicht, was Teamarbeit und Professionalität bedeuten. Zunächst zur Teamfähigkeit: Ihnen ist klar, dass in einem Team im Vergleich zur Einzelarbeit immer das bessere Ergebnis erreicht wird. Verdeutlicht wurde das einmal ganz schön in einer simplen Übung bei einem Seminar. Zum Zwecke dieser Übung waren wir in der Wildnis Alaskas mit dem Flugzeug abgestürzt und verfügten über eine begrenzte Anzahl Hilfsmittel, von denen wir zu allem Überfluss auch nur ein paar behalten durften. Was nun? Welche Gegenstände behalten? Gehen wir los oder bleiben wir hier und hoffen auf Hilfe? Diskussionen, Knatsch und letztendlich Konsens trieb uns zum Bleiben. Und wie sich herausstellte, hatten wir uns für die richtigen Gegenstände entschieden. Die Auflösung des Rätsels in Form eines Video-Kommentars von einem erfahrenen Mountie bestätigte unser Vorgehen. Wir verglichen unsere individuell niedergeschriebenen Vorabentscheidungen mit dem Konsens der Gruppe; fast jeder Einzelne hätte für sich genommen die falschen Gegenstände behalten und wäre womöglich in die Kälte gelaufen, um dort aller Wahrscheinlichkeit nach zu erfrieren. In der Gruppe allerdings vereinten sich die Know-how-Fragmente zu einem guten Kompromiss und retteten uns. Gefährliches eigenes Halbwissen wurde durch besseres Wissen derer, die sich schon mehr Gedanken oder Erfahrungen gemacht haben, ergänzt und überstimmt. Im Team löst sich gerade in einer solchen Situation alles besser. Jedenfalls ist das interne Meeting sehr entspannt. Was sicher nicht zuletzt zu dem hohen Grad an Effizienz bei seiner Durchführung beiträgt, ist das allgemeine Wissen um die Kosten, die mit jedem Meeting entstehen und spätestens bei der Abrechnung gerechtfertigt werden müssen. Heute sind wir zu sechst und in vierzig Minuten durch. Das heißt, dass in dieser nicht einmal Dreiviertelstunde ein halber Personentag verbraucht wurde. Bei unseren Tagessätzen ist das etwa der Gegenwert eines Kurzurlaubs auf Gran Canaria incl. Flug (mit Taschengeld und Vollpension versteht sich). Das machen sich die meisten Mitarbeiter des Kunden leider nicht bewusst. Heute schreibt einer der dienstjüngeren Kollegen das Protokoll. Das machen die gerne in diesen Meetings, da sich jeder darüber bewusst ist, was zu seinem Punkt im Protokoll festgehalten werden sollte und der Protokollant eigentlich nur die ihm im Anschluss an ein Thema zugeraunten Bemerkungen niederschreiben muss. Um die Aufgabe, bei normalen Meetings Protokoll zu führen, wird sich hingegen nicht gerade gerissen.

Die jungen Wilden

Trotz der strukturierten Weise, in der das Meeting abgelaufen ist, kommt der junge Kollege zu mir, um das Protokoll noch einmal abzustimmen. Ich coache ihn gerne, denn er hat begriffen, wann er besser nachfragt und wann nicht. Viele der anderen halten es da lieber wie mit des Kaisers neuen Kleidern und trauen sich fast nie nachzuhaken und wenn dann nur ganz still, im Anschluss, wenn jemand unbemerkt zu greifen ist. Also gehen wir die Punkte gemeinsam durch und finden konzentrierte, klare und vollständige Formulierungen. Das Coachen war aber zugegebenermaßen etwas, dessen Bedeutung und Nutzen ich erst im Laufe der Zeit realisiert habe. Anfangs fand ich es fast lästig, jemanden einarbeiten zu müssen, und habe es aus einer Art Anstand getan, um meinem eigenen Idealbild eines sozial kompetenten Beraters zu genügen. Mit der Zeit aber wurde mir dann klar, dass, je mehr ich den Gecoachten befähige, seine und vielleicht auch meine jetzigen Aufgaben zu bewältigen, desto eher bin ich in der Lage mich selber neuen Dingen zu widmen, die mir weit mehr bringen als die gegenwärtigen. Aber auch sonst sind Jungberater ein Quell der Selbsterkenntnis und Unterhaltung. So hätte ich es beispielsweise nicht für möglich gehalten, dass ich einmal einen Kollegen, der zudem noch bei Weitem älter war als ich – aber eben dienstjünger – unter dem Tisch in einem Meeting heftige Tritte verpassen würde, um ihn zum Schweigen zu bringen. Er hatte sich ins argumentative Aus diskutiert und wollte das nicht einsehen. Weil er ein Problem des Kunden nicht begriffen hatte, versuchte er ihm sein eigenes Verständnis der Sache einzureden und der Kunde wurde schon pampig; wenigstens war er einer der besser angezogenen Frischlinge. Die Fähigkeit zur angemessenen Kleiderwahl ist eine Eigenschaft, die sich leider nur wenige Einsteiger zuvor angeeignet haben. Da schauen schon mal bunte T-Shirts aus dem geöffneten, weil zu engen Kragen, hinter der von Papa vor Wochen gebundenen Krawatte heraus. Oder die Schuhe wurden bei der Konfirmation zum letzten Mal geputzt. Anstrengend sind die jungen Kollegen oft, wenn sie ganz frisch dabei sind und meinen sich profilieren zu müssen. Das geht schnell mal schief, wenn dann einer versucht dem Kunden mit der eigenen Uni-Weisheit erzählen zu wollen, wie dessen Geschäft funktioniert. Schnell müssen diese Kollegen dann einsehen, dass im wirklichen Leben so einiges anders läuft, als es gelehrt wird. Was die Situation für Einsteiger nicht unbedingt leichter macht ist, dass ihnen gerne die ungeliebten und liegen gebliebenen Aufgaben in einem Projekt zugeschanzt werden. Das sind dann entweder Arbeiten, die nicht sonderlich wichtig für den Projekterfolg sind, an denen schon ein paar andere gescheitert sind oder ganz einfach unbeliebte Pflichten, wie das Erstellen von Dokumentationen. Nicht selten werden diese Themen dann zum Steckenpferd des Beraters, mit dem er dann von Projekt zu Projekt tingelt, wie mein neuer Spezi. Kein Wunder, denn um sich zu beweisen, hauen die dann mal richtig rein. Bei manchen erwische ich mich dabei, wie ich etwas eingeschüchtert bin vom Elan und der Intelligenz, die sich da entfalten. Dann kann ich mich zuweilen nicht mehr beherrschen und lasse auch mal den Senior raushängen, damit die Fronten und Etagen geklärt sind. Wie peinlich und kindisch, aber manchmal leider notwendig. Klar ist mir schon, dass irgendwann der Zeitpunkt kommt, an dem die Kollegen in die berufliche Pubertät kommen und opponieren, um ihre eigene Meinung durchzusetzen. Aber manche haben die Besserwisserei schon von Anfang an gepachtet. Auf jeden Fall mache ich bei jedem Neuen Spontanprognosen über seine Karrierechancen. Ein sicherer Lacher bei Jungkollegen ist immer, wenn mein Partner anwesend ist und seinen ironischen Humor entfesselt. Dann sind Menschen, die ihn nicht näher kennen, sehr irritiert und begreifen erst mit der Zeit, was alles Spaß ist und was nicht. Wenn die dann erfahren, dass er einen Maserati fährt, begreifen sie die Welt nicht mehr. In diesem Projekt habe ich mit den jungen Kollegen so einiges erlebt. War ich etwa genauso? Meine Gedanken werden von der Vibration meines Telefons jäh unterbrochen. Zuverlässig wie ich ihn kenne berichtet mein bauchgelandeter Freund, was sich nun heute wieder im Büro zugetragen hat. Nachdem es nun nicht mehr auf jeden Cent durch Inanspruchnahme von Unternehmensressourcen ankommt, hat die Kollegenschaft den Farblaserdrucker für sich entdeckt. Der war aufgrund seines teuren Betriebs bis dahin den Mitgliedern des Vorstands und des Marketings vorbehalten gewesen. Nun allerdings läuft er auf Hochtouren, da die neuste Beschäftigung, neben dem Warten auf Antworten auf die versendeten Bewerbungen, das digitale Aufbereiten von frisch gescannten Fotos und deren vielfacher sowie vergrößerter Ausdruck auf dem Laserdrucker ist. Uralte Fotos, digital nachbearbeitet und in Warhol-Manier veredelt, habe er nun in wunderbarer Qualität auf DIN A4 für seine Eltern ausgedruckt. Andere Kollegen fertigten ganze Alben an. Diese Idee hatte ich irgendwann auch mal, aber natürlich nie die Zeit oder die Gelegenheit ihr nachzugehen. Oh Mann.

Der Rest des Tages verfliegt ungewöhnlich schnell. Diskussionen, die sich mitunter über Monate hingezogen haben, klären sich so kurz vor Torschluss fast wie von selbst. Streitpunkte, die mitten im Projekt noch unlösbar schienen, lösen sich fast selbsttätig in Wohlgefallen auf. Personen, die so beharrlich ihre Grundsatzposition in einem Thema auf Biegen und Brechen durchsetzen wollten, stimmen auf einmal vernünftigen Lösungen fast ohne mit der Wimper zu zucken zu. Das ist immer wieder sehr erstaunlich. Wenn das Projektende noch in weiter Ferne ist, werden die wahnwitzigsten Forderungen an Mensch und Maschine gestellt und – wie die Zerstörung Karthagos im römischen Senat – gebetsmühlenartig bei Arbeitsmeetings wiederholt und als unumstößlich dargestellt; man kann es ja mal versuchen. Und solange alle Beteiligten noch darauf bedacht sind einen Konsens zu finden, wird diese Position immer wieder angehört und versucht, mit sachlichen vernünftigen Argumenten eben diesen herzustellen. Wenn das Projektende dann jedoch naht und die Querschießer erkennen, dass sich doch die vernünftige Lösung durchsetzen wird, dann, ja dann – ach, diese nebensächliche Tatsache, die uns bisher verschwiegen wurde, wirft ja ein ganz anderes Licht auf das Thema – auf einmal wird ohne großes Aufheben eingelenkt. Wenn ich nicht in tiefstem Herzen wüsste, dass das alles nur Politik und Positionierungsgerangel mit den so menschlichen wie auch kaum vermeidbaren Grundströmungen wie Stolz, Wichtigtuerei, Egopflege und purer, kindlicher Sturheit ist, würde ich annehmen müssen, dass diese immer wiederkehrende Inszenierung allein dazu dient, um uns in Bewegung zu halten und zu schauen, wie die Herren Berater solche Konfliktsituationen lenken und lösen.

Zum Bahnhof, zur Freiheit

So langsam müsste ich mal schauen, wann ich heute abreise. Um das Maximum aus dieser Woche heraus zu holen, nehme ich heute Abend einen für meine Verhältnisse sehr späten Zug. Sonst bin ich ja immer von Montag bis Mittwoch hier, aber die Präsentation am Montag hat den regulären Rhythmus total durcheinander geworfen und ich muss meine zwei Tage hier bestmöglich ausnutzen. Bei der Auswahl des Zuges tobt in mir der Kampf mit dem inneren Schweinehund. Damit sich der heutige Tag überhaupt lohnt, will ich wenigstens meine acht echten Arbeitsstunden leisten – eher mehr als das, denn die Ratio zwischen Reiserei und Arbeit würde sonst bedenklich ins Unrentable kippen, wenn sie das nicht schon ist. Ich erwische mich den ganzen Nachmittag über dabei, wie ich mich sehnlichst auf die Heimfahrt freue und bei jedem Arbeitsschritt überlege, ob seine Vollendung eventuell mit meinem Abfahrtstermin kollidiert. Viel zu früh für den Zug – ich muss ja noch meinen Koffer aus dem Hotel holen – verlasse ich das Büro und mache mich auf den Weg zum Hotel beim Hauptbahnhof. Die Stadt sieht jetzt viel freundlicher aus, nach getaner Arbeit. Das liegt sicher am Licht oder einfach an der Erleichterung alles geschafft zu haben, was vor mir lag. Zum Hotel ist es nur ein knapper Kilometer. Unterwegs suche ich den Abholzettel und Münzen heraus, denn obwohl ich es albern finde für das bloße Heraussuchen eines lumpigen Koffers Trinkgeld zu geben, will ich nicht knauserig erscheinen; und doch kann ich nicht umhin, jedes Mal erneut darüber nachdenken, wenn ich meinen Koffer hole. Der Bahnhof ist direkt gegenüber vom Hotel. Auf dem Weg dorthin rufe ich meine Freundin an. Sie ist noch bei der Arbeit und kann nicht lange telefonieren. Die Zeit, die sie sich trotzdem nimmt, nutzt sie, um mich wissen zu lassen, dass sie heute mit Kolleginnen unterwegs sein wird und nicht da ist, wenn ich nach Hause komme – ich hätte gerne etwas anderes gehört. Es macht mich traurig, aber ich kann schlecht von ihr erwarten, dass sie ihre Freizeitplanung vollständig nach mir ausrichtet. Es wäre einfach schön gewesen heute Abend gemeinsam zu verbringen. Was mich aber noch trauriger macht, ist die Erleichterung, die ich verspüre, dass so heute Abend kein Konflikt möglich ist – Konflikt mangels Anwesenheit vertagt. Früher waren diese Anrufe anders.

Nachdem ich mehrere Stunden fast still sitzen muss und Zeit habe, mir über den desolaten Zustand der Beziehung Gedanken zu machen, in der ich lebe, ich darüber hinaus mit Sicherheit keine Lust verspüren werden noch etwas im Zug zu arbeiten, kaufe ich mir im Bahnhof ein Sixpack Bier und freue mich auf ein stilles Gelage im Anzug. Das Bier kaufe ich tunlichst im Bahnhof und nicht erst im Zug. Die Aasgeier der Mitropa meide ich nämlich wie die Pest, seitdem eine Verkäuferin einmal den Preis für ein Bier kurzerhand satt aufgerundet hatte, weil ihr das Wechselgeld ausgegangen ist. Als ob das mein Problem wäre. Ich war so perplex, dass ich auf diese Unverschämtheit nicht einmal angemessen reagieren konnte. Diese Aasgeier! Jetzt aber schnell zum Gleis. Es sind zwar noch gute fünf Minuten Zeit, aber ich bin immer etwas hektisch, denn im Unterschied zum Autofahren ist es ja nun mal so, dass der Zug auch dann losfährt, wenn ich nicht darin sitze. Gleiches gilt natürlich auch für Flieger. Wenn ich einen guten Zug erwische, geht meine Geh-aufs-ganze-Strategie beim Betreten des Zuges manchmal auf. Ich platziere mich auf dem Bahnsteig so, dass die Tür direkt vor mir zum Stehen kommt. Zu diesem Zweck haben die von der Bahn Markierungen auf dem Boden des Gleises aufgebracht. Nach dem Stopp des Zuges stürme ich in das Abteil, in dem ich reserviert habe, ziehe die Vorhänge zum Gang zu und schließe das Rollo, damit kein Tageslicht verrät, dass ich das Abteil allein in Beschlag nehmen will. Sehe ich dann beim Stürmen des Abteils keine weiteren Reservierungskärtchen in den Sichtfächern neben der Schiebetür stecken, bin ich erleichtert. Aber heute habe ich nicht so viel Glück; oder doch? Da sitzt eine junge Frau, und auf den zweiten Blick fällt mir auf: die ist ja recht hübsch. Das ist seltsam, die habe ich nie in diesem Zug gesehen. In diesem Moment wird mir bewusst, dass ich mich anscheinend an die Gesichter der Pendler, mit denen ich mir meinen sonst genommenen Zug teile, schon gewöhnt habe, denn die Besetzung dieses Zuges erscheint mir einfach fremd. Sehen diese Leute denn wirklich so deutlich anders aus, als die in *meinem* Zug? Eigentlich sind sie der Hintergrund, die wechselnde Auslage im immer gleichen Schaufenster auf dem Weg; keinen von denen könnte ich gut genug für ein Phantombild beschreiben und doch bemerke ich, wie fremd mir die anwesende Besetzung des Zuges ist. Kenne ich die denn etwa wirklich alle schon vom Sehen? Und die mich womöglich? Dann vermissen die mich gar heute in meinem

Stammzug? Es ist wirklich höchste Zeit, dass ich auf ein neues Projekt komme.

Die Füße tun mir ein wenig weh. Hier auf dem Teppich im Zug merke ich erst, wie angenehm das Laufen in diesen Schuhen sein kann. Diese Schuhe aus Leder geben – im Gegensatz zu meinen Freizeitadidas – nur unmerklich nach und schränken meine durch den Büroflurmarathon beeinträchtigte Durchblutung nur noch weiter ein. Ich würde sie gerne ausziehen, die Schuhe meine ich. Aber außer einem Menschenfreund bin ich auch Gentleman und lasse es sein. Einen verstimmten Blick kann ich mir dennoch nicht verkneifen. Sie ist nicht allein da. Ihr Kollege – halt, was ist denn das – ein Kuss? Ihr Freund/Mann/Kollege setzt sich zu ihr. Sie tragen beide Geschäftskleidung. Wie schön, zusammen reisen auf Firmenkosten. Das ist eine Möglichkeit, die ich mir nun noch gar nicht ausgemalt habe. Aber meine Schuhe würde ich mir immer noch gerne ausziehen. Hoffnungsvoll beobachte ich die beiden. Und ich werde nicht enttäuscht, denn das Kollegenpärchen – private Pärchen findet man selten in der ersten Klasse – verlässt das Abteil und sucht sicher den Restaurantwagen oder etwas anderes gemeinsam auf. Das ist mein Signal: Schuhe aus und nach zwei Sekunden ereilt mich der Schreck, was ein paar Stunden im Büro mit Winterunterwäsche meinem Körperklima anhaben konnten. Aber die Erleichterung macht den kurzen Gestank wett. Die erste Stunde bringe ich es noch fertig ein wenig zu lesen, aber die in dieser Zeit vernichteten drei Bier fordern ihr Recht und lassen mich das ‚Kann ich Ihnen kurz meine Kostbarkeiten zum drauf Aufpassen überlassen?'-Spiel mit dem zurückgekehrten Paar spielen. Sie spielen mit. Die nächstgelegene Toilette ist aber besetzt. Ich habe keine Geduld mehr und suche gleich die nächste. Auf meinem Weg zum benachbarten Wagon scheint es mir, als durchquere ich mehrere Klima- und Aromazonen. Verschwitzte Kerle wechseln sich mit frisch parfümierten Primadonnen ab, mir wird fast schlecht. Augen zu und durch. Selbst mit geschlossenen Augen könnte ich bestimmen, ob ich da gerade an einem männlichen oder weiblichen Passagier vorbeilaufe, denn es piept unaufhörlich. Das klassische Fiep-Fiep-Pause-Fiep-Fiep. Eine SMS, wie schön. Und weil SMS bekommen so schön ist, wiederholt sich die Eingangsbenachrichtigung dreifach. Wir müssen demnach gerade ein Funkloch verlassen haben. Ich kann mir alleinreisende Damen ohne Handy in der Hand, fleißig SMS schreibend, schon kaum noch vorstellen. Die befinden sich dann wahlweise in den Aggregatzuständen ‚SMS tippend' oder ‚sehnsüchtig das Ende des Funklochs abwartend'. So kann man eine Zugfahrt auch herumbringen. Sicher ist das schlauer als meine Art. Und vielleicht sogar kostengünstiger, denn ein Bahnhofsbier ist teuer. Aber wer wird denn da geizen? Zurück im Abteil vermisse ich die Möglichkeit schmerzlich laut Musik hören zu können, wie ich das beim Autofahren kann. Zwar könnte ich in einen Rauchergroßraumwagen gehen und mir sogar einen Film anschauen, aber da sind mir dann wirklich zu viele Leute, die mitunter massiv die Luft verpesten. Und so versuche ich beim Blick aus dem Fenster durch mein eigenes Spiegelbild hindurch etwas Interessantes zu erblicken, aber außer Kleinstädten, die im Viertelstundentakt vorbeihuschen und ein paar Neonreklamen, die sich mit Provinzbahnhöfen abwechseln, gibt es nichts zu sehen. Bleibt nur mein müdes Spiegelbild. Ich sehe wirklich nicht mehr fit aus. Das Pärchen lässt mich in Frieden. Im Heimatbahnhof angekommen bin ich deutlich angetrunken und werde ein wenig sentimental. Als ich den langen Bahnsteig heruntertrotte, denke ich darüber nach, wie wunderschön es wäre, jetzt hier von meiner Lieben abgeholt zu werden. Sie würde am Ende des Bahnsteiges stehen und mir schon entgegenwinken, mir dann um den Hals fallen und mich küssen. Welcome back. Wäre das schön. Aber das ist ein Wunsch, den sie mir ziemlich früh abgeschminkt hat. Um diese Uhrzeit mitten in die Stadt fahren? Das kann nicht dein Ernst sein, meinte sie. Ich meinte es ernst. Wenigstens einmal, das ist doch wirklich nicht zu viel verlangt, oder? Ein guter Freund hat mich einmal vom Bahnhof abgeholt, da war ich fast den Tränen nahe ob dieser Geste. Aber heute erwartet mich hier am Bahnhof niemand, noch nicht mal zu Hause.

Zuhören

Wie ein abgelegter Mantel fällt die Spannung der Reise von mir ab, als das Taxi in unsere Straße einbiegt. So angenehm die Reise auch war, so bequem das Zimmer auch im Hotel ist, so viel mehr ist das Schlafen zu Hause im eigenen Bett wert. Selbst wenn es sich unter logistischen Gesichtspunkten nicht lohnt den Umweg über die heimische Wohnung zu nehmen, ergreife ich jede Gelegenheit dafür gerne. Ohne zu klingeln, schließe die Tür auf und freue mich riesig! Es brennt noch Licht! Sie ist also doch da! Super! Jetzt ist alles perfekt, können wir doch nachholen, was diese Woche zu kurz kam. Uns in den Arm nehmen, übereinander freuen und küssen. Der Tonfall der Begrüßung allerdings, die mich aus dem Wohnzimmer erreicht, holt mich schnell wieder auf den kühlen Boden der Realität zurück.

- Hi, alles klar?
- Ja, alles in Ordnung

entgegne ich, mehr will sie sowieso nicht hören, denn es interessiert sie nicht wirklich was dieser Tage passiert ist; was gut funktioniert hat, wo ich vielleicht dumm aussah. Ich habe mir diesen Job ja schließlich ausgesucht, bekäme ich zu hören, wenn ich von weniger Gutem berichtete. ‚Du wolltest es ja so, und gut verdienen tust du ja auch'. Tja und das wäre dann wohl der Preis dafür, oder? Also! Mit dieser Argumentation wurde mir bei der ersten Unterhaltung in dieser Richtung ein für alle Mal jedes Recht entzogen, mich in irgendeiner Weise – mit Verständnis rechnend – über mein Erlebtes zu äußern. Hauptsache ich bin zu Hause. Jedenfalls hoffe ich, dass das die Hauptsache ist. Eine bittersüße Freude, diese Heimkunft. Der Grund, warum sie nun doch zu Hause war ist, dass ihre Abendplanung im letztem Moment umgeworfen wurde. Richtig erfreut scheint sie über diesen Tausch nicht zu sein. Ob ich das selbst bin, weiß ich jetzt allerdings auch nicht mehr. Und mit einem schon fast mahnenden Blick, der mich vor einem eventuellen Rückfall in meine Erzähllust bewahren soll, werden mir dann die Nichtigkeiten um die Ohren geschlagen, die sich in der Zwischenzeit hier ereignet haben. Aha, da hat sich der schon wieder so schlecht benommen wie immer. Aha, der Handwerker hat Stunden für die Heizung gebraucht. Aha, wir müssen anderes Waschmittel nehmen, weil das jetzige die Hemden zu sehr bleicht. Aha, der Hund hat schon wieder Katzenhäufchen aus dem Vorgarten des Nachbars gebuddelt und gefressen. Aha. Skandalös. Ich bin schockiert und male mir die epische Tragweite all dieser Zwischenfälle aus, und bin schockiert. Mehr aber wegen der ewigen Mühle, in der ich mich gerade wieder befand, denn es ging jedes Mal so von statten, wenn ich von einer Geschäftsreise kam. Wen interessiert es in diesem Moment schon, dass ich völlig reizüberflutet bin und mit niemandem darüber reden konnte? Und dass ich meine Wohnung mit einem Menschen teilte, an dem das alles nicht nur vorbei ging, der es darüber hinaus am liebsten mit Valium ruhig gestellt in ein Hinterzimmer abschieben würde.

Nach 20 Minuten knapper Konversation und dem Austausch von Basisinformationen endet der Abend. Weniger wäre sogar uns verdächtig knapp vorgekommen. Na dann. Ich gehe ins Schlafzimmer und packe für Donnerstag und Freitag. Dasselbe Ritual wie am Montagabend. Als ich anschließend bettfertig aus dem Badezimmer komme, liegt sie bereits im Bett. Um 6 Uhr morgen früh wird der Wecker klingeln. Ich habe also sieben Stunden und ca. 1,2 Promille Zeit, bis es weitergeht. Die Sanduhr läuft, die Digitaluhr auf dem Nachttisch auch. Ich küsse sie auf die Wange, flüstere

- Gute Nacht.

Sie tut, als ob sie schon schläft. Mir ist kalt.

Donnerstag

Startschüsse

Der Donnerstagmorgen ist von seinem Ablauf her eine Neuauflage des Dienstags, nur mit dem kleinen Unterschied, dass ich diesmal so etwas wie echte Vorfreude verspüre. Ein neuer Kunde erwartet mich in einer neuen Stadt und diese Stadt ist auch noch am günstigsten mit dem Flugzeug zu erreichen. Bevor es allerdings heute zum Flughafen geht, fahre ich mit dem Auto zur Niederlassung, um es dort bis Freitag stehen zu lassen. Am Freitagabend habe ich dort nämlich mein jährliches Beurteilungsgespräch. Von der Niederlassung aus nehme ich ein Taxi zum Flughafen. Die Taxizentrale rufe ich schon während der Fahrt zur Niederlassung an, damit ich dort nicht zu lange warten muss. Angekommen stelle ich den Wagen in der Tiefgarage ab, wo er sicherer ist als auf der Straße. Ausnahmsweise habe ich die freie Parkplatzwahl, denn um diese Uhrzeit ist noch niemand hier. Am Haupteingang angekommen sehe ich, dass mein Taxi schon auf mich wartet.

- Zum Flughafen!

heißt der Marschbefehl. Der Fahrer grunzt zufrieden, denn das ist ein lohnender Auftrag für ihn. Mir soll es recht sein. Ganz und gar nicht recht ist mir, dass ich hier am Freitag vor meinem wohlverdienten Wochenende noch einmal antreten muss nur, weil mein Partner keinen anderen Termin mehr frei hatte. Vielen Dank dafür. Aber sich darüber zu ärgern lohnt jetzt nicht, deshalb konzentriere ich mich besser auf das Heute, denn was heute stattfinden wird, ist eines der ältesten Rituale im Projektleben: das Kick-Off Meeting. Der Urknall eines Projekts, der Beginn von allem. Teilnehmen werden alle in den begleitenden und steuernden Gremien vertretenen Würdenträger des Kunden und der Beratungsseite. Diese Menschen bekam ich in früheren Projekten nach dem Kick-Off nie oder nur selten wieder zu sehen, weil ich nur gemeiner Consultant war, aber diesmal wird das anders sein. Diesem Eröffnungsmeeting gingen viele Balz- und Verhandlungsrituale voraus. Dennoch ist ein Kick-Off immer der eigentliche Urknall am Anfang eines neuen Universums. Eines

Universums mit eigenem Mittelpunkt (Projektleitung), eigenen Gesetzen und Hierarchien (Projektorganisation) und eigener Sprache (Projektslang).

Die Projektsprache ist wirklich ein Ding für sich und alles andere als genormt oder immer gleich. Was bei einem Projekt die Showstopper sind, ist in einem anderen das NoGo. Gemeint sind Dinge, die den Projekterfolg gefährden können. Was beim einen Kunden suboptimal heißt, ist beim anderen nicht-gerade-der-Brüller. In der Außenwirkung, also zum Partner oder zu Freunden oder Familie hin ist ein neues Projekt nicht mehr als ein Wechsel des Ortes, zu dem ich regelmäßig reise und von dem ich spätestens am Ende der Woche – manchmal auch zwischendurch – heimkehre. Die Tatsache, dass ein neues Projekt von den äußeren Bedingungen abgesehen noch ein paar andere klitzekleine Veränderungen mit sich bringt, ist da erst einmal nicht besonders interessant und für Außenstehende auch nicht wirklich nachvollziehbar. Da wären zunächst die neuen Menschen, sowohl die Mitarbeiter des Kunden als auch das eigene Projektteam. Manchmal sind ein paar bekannte Kollegen mit dabei, aber das ist leider die Ausnahme. Genauso selten habe ich dann und wann Glück und zwei meiner Lieblingskollegen sind im Projekt dabei. Dann wäre da noch der neue Arbeitsplatz in Form eines neuen Schreibtisches in einem neuen Projektraum. Und das ist letztendlich auch das, was sogar Außenstehende als sehr anstrengend empfinden würden, wenn ich davon erzähle, obgleich das nun für mich fast das Nebensächliste ist. Von den neuen Aufgaben reden wir ja an dieser Stelle gar nicht, denn diese sind im Vorfeld noch gar nicht zu überblicken, selbst wenn man im Prinzip dasselbe machen soll, wie im Projekt zuvor. Dazu ändern sich einfach zu viele der Rahmenbedingungen. In diesem konkreten Fall wird das Projekt für mich ein völlig neues werden, weil ich zum ersten Mal ein großes Teilprojekt als Verantwortlicher leiten werde. De facto habe ich das schon viele Male gemacht. Da hat zwar jemand anderes namentlich für das Projekt verantwortlich gezeichnet, aber derjenige war dann immer nur in das Projekt involviert, wenn es galt Entscheidungen nach oben zu transportieren und das Kästchen auf dem Organisationsplan mit einem bewährten Namen zu füllen. Die Durchführung des Projekts war meine Sache. Aber dieses Mal bin ich auch offiziell verantwortlich, also quasi eine operative

Beförderung gepaart mit einer praktischen Prüfung meiner Befähigung dazu in einem Umfeld, das ich jetzt noch gar nicht kenne, ein Projekt zu einem guten Ende zu führen. Und mit dem Umfeld meine ich nicht den Arbeitsplatz, sondern die politische Situation beim Kunden, d.h. welche Köpfe im Projekt haben welche Meinung und Vorgeschichte zum Projekt? Manche der Beteiligten haben das Vorgängerprodukt Marke Eigenbau sicher damals konzipiert und dessen Umsetzung durchgesetzt und werden allein deswegen etwas gegen seine Ablösung haben. Für andere – wie für mich – ist das Projekt die erste Möglichkeit sich in einer Situation mit gewachsener Verantwortung zu beweisen. Es ist wie die Reise in ein neues Ferienlager, nur ohne die Ferien. Ein neuer Mikrokosmos, der im Schnitt neun Monate der meine sein wird. Ich weiß gar nicht, ob das wirklich die durchschnittliche Projektlaufzeit ist, aber jemand sagte mal, dass ein Projekt nicht länger dauern sollte als eine Schwangerschaft. Ist vielleicht auch nur ein Spruch, aber was soll's? Beruhigend an dieser Erkenntnis ist jedenfalls, dass das Wissen um die zeitliche Begrenztheit des Projekts immer auch ein Stück Gelassenheit gibt, denn wie es auch läuft, es wird nicht von Dauer sein. Andererseits sind neun Monate schon eine recht beachtliche Zeit, in deren Verlauf Leute wichtig und wieder unwichtig werden, mir auf den Keks gehen, andere werde ich erst richtig schätzen lernen. Ich werde mich aufregen müssen, mich zurücklehnen, wenn mal etwas fertig geworden ist, werde Protokolle schreiben, werde kreativ sein, werde tausende Kilometer durch Deutschland reisend und auf Bürofluren marschierend zurücklegen, werde meine Freunde – die wenigen, die mir Dank intensiver Pflege geblieben sind – und Familie zu Hause eine Weile korrigieren müssen, ‚Nein, ich fahre nicht mehr nach ‚A', ich arbeite jetzt in B'. Aber das ist wie gesagt auch schon alles, was sich nach außen hin ändert, mehr nicht. Sonst noch was? Jetzt wird erst mal wieder geflogen. Nach dem weithin sichtbaren Lichtkegel am Himmel sind jetzt die ersten Gebäude des Flughafens in Sicht. Auch die Taxidichte nimmt mit zunehmender Flughafennähe massiv zu. Er strahlt nach wie vor eine aufregende Atmosphäre aus. Ich kann fliegen so oft ich will, der Kitzel bleibt.

Einchecken

Befremdlich ist es, mich auf meinem Arbeitsweg durch Horden braun gebrannter Urlauber in bester Last-Minute-Laune zu kämpfen. Das werde ich in nächster Zeit regelmäßig erleben, denn ich gehöre jetzt zum Millionenheer der Pendler, erster Klasse und in zehntausend Fuß Reisehöhe. Meine Abflugzeiten sind sehr früh und auch wenn ich als Frequent Traveller den großen Vorteil habe, erst 30 Minuten vor Abflug einchecken zu müssen, so sind das für meinen Geschmack immer noch 30 Minuten zu früh. Bei einer Abflugzeit von 6 Uhr 35 bedeutet das immer noch, dass ich um spätestens 6 Uhr 05 das Ticket gelöst haben muss, sonst kann mich jemand von der Warteliste verdrängen. Keine Gefahr in diesem Fall, denn ist es jetzt 5 Uhr 50. Ich kann es mir einfach nicht abgewöhnen einen Zeitpuffer mit einzuplanen. Den schnellsten Weg durch die Abflughalle kenne ich von vielen vorangegangenen Reisen. Auf zum verwaisten Stonehenge der neuen Self Check-in Automaten. Ein Blick rüber zu den langen Schlangen am Economy Schalter lässt mich jedes Mal dafür danken, dass ich in der Lage bin, diese stummen Diener erfolgreich zu bedienen. Nebenan kämpft gerade ein Amateurpassagier verzweifelt mit der Technik. Ein unsicherer Blick von ihm verrät mir, dass er eigentlich nur darauf wartet, Hilfe angeboten zu bekommen. Und wenn ich ihm jetzt nicht helfe, wird er wie ein hilfloses Insekt unaufhörlich mit dem Kopf gegen diese Self-Service-Fensterscheibe bummern, eventuell verzweifeln und in der Sonne verdorren. Ich frage gar nicht erst, ob ich ihm helfen soll – ich helfe ihm einfach. Er findet das nicht aufdringlich; ein 'Danke' kommt allerdings nicht über seine Lippen, nur ein etwas peinlich berührtes Lächeln. Morgens 6 Uhr in Deutschland. Jedwede Kommunikation wird wie selbstverständlich nur mit minimalem Einsatz abgewickelt. Er summt von dannen und ich checke mit meiner Kreditkarte ein – noch fünf Minuten. Dass das System noch relativ neu ist, erkennt man daran, dass ich immer wieder aufs Neue nach Fenster- oder Gangplatz gefragt werde. Diese Informationen sollten in meinen Kundenstammdaten im Reisebüro hinterlegt sein und nicht ständig neu erfragt werden müssen; also bestätige ich wieder, dass ich gerne einen Fensterplatz hätte und erhalte nacheinander die Bordkarte und die elektronische Rechnung. Die einzige Rechnung, die akzeptiert wird, ohne dass die Firmenadresse darauf steht. Bei der nun folgenden Gepäckkontrolle werde ich sicher wieder freundlich aber bestimmt darauf hingewiesen, dass mein Handgepäck eigentlich zu schwer und zu groß ist und ich es doch bitte nächstes Mal am Schalter aufgeben solle. Ich bejahe das genauso freundlich und aufgesetzt und werde es beim nächsten Mal wieder tun. Diesem Berufsstand ist eine maschinenhafte Unverzagtheit im Umgang mit seiner desinteressierten Klientel zu eigen, die sie – ohne sich in existenzielle Infragestellungen zu verfangen und letztendlich aufhängen zu müssen – Tag für Tag dieselben Vorschriften und Hinweisschildtexte aufsagen lässt. Same procedure as last flight? Same procedure as every flight! Die wenigen Urlaubsreisenden haben derartige Schwierigkeiten den Anweisungen zu folgen und alle Metallgegenstände auf das Band zu legen, so dass jeder von ihnen mindestens zwei Mal die Schleuse passieren muss und damit alle anderen aufhält. Sind diese Hürden erst einmal passiert, gehe ich schnurgerade zur Lounge.

Lounge die erste

Mit Betreten der Lounge kehrt ein weiteres Stück Vertrautes in meinen Tag ein. Die freundliche Frau im Alter meiner Mutter begrüßt mich mit meinem Nachnamen und wünscht mir einen angenehmen Aufenthalt. Wie schön. Ich nehme mir eine Tageszeitung und besetze meinen Lieblingsplatz. Zum Glück wurde hier nicht umgeräumt. Ich hole mir noch einen Kaffee und für die Uhrzeit völlig unpassend: Kekse und Gummibärchen. Warum ich das mache, weiß ich selber nicht. Es ist eben so eine Gewohnheit, die mir aber mittlerweile lieb geworden ist. Amüsiert beobachte ich über den Rand meiner Tageszeitung hinaus, wie 'Frisch-Frequent-Traveller' sich die Lounge genau anschauen und aufgeregt tuscheln, was das nun wieder Tolles sei. Ein weiterer Grund sich in der Nähe des Eingangs niederzulassen ist es, zuzuschauen, wie sich reguläre Fluggäste hier herein verirren und von der freundlichen Dame aufgeklärt werden, dass diese Lounge nicht für alle Gäste sei. Wenn ich ehrlich bin, genieße ich es dann, wenn die Reisenden beim Verlassen einen sehnsüchtigen Blick auf die Gäste werfen, denen der Eintritt nicht verwehrt wurde. Wenigstens einmal am Tag bin ich einer der Privilegierten, hurra. Der Zeitung beigelegt ist ein Prospekt des lokalen Elektronikmarktes. Mein Reiseplan schließt leider aus, dass ich auf diese verlockenden Angebote zurückkommen kann, da ich ja über Nacht weg bin und spätestens heute Abend alles vergessen habe, was mir gerade unverzichtbar erscheint. 6 Uhr 20. Mein Flug wird zum Boarden aufgerufen. Den Mantel angezogen, kommt der ungelesene Teil der Zeitung in den Pilotenkoffer und die Dame des Hauses bekommt ein ehrlich gemeintes

- Dankeschön!

bevor ich die Lounge verlasse. Meine Maschine wartet in einer Außenposition und verlangt somit eine kurze Fahrt mit dem Bus. Es handelt sich um eine kleine City-Hopper–Maschine, deshalb reicht ein Bus für alle Fluggäste. Das bedeutet aber auch, dass man warten muss, bis die Fluggäste vollzählig erschienen sind. Es sind immer die gleichen Typen, auf die alle anderen warten müssen, bevor der Bus in Richtung Flugzeug starten kann. Und überhaupt sind insgesamt mehr als die Hälfte der Menschen die selben, auf die man morgens still schweigend im Bus trifft. Schweigend verläuft es immer, außer vielleicht bei Mitreisenden, zu denen man eine Art 'Blickbeziehung' aufgebaut hat, da reicht es immerhin zu einem Kopfnicken. Das ist dann aber auch das Höchste der Gefühle. Mehr will keiner geben und mehr würde auch keiner von dem Anderen erwarten. Der Bus hält am Außenplatz der Maschine. So lange es keinen Daumen hoch von der Stewardess gibt, werden die Bustüren nicht geöffnet, auch wenn das Gescharre der Passagiere ständig lauter wird. Wir sind ganze endlose 15 Sekunden gefangen, erst dann öffnen sich die Türen und erwachsene Männer stürmen ohne Rücksicht auf Verluste in Richtung Treppe. In all den Jahren habe ich es nicht einmal geschafft, die Treppe als erster zu erreichen. Ich bin im Schnitt eher in der hinteren Hälfte des Feldes geblieben. Das Schlimmste daran ist, dass heute der erste, der an dieser hinteren Treppe einsteigt, den hintersten Platz im Flugzeug am Gang hat und sich die Zeit nimmt, die er braucht und den Gang für all die anderen versperrt, die sich draußen in der Kälte darauf freuen, in die vorgeheizte Maschine zu kommen. Die Passagiere, die zu Anfang einsteigen, greifen sich dann natürlich auch noch alle verfügbaren Zeitungen, so dass für mich wohl keine übrig bleibt. Warum machen diese Leute das? Es sind alles sehr gut verdienende Leute, die es gar nicht nötig haben zu hamstern. Lesen diese Leute die ganzen Zeitungen wirklich oder nehmen sie sie sogar für Nachbarn, Freund und Bekannte mit?

Kleiner Nebenerwerb oder Gefallen für die gelangweilte Hausfrau daheim? Ich weiß es nicht und bin wieder einmal froh, wenigstens die Tageszeitung aus der Lounge dabei zu haben.

Mein Sitznachbar ist natürlich nicht die einzige Frau in dem gesamten Flieger, sondern einer der kräftigeren Passagiere, der als mein Gang-Nachbar auch schon vor mir da war, so dass er schnaufend für mich aufstehen muss. Der Platz ist wie immer spärlich. Die nette Frühstückstüte wird um die Banane, den Müsliriegel und die Süßigkeit erleichtert, bevor ich mich in meine Zeitung vertiefe. Von außen muss die Maschine jetzt aussehen wie eine große Konservenbüchse mit Pinguinen drin. Als einzigen Teil jedes Fluges genieße ich den Start der Maschine sehr, denn die schiere Kraft, die uns dem Erdboden entreißt, ist enorm und beeindruckt mich immer wieder aufs Neue. Das Vergnügen ist leider von sehr kurzer Dauer, denn die Stewardess fragt mich nach meinem Getränkewunsch, als wir die Reisehöhe erreicht haben. In der Schule hieß es doch immer, dass Stewardessen super hübsch sein müssten und für viele meiner damaligen Klassenkameradinnen schien das eine Art Traumberuf zu sein. Die Wirklichkeit sieht aber eher nach einem echten Knochenjob aus, zumindest auf innerdeutschen Flügen. Es muss in 40 Minuten viel für das sicher undankbarste Publikum der Welt erledigt werden. Selten habe ich einen Gast für ein Getränk das ihm gereicht wird ‚Danke' sagen hören; öfter als das wird in Flugzeugen voller Geschäftsleute das Wort ‚Dichotomie' aufgesagt. Aber die Unverschämtheit der Fluggäste treibt noch frechere Blüten. Kaum einer der Geschäftsreisenden gibt sich mit einem Getränk zufrieden. Der zusätzliche Sekt soll tunlichst geschlossen serviert werden, damit er besser in der Aktentasche verschwinden kann. Spätestens hier versuche ich mich deutlich von der Masse abzuheben. Ich bin immer freundlich zum Flugpersonal und bestelle nur die Getränke, die ich auch während des Fluges zu genießen gedenke. Hausgemacht schlimm wird es, wenn die Speisen verteilt werden. Diese Airline verspricht zwar eine abwechslungsreiche Auswahl und Vielfalt, aber wer über längere Zeit hinweg den gleichen Flug hat nehmen müssen, wird erfahren haben, dass die Vielfalt nur demjenigen zugute kommt, der zu unterschiedlichen Zeiten oder wechselnde Strecken fliegt. Die halb trockenen Brötchen auf den morgendlichen Flügen sind an sich genießbar, da die Wahl zwischen Käse und Schinken dem Fluggast noch eine gewisse Abwechslung bietet; aber wer regelmäßig Freitag nachmittags von Köln nach München geflogen ist, kennt die groben, kalten Würstchen, die es alle zwei Wochen dort gibt und die aufgrund ihres gewöhnungsbedürftigen Nachgeschmacks entweder gar nicht gegessen werden oder nur mit großen Mengen an Getränken heruntergespült werden können.

Als der Landeanflug auf den Zielflughafen beginnt, bin ich dann schließlich in meinem Arbeitstag angekommen. Für das Aufwachen mehrere hundert Kilometer ‚Zeit' zu haben ist nicht zu verachten. Wenn ich überlege, wie lange ich mit dem Auto für die zurückgelegte Strecke gebraucht hätte – wie lange ich bei einer Fahrt hierher einmal gebraucht habe – schüttele ich kurz erstaunt den Kopf und bin froh, dass ich, ohne eine lange Autofahrt in den Knochen, recht entspannt dem Kunden gegenübertreten kann. Ich schaue beim Sinkflug aus dem Fenster und entdecke bei jeder Ankunft immer noch neue Seiten an einer Stadt. Der Gast neben mir versucht ständig an mir vorbei aus dem Fenster zu blicken, was mich nicht wirklich stört. Vielmehr stört mich, wie er dabei laut schmatzend sein Frühstück verputzt. Der Anflug verläuft problemlos und bei der Landung gibt es hier keinen Applaussturm wie im Urlaubsflieger. Der Pilot macht ja schließlich auch nur seinen Job. Raus aus dem Flugzeug und im Stechschritt eile ich zum Taxistand. Sobald alle Modalitäten zur Reisekostenabrechnung für dieses Projekt geklärt sind, werde ich mir zukünftig stattdessen einen Mietwagen nehmen. Das verschafft mir bei vergleichbarem Preis ein gehöriges Stück mehr Freiheit. Außerdem muss ich mich dann nicht mehr in die gut dreißig Meter lange Schlange einreihen, die sich zu Stoßzeiten gerne bildet. Dieses Mal reihe ich mich noch ein. Mein Gepäck zerrt an meinen Armen, so schwer ist es trotz des kurzen Aufenthaltes. Ich habe massenweise Unterlagen dabei, die gleich am Anfang des Projektes hilfreich sein könnten. Das mache ich immer so und immer schleppe ich umsonst, aber es beruhigt mich einfach, vorbereitet zu sein. Es geht erstaunlicherweise recht schnell, bis ich ein Taxi bekomme.

Neue Route – Neues Glück

Die Zieladresse, die ich dem Fahrer angebe, kenne ich schon nach meinen wenigen Besuchen hier auswendig. Der Weg durch die Stadt kommt mir allerdings nicht bekannt vor, was beim dritten Mal noch nichts bedeutet, weil ich einfach allgemein kein gutes Gedächtnis habe, was Orte und Wege betrifft. Ein wenig stört es mich aber doch, denn wenn der Chauffeur es wirklich darauf anlegen würde, könnte er mich auf lukrativen Umwegen durch die halbe Stadt kutschieren und ich würde es nicht einmal merken. Dieser hier ist aber in Ordnung, denn den Betrag, den er nennt, liegt im grünen Bereich und ich entlohne ihn schnell. Den Betrag merke ich mir, damit ich eine neue Taxifahrer-Top-Ten anfangen kann. Ich melde mich am Empfang an und werde schon wenige Minuten später von einem aufgedrehten und gut gelaunten neuen Kollegen abgeholt, der mich erst einmal zum Projektraum führt.

- Gleich geht es los!

versucht er mich mit seinem Elan mitzureissen.

- Ja, genau.

Hier treffen wir uns bevor wir später in der benachbarten Firmenvilla den eigentlichen Kick-Off begehen. Er ist aus der hiesigen Niederlassung und es scheint sein erster Kick-Off zu sein, denn er ist sehr nervös – was mich wiederum beruhigt. Die Tür zum Projektraum steht offen und die Hälfte der Tische ist schon von Kollegen besetzt. Man bereitet fleißig Dinge vor oder beschäftigt sich mit dem Lesen von E-Mails, mit was auch immer, bis es endlich soweit ist. Die besten Plätze sind also schon weg. Das ist wie im Freizeitlager zu Kinderzeiten: Wer zuerst kommt sichert sich die oberen Betten am Fenster – oder hier: die Schreibtische, deren Monitore man nicht von anderen Plätzen oder gar vom Gang aus einsehen kann. Das ist wichtig, wenn man für seine mentale Ausgeglichenheit einmal seine letzten Urlaubsbilder oder einfach etwas Zerstreuendes und Angenehmes auf dem Bildschirm haben möchte. Hier gibt es fast nur freie Hochbetten mit Fensterplatz, also schlecht einsehbare Plätze mit eigener TAE-Dose für uneingeschränktes und ungestörtes Surfen. Paradiesisch. Meine beiden Lieblingskollegen kommen auch gerade rein. Die müssten eigentlich zusammen mit mir geflogen sein. Wie verpennt kann man am Morgen eigentlich sein? Großes Hallo und Plätze beieinander suchen. Jetzt kann es losgehen.

Kick-Off Meeting

Zum ausführlichen Ausbreiten bleibt uns allerdings nicht die Zeit, da wir terminlich ausnahmsweise sehr knapp kalkuliert haben. Das ist in Anbetracht des Kick-Offs, der uns bevorsteht, besonders ungewöhnlich, denn der Kunde ist nicht gerade unheikel. Es ist nicht so, dass wir das Projekt auf der grünen Wiese, also bei Null beginnen. Bevor uns das Projekt anvertraut wurde, hat es ein Projektteam der Konkurrenz schon beinahe zugrunde gerichtet; die flogen daraufhin raus. Auch im Projektteam des Kunden sind sicher ein paar Mitspieler ausgewechselt worden; soviel haben wir bereits in den Sondierungsgesprächen in Erfahrung bringen können – die Kundenseite dieser Geschichte wohlgemerkt, aber die Beraterseite ist uns ebenfalls bekannt. In der Branche wechseln immer wieder Spieler zwischen den Teams hin und her, so dass der Branchenfunk ganz gut funktioniert. Von Konkurrenz wird übrigens nicht gesprochen, sondern allenfalls von Mitbewerbern, das klingt souveräner. Wir verlassen das Gebäude durch eine Seitentür und begeben uns durch einen kleinen Park zur Villa. So nennt hier jeder diesen Prachtbau im Grünareal hinter dem Hauptgebäude. Der Raum für die Veranstaltung ist vorbereitet; die Tische sind in Hufeisenform aufgestellt, darauf stehen Thermoskannen mit Kaffee und Tee und Porzellanschalen mit Keksen darin auf Stofftüchern in Reih und Glied. Nicht ein einziger Keks ist bisher angerührt worden. Daneben stehen die unvermeidlichen 0,2 Liter Saft- und Wasserflaschen, die nie den Durst ganz löschen, sondern mich verlässlich in die Verlegenheit bringen, mehr als eine zu öffnen, mit ein paar Minuten Anstandspause versteht sich. Der Raum ist bereits halb gefüllt mit Menschen. Kollegen und Kunden lassen sich auf den ersten Blick nicht so einfach auseinanderhalten, denn heute haben sich alle fein gemacht. Trotzdem müsste man die Berater an ihren deutlich längeren Armen vom Notebook- und Kofferschleppen erkennen. Meine Spezis und ich halten uns noch ein wenig mit der Kontaktaufnahme zurück. Andere, kommunikativere Kollegen suchen gleich die Nähe des Kunden, um die Runde im Vorfeld aufzuwärmen. Der Projektleiter kommt mit jemandem im Schlepptau auf uns zu, den ich bisher noch nicht kennen gelernt habe. Das muss der Gesamtprojektleiter des Kunden sein. Freundlich, beinahe herzlich begrüßt er uns und stellt uns den Mann vor und ist auch genauso schnell schon wieder verschwunden. Die letzte Frage nach unserer Anreise war nicht wörtlich zu nehmen, muss mein Spezi feststellen, der gerade ausholen wollte, um von seiner eigenen zu berichten. Er schaut mich irritiert an, was mich amüsiert die Augenbrauen hoch ziehen lässt, denn den Kollegen kenne ich gar nicht anders; der ist immer was menschliches Miteinander angeht ein wenig – sagen wir: unbedarft. Die Nervosität im Händedruck des Kundenprojektleiters war allerdings mehr als deutlich zu spüren. Er weiß noch nicht so recht was auf ihn zukommt, nur dass es etwas Großes ist. Er ersetzt nämlich den vorigen Projektleiter und hat allein aufgrund dieser Ausgangssituation ein wenig Panik. Mittlerweile sind etwa zwanzig Menschen versammelt. Mein Hemd beginnt zu vibrieren. Es ist mein Telefon, nicht etwa ein Zeichen pathologischer Nervosität. Der Anruf kommt inkognito bei mir an, ich schicke ihn auf die Mailbox und schalte es ab, denn es ist schon kurz nach Zehn. Während ich noch das Display prüfe, ob das Telefon sich abschaltet, ertönt ein Gong und die Stimmen im Raum verstummen schnell. Diese Geste des lauten Gongs soll sowohl witzig sein, als auch Signalcharakter haben, denn sein Erklingen läutet symbolisch einen gänzlich eigenen Zeitabschnitt ein und diesen Zeitabschnitt werden viele hier im Raum gemeinsam bestreiten. Alle Anwesenden suchen sich einen Sitzplatz. Vorzugsweise gesellen sich Kunden zu Kunden und Berater zu Beratern. Ein paar Versprengte scheinen sich in den vermeintlich falschen Fraktionen nicht sonderlich wohl zu fühlen und suchen aufgeschreckt Blickkontakt mit ihren Kollegen. Diese lächeln nur mitleidig zurück. Nicht so schlimm. Als gerade so viel Ruhe einkehrt, dass wir anfangen könnten, beginne ich mein Namensschild, das blanko vor mir auf dem Tisch steht, zu beschriften. Hätte ich das mal gelassen, denn jetzt geht ein Raunen durch die Gesellschaft und jeder nimmt sein blankes Namensschild auf und diskutiert mit Nachbarn in gesenkter Stimme, ob darauf nun Vor- und Nachname oder aber Nachname und Abteilung oder gar der Name der Firma zu vermerken wäre.

Ein Räuspern des Kundenprojektleiters konzentriert die versammelte Aufmerksamkeit wieder nach vorne auf das Pult. Es ist weniger das entschlossene, gebietende Räuspern, sondern eher von der nervösen, etwas zu zaghaften Sorte, sorgt aber dennoch für Stille. Mit noch ein wenig unsicherer Stimme beginnt er die Begrüßung. Ein wahrhaft angemessener Ort für den Beginn eines großen Projektes sei dies. Die ersten Minuten referiert er über die denkmalgeschützte Villa, in der wir uns befinden. Sie scheint tatsächlich eine beeindruckende Geschichte aufzuweisen. Von Adelsfamilien und mehrfachen Einsätzen für Filmaufnahmen ist die Rede. Stolz klingt in seiner Stimme durch und so festigt sich langsam sein Ton. Während er erzählt, beginnen viele damit, anhand der Namensschilder ihre Sparringspartner für die folgenden Monate ausfindig zu machen. Es ist ein bisschen wie in der Tanzschule. Du weißt, dass einer der Anwesenden dein Partner sein wird, weißt aber noch nicht welcher. Mein Pendant hat mich zuerst gefunden und lächelt freundlich zu mir herüber. Höflich erwidere ich seinen Gruß, ohne dabei aber so aufgedreht zu sein wie er. Er mustert mich, als ob wir einander zur Heirat versprochen wären. Ich bin über derlei Aufmerksamkeit ein wenig amüsiert. Nach den einleitenden Worten übergibt der Redner an unseren Projektleiter, den er derart warmherzig angekündigt hat, als seien die beiden miteinander aufgewachsen und dicke Freunde. Unser Projektleiter ist zwar zugegebenermaßen dick, aber mehr Profi als Freund. Er lächelt freundlich in die Runde und schaltet in aller Seelenruhe den Beamer ein und wartet, bis der seine volle Leuchtkraft erreicht hat. Ein Bild von zwei ineinander verschränkten Händen und den Logos unserer beider Firmen erscheint auf der Leinwand und er beginnt ruhig zu sprechen. Er bedankt sich artig für die freundliche Einleitung und unterstreicht mit blumigen Worten, in welch besonderem Gebäude wir dieses gemeinsame Vorhaben angehen. Dies sei der angemessene Rahmen für den Beginn einer besonderen Partnerschaft. Nach der ausführlichen Erläuterung, was er sich unter dem Begriff Partnerschaft vorstellt, folgen die allgemeine Definition eines Projektes und einige Informationen über uns als Beratungsunternehmen und über unsere Standardvorgehensweise. Standard für einen besonderen Partner? Na gut. Schließlich kommt er zu dem Punkt, wo er umreißt, warum wir hier eigentlich zusammensitzen. Um eine hochanspruchsvolle Aufgabe gehe es, die der Kunde zusammen mit uns, mit unserer Hilfe zu lösen gedenke. Er betont, dass er sich im Vorfeld davon versichert hat, dass sich hier nun die besten der möglichen Mitglieder für das ausführende Team zusammengefunden haben, sowohl kunden- als auch beratungsseitig. Das schmeichelt denen, die das zum ersten Mal hören. Auch mein Spezi fühlt sich offensichtlich angesprochen. Der Senior und ich schauen einander wissend und amüsiert an – aber hoffentlich so, dass es wie Zuversicht aussieht. Er fordert die Anwesenden auf, sich selbst mit ein paar Sätzen vorzustellen und lässt einen Mitarbeiter des Kunden beginnen. Der Erste hat nun mal immer das Problem, dass er keinen Vorredner hat, bei dem er sich abschauen kann, wie detailliert sich vorgestellt werden sollte. Glücklicherweise war diese erste Person gezielt gewählt und so auf den Punkt, wie die komprimierte Vita vorgetragen wird, scheint mir da ein wenig im Vorfeld vorbereitet worden zu sein. Gut so. Die Vorträge variieren sehr und zum Glück sind wir schnell durch. Ich kann mir außer meinem Gegenüber ohnehin niemanden wirklich merken; ganz zu schweigen von den verschiedenen Fachrichtungen oder wie freudig oder auch nicht dem Projekt entgegen gesehen wird. In den folgenden 20 Minuten schafft unser Projektleiter es tatsächlich, eine echte Pionierstimmung aufzubauen. Genießt es Leute, eure Motivation ist heute sicher so hoch wie lange nicht mehr – und wie sie lange auch nicht mehr sein wird. Wir werden gemeinsam durch viele Täler schreiten und viele Berge überwinden, denn auch wenn das Projekt eigentlich eine IT-Angelegenheit ist, ist auch immer ein kleines Change Management Projekt dabei, welches wir quasi nebenbei mit erledigen müssen. Das Ersetzen des alten Systems durch ein neues wird die beteiligten Mitarbeiter des Kunden mitunter durch die klassischen Phasen der Verlustverarbeitung führen. Das wird mehr oder weniger bewusst geschehen, aber es wird passieren.

Zunächst ist da der die Betroffenheit und eine Art Schock. Denn verliert man etwas, was einem wichtig ist – und das ist das tägliche Handwerkszeug zweifellos – fühlt man sich wie benommen, verwirrt, gelähmt, zornig und verletzt.

Was folgt ist das Verhandeln und sich nicht mit der Veränderung abfinden Wollen. Viele werden einfach stur davon ausgehen, dass das Projekt nicht erfolgreich sein wird und alles beim vertrauten Alten bleiben wird.

Meist schließt sich dem Verhandeln eine Phase der Wut und Aggression an. Das Alte und Vertraute wird in sentimentaler Verklärung verherrlicht und hochgelobt, wenn es weg genommen werden soll, selbst wenn das vor der Nachricht, dass etwas Neues kommt, nie so war. Aber das braucht man wohl. Die Aggressionen richten sich dann auch mal gegen die, die das Neue mit sich bringen, also uns. Aber die Aggressionen gehören dazu und sind aus psychologischer Sicht ein gesunder Bestandteil des Prozesses.

Wenn dann klar geworden ist, dass der Wandel unabwendbar ist, fallen viele in eine kleine Depression, die aber vorbei ist, sobald der Betroffene beginnt sich vom Altbekannten zu lösen und sich dem zu widmen, was er beeinflussen kann, der Zukunft, dem Neuen.

Ist diese Wendung dann einmal vollzogen, kehrt bei den Betroffenen innere Klärung und ein Frieden ein, der es erlaubt, das Neue aktiv in den Alltag zu integrieren.

Bei all diesen Phasen werden auch die teuren Giveaways nicht helfen, mit denen wir euch in den nächsten Wochen beschenken werden. Diese kleinen feinen und zumindest scheinbar teuren Geschenke. Dinge, die man sich selber nie kaufen würde und wenn doch, dann nicht von diesen teuren Herstellern. Bei diesen Gelegenheiten streuen wir u.a. Stifte von Parker oder lederne Visitenkartenetuis von Goldpfeil unters Volk. Dem allgemeinen Teil folgen bereits konkretere Festlegungen, wer sich mit wem in welchen Gremien abzustimmen hat. Über welche Wege wird unter welchen Voraussetzungen eskaliert, wie werden welche Schritte dokumentiert und so weiter und sofort, bis hin zur Kaffee- und Büromaterialversorgung. Als unser Projektleiter dann mit der Einweisung in unser neues Abenteuercamp fertig ist, stellt er die verbleibenden Tagesordnungspunkte vor, die da wären: anschließendes gemeinsames Mittagessen, bei dem sich doch bitte schon einmal die frisch gebackenen Pärchen beschnuppern und die gegenseitige Kompatibilität überprüfen sollen. Die darauf folgenden dreißig Minuten sind dafür vorgesehen, bereits die ersten Arbeitspakete für den restlichen Tag und den Freitag zu definieren. Um 14 Uhr sollen dann die ersten geplanten Schritte der einzelnen Teilprojekte in der Runde vorgestellt werden. Dabei werden dann so manche zum ersten Mal feststellen, dass das im stillen Kämmerchen vor sich Hinwerkeln erst einmal für eine Weile vorbei ist und der Fortschritt der Teilprojekte durchaus publik kommuniziert werden wird. Und da ist er dann auch schon überschritten, der Motivationszenit, denn jetzt beginnt die Arbeit.

Schnupperkurs

Das Essen kommt mir jetzt sehr gelegen, denn der Flugzeugsnack hat nicht besonders lange vorgehalten. Mein Counterpart kommt fröhlich grinsend auf mich zu und eröffnet mir, dass er schon beim Betreten des Raumes vermutet habe, dass ich sein Gegenstück auf Beraterseite sei. Na sowas. Mal schauen, ob er sonst noch über brauchbare Talente verfügt. Soweit erst mal schön, dass wir uns endlich kennen lernen. Die Voruntersuchungen, zu denen wir im Vorfeld schon ein paar Male hier waren, haben mit seinem Vorgesetzten stattgefunden, so dass das für ihn hier tatsächlich ein Kaltstart ist. Wir setzen uns beim Essen nebeneinander, wie das die anderen Pärchen auch tun. Süß, wie damals in der Kükengruppe im Kindergarten. Ich greife betont bedächtig in meine Sakkoinnentasche, um meine Visitenkarten hervor zu holen, und sage nebenbei mit schon fast ironischem Unterton, dass ich hoffe diese überhaupt dabei zu haben. Aber statt den Wink zu verstehen und folgerichtig seine eigene zu zücken, schaut er mich an, als ob ich ihm gleich Konzertkarten schenken wollte. Oh, ach so, das ist ja schade, er habe nur seine private dabei, aber die sei hier ja nicht gefragt, entgegnet er mir und macht Anstalten, seine beruflichen Kontaktdaten auf seine private Karte zu schreiben. Das können wir auch anschließend erledigen, beruhige ich ihn. Langsam beginnt er, mich mit seiner Nervosität zu infizieren. Beim Essen werde ich förmlich von ihm über meinen beruflichen Werdegang ausgequetscht. Nach den vielen Fragen, wie man denn eigentlich zum Berater wird, will er alles über die Projekte wissen, die ich bereits hinter mich gebracht habe. Er ist sichtlich beeindruckt. So ganz verstehen kann ich das nicht, denn ich bin mittlerweile seit mehr als vier Jahren im Beratungsgeschäft und da ist man nun mal auf vielen Projekten in vielen Städten unterwegs, so ist das eben. Aber wenn man wie er eine Konzernkarriere eingeschlagen hat, erscheint das eigene Berufsleben vergleichsweise gleichförmig, nicht annähernd so unstet und fremdartig. Höflich erkundige ich mich nach seinem Hintergrund und beruflichem Werdegang. Ständig redet er seine eigenen Leistungen klein, statt zu erkennen, dass es einfach eine andere Art von Fortkommen ist und keineswegs aber eine minder anspruchsvolle. Aber auf ein paar Highlights ist er sichtlich stolz und schmückt diese Teile dementsprechend detailliert aus. Ich verstehe nur die Hälfte, mich interessiert ehrlich gesagt auch davon nur etwa ein Viertel. Seit fünf Minuten versuche ich beharrlich den Bogen zurück zu unserem Projekt zu schlagen, aber er wehrt sich standhaft und will lieber weiterplaudern. Schließlich kommen wir doch noch zum Thema. Darauf ist er anscheinend nicht sonderlich gut vorbereitet, denn er sagt mir schon jetzt die Erledigung umfangreicher Aufgaben in Rekordzeit zu. Ich habe den Eindruck, er will sein Engagement demonstrieren; mir soll es recht sein, umso schneller erzielen wir vielleicht präsentable Ergebnisse. Vor meinem geistigen Auge notiere ich mir die Tasks und die von ihm zugesagten Termine der Erledigung für die spätere Präsentation der ersten Steps der Teilprojekte. Für die übrige halbe Stunde, die eigentlich für derlei Vereinbarungen vorgesehen war, lasse ich mich entschuldigen, um noch sehr wichtige Telefonate zu führen. Eines muss ich ja wirklich führen, aber ich bin froh mich noch einmal vor Ende des Tages aus der Mühle ausklinken zu können. Das Selbstverbiegen wird noch anstrengend genug. Auf meiner Mailbox finde ich eine Nachricht, die mich laut und herzlich lachen lässt. Da mein bauchgelandeter Freund mich nicht direkt erreichen konnte, schilderte er in einem wunderbaren vorgetragenen Bericht meinem sicherlich durch das Berichtete erstaunten Anrufbeantworter, wie ein spontan einberufenes Mini-Golftournier mit dem Equipment des abwesenden Finanzvorstandes quer durch die Räumlichkeiten des Büros jäh vom wiedererwachten Jagdinstinkt des mittlerweile permanent anwesenden Hundes des Produktmanagers beendet wurde, der nun den just erhaschten Golfball genüsslich auf der Terrasse Schicht für Schicht zerstückelte. Herrlich.

Um 14 Uhr treffen wir uns wieder im großen Saal. Kurz zuvor habe ich mich mit meinem Sparringspartner getroffen und darauf verständigt, dass ich heute noch das Präsentieren unserer Steps übernehme. Auch gut. Erneut wirft der Beamer unsere Firmenlogos – diesmal zusammen mit dem Projektnamen und dem eigens für das Projekt kreierten Logo – an die Leinwand. Fast alle sind pünktlich, das ist erstaunlich. Und wieder moderiert unser Projektleiter die Runde. Sicher hat der Kundenseitige nichts dagegen. Für unseren bedeutet das zwar mehr Arbeit, aber so hat er die Kontrolle über die Situation und Kommunikation, was sehr viel wert ist. Er versichert der Runde seine Zufriedenheit mit dem Auftakt dieses Tages. Er kann auch zufrieden sein, denn seine Teilprojektleiter, zu denen ich ja ab heute auch zähle, haben ihm kurz zuvor gemeldet, dass alle Teilprojekte bereits die Arbeit aufgenommen haben. Sprich: Erste Aufgaben, Verantwortlichkeiten und Termine wurden bereits vereinbart. Und um gleich zu Beginn auch den Berichts- und Dokumentationsvereinbarungen gerecht zu werden, fordert er die Teilprojektleiter zusammen mit deren Counterparts auf, ihre geplanten ersten Schritte vorzustellen. Vor mir sind zwei andere Teilprojektleiter dran und mein Gegenüber bekommt so langsam eine Vorstellung davon, wozu er sich mit seinen Zusagen verpflichtet hat. Als ich an der Reihe bin, lächelt er etwas gequält in die Runde. Mit jeder verkündeten Aufgabe sinkt er ein wenig mehr in sich zusammen. Ich denke, ihm wird gerade sehr warm. Mein Spezi hingegen findet es klasse, dass es so früh schon so konkret wird. Er hatte beim Essen die Möglichkeit lose mit seinem Gegenüber zu plaudern und sich ein wenig in die Abteilung hineinzufragen. Letztlich wird er die Aufgaben und Termine, die ich gerade verlautbare, mittragen müssen. Dass die Planung im Hinblick auf die Termingestaltung sehr sportlich ist, wird er schon noch mitbekommen. Ich habe ihn viel lächeln und strahlen sehen, er ist wirklich voller Elan und Vorfreude. Ich beneide ihn ein wenig. Eine Stunde später ist die Veranstaltung beendet und die Anwesenden sind in ihre Büros entlassen. Jetzt heißt es erst einmal die Infrastruktur zu erkunden, sowohl die räumliche als auch die elektronische. Die gesammelten Folien des Tages werden später als Gedächtnisstütze an alle Teilnehmer verteilt.

Abmarsch

Habe ich mein Auto heute Morgen in der Niederlassung eigentlich auf einen für Partner reservierten Parkplatz gestellt? Wäre blöd, aber jetzt auch egal, da ich gerade in einer hunderte Kilometer entfernten Stadt zum Hotel gehe und mein Gefährt erst morgen

Abend wieder sehen und bewegen können werde. Wider Erwarten war das doch ein recht anstrengender Tag, aber für heute soll es das gewesen sein. Wir wollen heute Abend nur zusammen etwas essen gehen, um erste Manöverkritik zu üben, heißt es. Aber auch, um von diesem Tag herunter zu kommen. Um 20 Uhr 15 treffen wir uns in der Lobby. 20 Uhr wäre zwar sinnvoller gewesen, da die meisten schon ins Hotel abgehauen sind. Wenn man aber schon in die zeitliche Nähe der Tagesschau kommt, nimmt man diese gutdeutsche Tradition noch gerne mit. Die Damen am Empfang sind sehr aufmerksam und kennen mich noch von meinen vorigen Aufenthalten. Ich bin sicher, hier werde ich mich wohlfühlen, diesmal aber gebt mir doch bitte ein weiter oben gelegenes Zimmer, danke. Das Hotel ist zentral gelegen und ein Zimmer ‚hinten heraus' zu haben ist nicht gleich bedeutend mit einem niedrigen Lautstärkepegel. Und obwohl die paar zusätzlichen Höhenmeter sicher keinen messbaren, lautstärkedämpfenden Effekt bringen, so schaffen sie doch ein wenig mehr gefühlte Entfernung zum lärmenden Geschehen auf der Straße. Zufrieden habe ich schon feststellen können, dass man in diesem Haus bei der Zimmerwahl ansonsten nicht viel falsch machen kann. In manchen – nein, in den meisten Hotels – lauern Fallen, in die man nur als Einmalübernachter, als Laufkundschaftler sozusagen hineintritt. Beispielsweise gab es da einmal im Altstadtviertel einer deutschen Großstadt ein Hotel, bei dem versucht wurde, auch den letzten Quadratmeter des Gebäudes ausnutzen. Zu diesem Zweck hat man dort gut ein Dutzend Zimmer in das Untergeschoss verlagert, deren Fensterunterkanten schlossen bündig mit dem Bodenniveau ab. Zum Glück war diese Übernachtung nicht im Hochsommer, sonst wäre ich am nächsten Morgen sicherlich mit ein paar ungebetenen sechsfüßigen Zimmernachbarn aufgewacht. Es gibt allerdings auch Häuser, in denen lässt sich ein vorne heraus gar nicht vermeiden. Ein Hotel, auf das wir einmal aufgrund einer Messe ausweichen mussten, war ein langer Plattenbaublock, der im 90°-Winkel etwa 100 Meter neben einer Autobahn stand. Ich frage mich, was das Personal an der Rezeption einem Gast entgegnet, der ausdrücklich ein Zimmer ‚nach hinten heraus' wünscht. Aber selbst wenn man beim Betreten des Hotels die faulen Früchte unter den Zimmern bereits von außen ausmachen kann, stellt sich immer noch die Frage, ob man noch fit genug ist und über ausreichend Nerv-Reserven verfügt, um sich darum zu kümmern, oder ob man einfach seinen Schlüssel schnappt und froh ist, endlich Ruhe zu haben.

Nur gut, dass ich hier weiß was mich erwartet. Durch einen sanften Druck auf den verzierten Messingknopf in der Wand fordere ich den Lift an. Ein schönes Ambiente steigert meinen Wohlfühlgrad ungemein, denn mir ist es wichtig, dass ich mich abends im Hotel wohl fühle. Dort kann ich mich, wenn ich das will, vom Tag zurückziehen und entspannen. Und das hier ist endlich mal wieder so ein Hotel, in dem ich mich gerne abends allein ins Restaurant setze, um ein leckeres Steak zu verspeisen, auch wenn ich sonst nicht gern alleine speise. Manchmal bekam ich bei Gelegenheiten wie dieser gratis noch ein ausgezeichnetes Unterhaltungsprogramm geboten. Einmal war es wohl die Gemeinderatsfraktion einer großen Volkspartei. Nicht nur, dass sie direkt am Nebentisch tagten, nein, man debattierte dort mit einer solchen Lautstärke, um sich das vermeintlich wohlverdiente Gehör der Mitstreiter zu verschaffen, dass ich den irrwitzigen Diskussionen mühelos folgen konnte. Eifersüchteleien und Grabenkämpfe, Gockelgehabe und Emanzipierungsmanifeste. Ordinäres und Borniertes in zahllosen Variationen serviert. Und dazu mein leckeres Steak im netten Ambiente. Das war schön. Ich bin gespannt auf die Überraschungen, die mich hier erwarten. Aber dafür ist ja in den nächsten Monaten genügend Zeit. Ein gutes Jahr ist für die Erledigung unserer Aufgaben hier angesetzt. Ding, 5. Obergeschoss. Die Türen öffnen sich und ich bin ein weiteres Mal beeindruckt. Jede Etage ist anders gestaltet, soviel kann ich schon sagen. Und diese hier ist schon im Liftbereich sehr gelungen. Große Grünpflanzen an antiken, geschmackvollen Möbeln, serviert an einer Beleuchtungsmelange der feinsten Art. Schön. Ein Messingschild weist mir den Weg in den Flügel, wo das Zimmer – wenn schon nicht mit meinem Namen, so doch immerhin – mit der zu meinem Schlüssel passenden Nummer an der Tür mich erwartet. Der dichte, schwere Teppich schluckt jeden Schritt und das Rollgeräusch meines Trolleys, der Aufzug zieht sich hinter mir nahezu lautlos zurück. Die Chipkarte führe ich am Türschloss vorbei und schon öffnet sich mein neues Lieblingszimmer, da bin ich mir ziemlich sicher.

Schöner Wohnen

Statt liebloser Fremdenzimmersparbeleuchtung, mit der sonst gerne aufgewartet wird, glüht die edle Einrichtung in einem sanften Dämmerlicht. Der erste Blick durch die Tür wird links und rechts von den Wänden des schmalen kurzen Flurs begrenzt. Die Linke des Flurs dominiert die Garderobe mit Schiebetüren und der Minibar, die in einem alt wirkenden hölzernen Schränkchen mit aufgesetzter Vitrine für das Knabbergebäck untergebracht ist. Von der Rechten geht die Tür zum Badezimmer ab, also die klassische Aufteilung. Geradeaus geht es in das eigentliche Zimmer. Der Fernseher ist still – zum Glück. Hier verzichtet man auf den dauerlaufenden Fernseher, der den Gast mit einem grob gepixelten und blinkend perlenden Sektglas als Herr/Frau XY begrüßt. Stattdessen ist der Fernseher in der Seite eines gigantischen eichenen Kleiderschrankes untergebracht. Welcher Gast würde für seinen Aufenthalt nur annähernd das gesamte Fassungsvermögen des Schrankes benötigen? Ich sicher nicht. Die Luft wird von der leise vibrierenden Klimaanlage kühl ins Zimmer geblasen. Das Bett ist in seinen Ausmaßen nicht weniger eindrucksvoll. Was nun folgt, ist das immer gleiche rituelle Beziehen des Zimmers. Nach dem Aufbahren des Koffers auf der dafür vorgesehenen Ablage beginnt die Inspektion der künftigen Behausung. Nachdem mich der erste Blick schon beeindruckte, lasse ich mir mit dem Rest ein wenig Zeit. Das einzige unverzüglich zu klärende Detail ist die Anbringung der TAE-Dose. Wo ist er, mein Draht nach draußen? Wo muss ich das Notebook abends aufbauen, wenn ich noch surfen, chatten, E-Mails schreiben möchte? Optimal, ich fasse es nicht. Ich liebe dieses Hotel. Später gehe ich runter und knutsche den Geschäftsführer stellvertretend für diejenigen, die das hier geschaffen haben, denn auf dem Schreibtisch, der ebenso edel wie alt erscheint, steht eine kleine Box, an der man so ziemlich alles an Kabeln, Steckern und sonstigen Verbindungen zur Außenwelt anbringen kann. Mit den besten Empfehlungen für einen erfolgreichen Aufenthalt. Vielen Dank! Gerade bei der Platzierung der TAE-Dose legen manche Einrichtungen eine Sorglosigkeit an den Tag, die mitunter an offenen Sarkasmus grenzt, wie der Fall der einzigen, im Badezimmer angebrachten TAE beweist. Wer will denn schon – unter allen Alternativen – gerade beim Verrichten seiner etwas anderen Geschäfte ins Internet? Dagegen sind Dosen hinter dem Bett, dem Schreibtisch oder dem Nachtschränkchen schon fast luxuriös. Aber ich will nicht unfair sein, wer hat beim Anbringen mancher Dosen vor Jahren daran denken können, dass die kleinen Dinger mal so eine zentrale Bedeutung bei der Bewertung eines Zimmers annehmen würden? Manche Häuser haben darauf wenigstens mit der Verpflanzung der Dosen und mit an der Rezeption erhältlichen Adaptern reagiert. Ein Hotel hat mir einmal sogar gestattet, die zentrale Telefonanlage für eine Viertelstunde lahm zu legen, um dort meinen Rechner zum E-Mails checken anzuschließen. Ich denke nicht, dass die Dame sich so ganz darüber im Klaren war, was sie da zuließ. Aber für alle Fälle habe ich ja in meinem Koffer noch das Werkzeug zur Bearbeitung widerspenstiger Verbindungsvorrichtungen. Kritisch bleibt jetzt nur noch der Blick aus dem Fenster – aber auch hier ist alles in Ordnung. Es ist nicht nur einigermaßen leise hier, sondern ich habe auch eine tolle Aussicht auf den Turm. Die Fensterbank ist breit genug, um nach einem harten, fußmarschreichen Tag die Schuhe ein paar Stunden zum Entgiften abzustellen. Vor dem Fenster steht ein Tisch mit 3 Stühlen. Auf dem Tisch finde ich Schokolade und eine Begrüßungskarte. Daneben steht eine Literflasche Wasser, mit dem dezenten Hinweis auf den obszön hohen Preis, den man bei einer späten und bierseligen Heimkunft ja gerne mal ignoriert und so ist es ja auch gedacht. Immer noch besser als der Getränkeautomat am Ende der Flure von Hotels minderer Kategorie.

Was jetzt folgt, ist der Gang zum Badezimmer. Durch mein bisheriges Glück verwöhnt bin ich nun auf alles gefasst und werde nicht enttäuscht. Sanfte Deckenfluter tauchen das Marmorwaschbecken in ein angenehmes Licht. Das mag meinetwegen auch Kunstmarmor oder etwas anderes sein, schön ist es allemal. Rechts davon ist eine riesige Badewanne. Flauschige weiße Handtücher sind ordentlich in einem Edelstahlkorb im Wandschrank aufgestapelt. An der Tür hängt ein samtweicher Bademantel mit Kapuze; die sind klasse. Da fühlt man sich nach dem Reinschlüpfen wie ein Südstaaten-Senator. Welche legitimen Mitnehmsel haben wir denn nun? Bademäntel traue ich mich nicht zu entwenden. Zwar waren immer mal wieder welche dabei, die ich ausgedehnten Anproben unterzogen habe, aber die sind für mich so tabu wie die Regenschirme. Ein einziges Handtuch habe ich bisher mitgenommen. Ein Bodenhandtuch aus dem Sheraton, obwohl ich sonst vor Handtüchern Halt mache, aber bei dem war ich der Meinung, dass das Große, mit Verzierungen geschmückte ‚S' genauso gut, nein – noch viel besser – meinen Nachnamen als den Namen des Hotels repräsentiert. Seitdem ist es das Standard-Bodenhandtuch bei uns zu Hause im Bad. Aber da sind noch die kleineren Goodies: Seife, Duschhauben und Nähsets gehören ja zur Grundausstattung eines jeden Hotelbadezimmers. Hier finde ich darüber hinaus, neben Zahnstochern und –seide, noch Schuhputzhandschuhe, kleine Cremedöschen und noch ein paar Schächtelchen mit Inhalten, deren Erforschung ich mir für später aufhebe. Da sind für Sammler von Hotelmitbringseln sicher ein paar Leckerbissen dabei. Eine Tube mit wohlduftender Lotion zum Beispiel, die – wenn man sie zur Probe mal anbricht – gerade mal für einen Unterschenkel reicht. Abgerundet wird der gute Eindruck durch den erst nach Minuten leise einsetzenden, unaufdringlichen Ventilator – nicht so wie in den billigen Hotels, wo man sich morgens kaum rasieren traut, weil das sofort einsetzende Dröhnen der klapprigen Belüftung den eventuell vorhandenen Kater im Schädel zum Bersten zu bringen droht. Als Nächstes schaue ich mir mal die Minibar genauer an. Diese entpuppt sich bei genauerer Betrachtung als ein echter Kühlschrank. Hier hat man sich besonnen und die Bier- und Weinvorräte nicht nur in Probierportionen hinterlegt. Ein gutes Sixpack Bier und 3 kleine Weine bieten sich dem Gast an. In dem vitrinengleich beleuchteten Abteil über dem Kühlschrank befinden sich Chips, Salzstangen und Cracker. Also die erste Hilfe für den kleinen Hunger, die über hart gekühlte Mikro-Schokoriegel hinausgeht.

Hier bleibe ich, hier gefällt es mir. Bleibt nur noch den Rest meines Bezugsrituals hinter mich zu bringen, nämlich den Koffer noch ein wenig ausräumen. Das ist zwar bei nur einer Übernachtung ziemlich sinnfrei, gehört aber einfach dazu, um mich wohl zu fühlen. Ich halte das, verglichen mit den Marotten anderer Kollegen, für sehr zivil. Von einem weiß ich beispielsweise, dass er angekommen erst einmal auf der Toilette sitzend seine Frau anruft, die dann schon immer bescheid weiß, wenn das Hallo aus der Leitung ein wenig hallt. Ich lasse mich der Länge nach auf das Bett fallen und schalte den Fernseher ein. Null, Sechs, ... Nein, Null, Null, Sechs. Null Vorwählen also nicht, also 9, na gut. Tuut.

- Hi Süße, wie geht es dir? Oh fein. Was hast du heute gemacht? Wie war dein Tag? Oh, schön. Bei mir? Ja, ähm gut, denke ich. Ja, wie so ein Kick-Off halt ist. Hab dir ja schon mal erzählt was da abgeht. Ja, genau, die großen Vorstellungsrunden und das kritische gegenseitige Beäugen, Smalltalk und so. Genau. Nein, nichts passiert. Ja, etwa ein Jahr wird das hier dauern. Ja ich weiß, dass ich mir den Job ausgesucht habe, Ja. Ja. Jaah. O.K., ich melde mich, wenn ich gelandet bin. Ja. Aber zuerst muss ich noch mit dem Taxi in die Niederlassung, ja. O.K., ja, nein, dort steht das Auto, nein es ist nicht gestohlen worden. Bis morgen Abend. Dir auch.

Auf dem Weg zum Lift geht mir so Einiges durch den Kopf, dass die Anrufe, die ich früher auf Reisen nach Hause gemacht habe, anders klangen. Da habe ich mich noch wie ein Irrer gefreut, wenn ich in einer anderen Stadt war und dort auch noch schön untergebracht war. Dann habe ich gleich mal ein paar Leute angerufen und begeistert davon erzählt, wie spannend und klasse das alles ist. Gut, so viel anfangen konnten die damit natürlich nicht und die Frage, ob ich demnach dann diesen Abend nicht mit zum Mexikaner gehe, hatte damals schon einen bitteren Nachhall. Heutzutage rufe ich nur noch zu Hause an und bestätige pflichtgemäß, dass es wie immer das Gleiche ist. Mehr will sie ja auch gar nicht hören – wenn überhaupt. Den Anzug habe ich vor dem Verlassen meines Zimmers noch abgestreift und mich in meine Jeans gezwängt. Nur gut, dass in dem Luxusbad nicht auch noch eine Waage steht, das hätte mir gerade noch gefehlt. Die Speisekarte allerdings, die im Aufzug in einem kleinen, in die Wand eingelassenen Schaukasten prangt, verheißt im Bezug auf meine Fitnesspläne nichts Gutes.

Manöverkritik

Ding, Erdgeschoss. In der Lobby sind die anderen bereits fast vollzählig versammelt. Mein Team, bestehend aus meinem Spezi, ist noch total aufgekratzt und redet angeregt mit einem Kollegen. Dabei erkenne ich mich ein wenig selbst, als ich diesen Zirkus zum ersten Mal mitgemacht habe. Es ist einfach aufregend, wenn wirklich alles neu um einen herum ist, aber auch anstrengend. Und bei all dem Neuen soll man dann noch so tun, als ob man alles locker überblickt und im Griff hat. Er strahlt, weil er momentan wirklich noch glaubt, alles im Griff zu haben, aber was er mir auf dem Weg zum Hotel so erzählte, hörte sich heute alles ein wenig zu glatt an; warten wir es ab. Die letzten Kollegen kommen auch schon angeeilt, es kann losgehen. Wir haben uns zuvor auf ein argentinisches Steakhouse geeinigt, das nur wenige Minuten entfernt und bekannt für köstliche Spare-Ribs ist. Es ist nur ein kurzer Fußmarsch und als wir dort ankommen, werden wir bereits erwartet. Es ist kaum etwas los, das Reservieren hätten wir uns also sparen können. Eine lange Tafel steht für uns bereit und wir machen es uns gemütlich. Ich glaube dieses Lokal wird nicht unser Stammlokal und dessen Geschäftsführung scheint es auch aufgegeben zu haben, das Restaurant bei irgendwem als Stammlokal etablieren zu wollen, denn die Einrichtung ist lustlos und dazu noch grell ungemütlich beleuchtet. Das wenig originelle Tischthema ist erwartungsgemäß der Kick-Off, dessen Ergebnis und Verlauf insgesamt als sehr positiv empfunden wurden. Dass das nicht viel über den zu erwartenden Projektverlauf zu sagen hat, ist jedem der Anwesenden klar. Ein paar der Kollegen scheinen sich auch schon von anderen Projekten zu kennen und plaudern animiert. Ich will hier raus.

Absacker

Die nächste erreichbare Cocktailbar ist gar nicht so weit entfernt und offensichtlich auch nicht allzu szenig, denn auch hier bekommen wir problemlos Plätze. Besonders wild darauf, in großer Runde mit allen Kollegen das Kick-Off Meeting und das bevorstehende Projekt zu diskutieren, war ich wirklich nicht. Viel lieber wollte ich mich ausführlich mit meinen beiden Spezis unterhalten und schlug deshalb eindringlich vor, uns direkt nach dem Hauptgang elegant zu verabschieden, was wir auch taten. Zwar trinke ich in Cocktailbars nur Bier, aber mir gefällt das Interieur dieser Lokale sehr. Die Bar ist fantasievoll und aufwändig eingerichtet, das findet man in Bierlokalen ja eher selten. Bei der ersten Runde dreht sich noch alles um das Projekt. Mein Spezi ist tatsächlich begeistert vom ersten Tag und kann es fast nicht erwarten, gleich morgen früh wieder loszulegen. Er freut sich, zum ersten Mal ein Projekt von Anfang an miterleben zu können. Das ist ja auch etwas Feines und bei Weitem nicht selbstverständlich.

Zu seinem fachlichen Gegenüber beim Kunden scheint er einen guten Draht zu haben. Hoffentlich bewahrt er seine professionelle Distanz, denn er wird ihn in diesem Projekt ganz schön hetzen und drängeln müssen. Aber das wird schon werden. Kollege Senior sieht alles naturgemäß viel gelassener als wir beide. Ihm sind über den Kunden so einige Interna bekannt, die uns brennend interessieren würden, aber er hält sich lieber bedeckt, und so schwadronieren wir lieber noch ein wenig über dies und das und was so auf uns zukommen wird.

Irgendwie kommen wir auf das Thema Hotelleben. Wie hat sich der Anspruch gewandelt, mit dem wir ein Hotel betrachten? Schließlich fassen wir unsere Mindestanforderungen in absteigender Rangordnung folgendermaßen zusammen:

- Der Zimmerpreis sollte – in Hinblick auf die Reisekostenabrechnung – möglichst nah an den maximal abrechenbaren Betrag heran reichen. Sonst kann es unmöglich sein Geld wert ein.
- Es sollte zentral gelegen sein, also viele Ablenkungsmöglichkeiten bieten.
- Die Ausstattung sollte überdurchschnittlich sein.
- Internetzugang ist ein Muss.
- Hübsche Mädels beim Personal, auf jeden Fall an der Rezeption.
- Pornokanal, den man 2 Minuten anschauen kann ohne zahlen zu müssen, und dann wieder 2 Minuten und dann wieder 2 Minuten.
- Minibar oder Automat mit Bier, das nicht mehr als zwei Euro kostet
- Kostenlose Schokolade
- Günstige Kneipen in der Nachbarschaft – am besten Studentinnenviertel. Aber nicht in Köln.
- Ein fast immer ausgebuchtes Hotel, bei dem dann nur noch eine satte Suite verfügbar ist. Natürlich zum Doppelzimmerpreis
- Es sollte nicht in Bonn sein.

Zu fortgeschrittener Stunde werden wir ein wenig nachdenklich und die Gesprächsthemen entgegen unserem körperlichen Zustand immer nüchterner. Weil ich mich schon eine ganze Weile frage, ob der Preis, den ich in meinem Privatleben bezahle, um diesen Beruf auszuüben, gerechtfertigt ist, werfe ich die Frage in die Runde. Fassen wir zusammen: Unter der Woche und manchmal auch am Wochenende, reise ich durch die Bundesrepublik von einem Kunden zum anderen. Den Großteil meiner wachen Zeit verbringe ich bei der Arbeit oder auf dem Weg dorthin. Schlaf und Erholung kommen deutlich zu kurz. Meine Gesundheit behandele ich wie einen Leihwagen; als ob irgendwann ein Lämpchen aufleuchten würde, um mir zu sagen, dass ich es zu weit getrieben habe und nach einem Check-up wäre dann alles wieder in Ordnung. Mein Privatleben befindet sich in einem immerwährenden Ausnahmezustand mit andauerndem Problemlösungsaufschub und fortschreitendem Verlust an echter Nähe. Warum mache ich das eigentlich? Was ist der benennbare Gegenwert, der einen all das mitmachen lässt. Und was genau ist diesen Preis wert? Vergessen wir mal das Geld, was ist denn da noch? Die permanente berufliche Weiterentwicklung, das ständige und programmatische Dazulernen mit einhergehendem Wertgewinn meiner selbst als Ressource des Unternehmens? Und was soll ich bitte mit dem Gelernten später einmal anfangen? Was lerne ich eigentlich Verwendbares in meinem Job? Was kann ich denn wirklich gut, wenn ich einmal den Job wechseln werde? Ist der Gegenwert, dass ich von allen Seiten das Gefühl bekomme, einen Superjob zu machen, dass mein Einsatz die unanständig hohen Stundensätze wert ist? Ist es das Ansehen? Und wenn ja – von wem wird mir das denn wirklich entgegengebracht? Die Entscheider der Kunden sind sich durchaus darüber im Klaren, dass sie nur eine gut ausgebildete Ressource für eine Aufgabe einkaufen, die sie schnell wieder loswerden können. Die Freunde, die nicht wirklich verstehen, was ich beruflich mache? Wer kann es ihnen auch verdenken? Ich kann selber kaum in ein paar Worte fassen, was genau ich im Job tue, so dass es jemand verstehen könnte. Wie soll das dann jemand anderes ohne weiteres verstehen? Was also rechtfertigt den Preis, den ich zahle? Was? O.K., das Geld wieder. Ich bekomme am Monatsende eine Überweisung in einer Höhe, von der andere in meinem Alter mit meiner Qualifikation träumen. Aber, wie viele Stunden arbeite ich denn tatsächlich dafür? Wie viele Abende und Nächte bin ich denn für dieses Geld nicht bei dem Menschen, den ich liebe? Wie lange zieht sich dieser Zustand denn schon hin? Nein, das Geld ist es auch nicht. Ist es das wert? Ist es das? Wir kommen zu keinem befriedigenden Ergebnis, nur zu der Erkenntnis, dass unser Beruf eine Menge mit Prostitution gemein hat. Wir arbeiten zu schrägen Uhrzeiten, verdienen viel und kümmern uns ausschließlich um die Bedürfnisse unserer Kunden, stellen unsere persönlichen Belange dafür hinten an. Wir beschließen zu McDonald's zu gehen, um ein dem Tag angemessenes Nachtmahl einzunehmen. Unterwegs mit meiner Ersatzclique, meinen Kollegen. Beim Verschlingen seines Burgers berichtet mein Spezi von seiner neuesten Frauenbekanntschaft. Wir grinsen und freuen uns für ihn. Er stellt so langsam fest, dass er sich dabei nicht wie bei früheren Bekanntschaften hineinstürzt und abwartet, was am Ende dabei rauskommt, sondern er prüft unwillkürlich schon früh, inwieweit sie zu ihm passt. Also unter Zukunftsgesichtspunkten, also auch die Frage: Könnte diejenige es sein, mit der ich zumindest ein paar Jahre verbringen werde? Heirate ich diese Frau vielleicht eines Tages? Kinder? Das sind recht große Dimensionen, nach denen eine Frau mittlerweile taxiert wird, anders als in Jugendzeiten. Warum er mittlerweile so denkt, weiß er selber nicht genau. Wir kommen schließlich gemeinsam zur Übereinkunft, dass es daran liegt, dass wir schlichtweg keine Zeit und damit auch nicht die Möglichkeit haben, mit derlei Liebschaften ins Blaue zu schliddern. Das kann ja mitunter Monate, sogar Jahre dauern, bevor man sich diese Fragen stellt, um dann ernüchtert festzustellen, dass die Beziehung keine nennenswerte Zukunft hat. Nein, darauf lässt man es nicht mehr ankommen, sondern stellt sich diese Fragen recht früh. Und um die letzte Schleife um dieses Thema zu drehen: Manches Mal erinnert man sich dabei an frühere Liebschaften, mit denen man sich genau das im Nachhinein vorstellen kann. Sich aber jetzt noch über diese verpassten Gelegenheiten zu grämen ist müßig. Still vergnügt hat Kollege Senior die Diskussion verfolgt um jetzt vorzuschlagen die Segel endlich für den Tag zu streichen. Recht hat er, gehen wir.

Lightshow

Trotzdem ich gerade allein auf mein Zimmer gestolpert bin, ist mir nach Herumalbern und ich komme auf blöde Ideen. Betrunken nehme ich meinen für Präsentationen vorgesehenen Laserpointer, setze mich ans Fenster zur Straße – irgendeinen Vorteil muss das ja haben – und male mit meinem Laserpointer kleine Punkte und Kreise vor die Füße zum Teil sicher nicht minder angetrunkener Passanten. Dazu muss ich anmerken, dass mein Pointer kein gewöhnlicher Laserpointer aus dem Laden mit GS-geprüfter Sicherheit und Garantie ist. Nein, diesen hier habe ich im Bahnhofsviertel, zur Mittagszeit wohl gemerkt, von einem Mann mit einem Bauchladen gekauft. Der hier ist um einiges stärker in Reichweite und Leuchtkraft. Genauer gesagt habe ich drei gekauft, weil das ja auch ein nettes Geschenk ist. Er hat mir dann gleich geschäftstüchtig einen Sonderpreis für die Abnahme von zehn Stück geboten. Und ich habe das tatsächlich einen Moment lang erwogen – wie viele Leute würden sich über sowas freuen oder könnte ich vielleicht einen kleinen Wiederverkaufsreibach damit machen? Beide Überlegungen führten zu keinem Ergebnis, da ich weder für die Erblindung von Freunden oder Bekannten verantwortlich sein wollte und mir auch kein Image als Schacherer von halb legalen Waren aufbauen wollte. Also drei gekauft, zwei verschenkt, blieb einer für mich. Und so mache ich mir jetzt ein diebisches Späßchen mit fremden Leuten. Einer schaut sofort nach oben in Richtung meines Fensters. Ups, der ist wohl doch nüchtern. Das Licht im Zimmer ist natürlich ausgeschaltet, ich mache das ja nicht zum erstem Mal. Trotzdem weiche ich dann ganz schnell zurück und genieße das bisschen billigen, aber echten Nervenkitzel am Ende dieses durchwachsenen Tages. Er geht weiter, ich auch bald. Nach zwanzig Minuten und einem Pils aus der Minibar habe ich genug von dem lausigen Spektakel, fülle fleißig den Zettel für das Frühstück aufs Zimmer mit allerlei überflüssigen Kreuzchen aus, hänge ihn von außen an die Tür, pinkle volltrunken in das Waschbecken, das schöne aus Marmor, und rette mich ins Bett. Da liege ich nun, jetzt kann ich mich nicht mehr länger ablenken und stelle mir die Frage nach dem Preis zum letzten Mal für diesen Tag. Nein. Wert sein kann es das nicht! Was tue ich hier eigentlich? Ich schlucke und mein Brustkorb verkrampft sich kurz, wie damals als Kind, wenn ich kurz davor war, zu weinen. Aber nichts liegt mir jetzt ferner als in Tränen auszubrechen. Die Dämme halten, alles unter Kontrolle. Ich schlafe jetzt besser. Schlafen ist gut. Schlafen. Nichts wie weg von hier.

Freitag

Space Frühstück

Mitten in der Nacht öffne ich die Augen und bin hell wach. Einfach so. Wie sinnlos. Die Klimaanlage summt fern durch die Wände und bläst trockene kalte Luft in mein Zimmer. Schön wäre es, wenn es an der Klimaanlage läge, dass ich einen so trockenen Mund habe. Aber das ist doch nur der Alkohol. Mein Blutdruck hat jetzt definitiv sein Wochenhoch erreicht. Und da ich nun sowieso wach bin und Stille gerade jetzt überhaupt nicht ertragen kann, schalte ich den Fernseher an. Oh gelobt sei er, mein Tempel der passiven Unterhaltung, verkürze er mir doch die Zeit, bis ich hoffentlich wieder müde werde. Die Ziffern, die mir unter dem Bildschirm rot entgegen glühen sagen mir, dass das besser bald geschieht – 2 Uhr 56, also habe ich die Nacht weder vor mir, noch genug davon hinter mir, als dass sich das Aufstehen schon lohnen würde. Ich befinde mich demnach in dem tageszeitlichen Sperrstreifen, den man besser mit geschlossenen Augen durchquert. Auf Bayern 3 läuft die Space Night. Das ist gut so, denn sonst laufen Lagerfeuer, Zug- und Autofahrten durch angeblich besonders malerische Gegenden Deutschlands oder Softpornos oder Wiederholungen von Nachmittagstalkshows oder Werbung für Produkte, mit denen deren Urheber doch erschlagen werden mögen. Ich bin zwar dankbar für die Ablenkung und das Überlagern der ziellos umher schwirrenden Gedanken in meinem Kopf, aber wenn ich so etwas sehe, vermisse ich den Sendeschluss. Das war doch etwas sehr Reales, etwas Handfestes: Die Nationalhymne und dann nur noch das Testbild. Irgendwann nach Mitternacht war Schluss und nichts weiter zu tun, keine Unterhaltung bot sich um diese Zeit mehr an. Ach du meine Güte, jetzt denke ich schon an die guten alten Zeiten. Ich schaue mir aus Neugierde immer mal wieder ein paar Minuten Dailyrealitypersonalityzurschaustellung an, um dann doch wieder entsetzt umzuschalten, sobald der Vera-Normalgast in diesen Asozialen-Seelen-Stripshows seine leidige Situation oder seine unsäglichen Ansichten kundtut. Da wird mir immer Angst und Bange und mich beschleicht die wiederkehrende Frage, wie es nur passiert sein kann, dass diese Leute wählen dürfen, was ja wiederum so einiges in diesem Land erklärt. Die hässliche, dumme

– und je dümmer sie ist, desto lautere – Seite der Demokratie ergießt sich über den Äther und liebt es. Also lieber wieder Space Night. Diese endlosen Erdüberflüge, untermalt von sphärischer Musik, geben mir die Möglichkeit wieder etwas abzuschalten. So sieht der Sudan also von oben und auf dem Kopf stehend aus. Was die Menschen dort wohl so den ganzen Tag treiben? Die haben wirkliche Sorgen und Schlaflosigkeit nach einem bierseligen Abend mit Kumpanen steht da sicher nicht an erster Stelle.

Fieps Fieps. Fieps Fieps. Fieps Fieps. Oh hallo Wecker. Was zum Teufel? Wie? Ach. Oh nein. Ich bin bei laufendem Fernseher eingeschlafen. Das ist mir schon lange nicht mehr passiert. Ärgerlich. Ich war wohl doch ein wenig müder als ich dachte. Na gut. Noch ein letztes Mal umdrehen und den Wecker auf später stellen fällt heute gleich aus mehreren Gründen flach. Zum einen haben wir für heute Morgen Termine vereinbart – zum Glück nur mit Kollegen und zwar in Anbetracht dieses letzten übrigen Arbeitstages für diese Woche sehr früh am Morgen. Zum anderen wird in 15 Minuten die Dame oder auch der Herr vom Zimmerservice vor der Tür stehen und mir das per Türschild georderte und vermutlich viel zu üppige Frühstück bringen. Hunger habe ich nicht so richtig. Was habe ich denn eigentlich alles bestellt? Wenn ich an die zum Zeitpunkt des Ausfüllens bestehende Kombination aus Pegelstand und Enthusiasmus zurückdenke, bin ich sicher, dass ich so ziemlich von allem etwas geordert habe. Erst mal ins Bad und Zähne putzen. Ich sehe grauenhaft aus und habe verquollene Augen. Zwischen meinen Zähnen finden sich Haselnusssplitter. Da habe ich wohl vor dem wieder Einschlafen was Süßes aus der Minibar gefischt. Klopf, klopf. Dieser Morgen hat sich offenbar fest vorgenommen, mich bei jeder sich bietenden Gelegenheit durch willkürliches Timing aus dem Takt zu bringen. Mein Frühstück klopft an die Tür. In Boxershorts und mit Zahnbürste im Mund trotte ich zur Tür. Passt schon, so komme ich wenigstens nicht in die Verlegenheit etwas zu sagen. Vor der Tür steht ein junges Mädchen, das Zimmermädchen, und hat, wie es scheint, auf ihrem Wagen das Frühstück für die gesamte Etage geladen. Sie nimmt gleich 2 Tabletts auf einmal und blickt suchend im Zimmer umher, wo sie denn das alles nun hinstellen kann. Der Kunde ist König und der König wäre dann wohl ich. Ich hätte ihr wohl genauso gut bedeuten können, mir mein Morgenmahl am Bett zu servieren, aber statt dessen räume ich unter Zahnbürstengemurmele den kleinen Tisch und dann auch noch den Schreibtisch frei. Offensichtlich habe ich sehr viele Kreuzchen gemacht. Sehr sehr sehr viele sogar. Während sie das dritte und letzte Tablett auf den Schreibtisch bugsiert, krame ich aus meiner Hosentasche ein sattes Trinkgeld heraus und gebe es ihr, denn meine augenscheinliche Raffgier ist mir in diesem Moment mehr als peinlich. Die Peinlichkeit wird nur noch von meinem vorsorglich schlechten Gewissen und der Gewissheit übertroffen, dass ich einen Großteil unberührt stehen lassen werde. Noch die Unterschrift leisten und dann bin ich allein mit meinem persönlichen Frühstücksbuffet. Einfach dekadent und dabei so glamourös.

Beim Anziehen fährt mir ein kleiner Schreck durch die Knochen, weil ich mein Hemd nicht auf Anhieb finde. Ich hatte es gestern beim Beziehen des Zimmers herausgelegt, da kann ich lange im Koffer suchen. Hemden vergessen ist an sich nicht das Drama, wenn man es rechtzeitig bemerkt und sich noch eines im Kaufhaus besorgen kann. Das heißt dann aber auch morgens 5 Minuten zum Entnadeln einplanen und den ganzen Tag mit seltsamen Falten und Nadellöchern herumlaufen und diese Zeit hätte ich jetzt beim besten Willen nicht – ganz zu schweigen vom Fabrikneu-Geruch. Aber ich habe an alles gedacht. Auf dem kurzen Fußmarsch zum Kunden werfe ich mir noch ein Kaugummi ein. Ich stinke sicher so verranzt, wie ich mich fühle. Toller Start!

Setup

Der Projektraum ist bereits zur Hälfte besetzt – wenigstens bin ich nicht der Letzte. Aber so richtig nach produktiver Arbeit sieht das hier noch nicht aus. Vor den Rechnern sitzen jeweils gleich mehrere Kollegen und konferieren, einer hängt am Telefon und diskutiert offenkundig mit einem der Netzwerkadministratoren, weil kaum eines der Laufwerke zu erreichen ist, die von uns gemeinsam mit dem Kunden genutzt werden sollen. Ein Kollege beklagt gar, noch nicht mal einen PC an seinem Platz vorgefunden zu haben. Das ist ihm gestern nicht aufgefallen, weil er nur mit seinem Notebook gearbeitet hat. Und so kommt es, wie es kommen muss: Mein früher Termin fällt flach und wir verbringen den kompletten Tag damit, uns erst einmal handlungsfähig zu machen. Zwar hätte alles vorbereitet sein sollen, aber es kommt eben immer ein wenig anders, als man denkt. Der Einzige, dessen Infrastruktur von Anfang an keiner Nachbesserung bedurfte, ist mein Spezi. Er kommt gerade von seinem ersten Termin zurück, bei dem es um erste konkrete Arbeitsmaßnahmen ging. Und wie befürchtet stellte sich heraus, dass die anfängliche Harmonie und scheinbare Übereinkunft schon der ersten Prüfung nicht standgehalten hat. Zu allem Überfluss scharen sich auf einmal Kollegen seines Kunden-Gegenübers um ihn, die sich anscheinend erhoffen, er könne ihre Anliegen bei der Gelegenheit gleich mitvertreten, was ihnen selbst über lange Zeit nicht gelungen zu sein scheint. Der erste Termin mit meinem eigenen Counterpart sah nicht viel anders aus als bei den anderen Kollegen. Er war aufgrund des Pensums, zu dem er sich verpflichtet hat, etwas arg angespannt und wollte quasi nachverhandeln. Wirklich böse bin ich nicht darum, dass heute kein Meetingmarathon stattfindet; der gestrige Abend setzt mir noch ein wenig zu, oh ja. Wenn ich schon dabei bin, mich hier für die nächste Zeit einzurichten, kann ich mich auch gleich mal schlau machen, welcher Arzt vor Ort zu empfehlen ist. Der wird dann mein Hausarzt pro tempere. Bevor ich, wie beim letzten Mal zu Hause, wieder terminliche Verrenkungen veranstalte, suche ich mir lieber einen ortsansässigen Arzt.

Lounging die Zweite

Obwohl ich heute so richtig früh Schluss machen und viel früher als alle Anderen abreisen werde, macht mich das nicht aufrichtig glücklich. Schließlich habe ich noch das Beurteilungsgespräch in der Niederlassung vor mir. Und so mache ich um Schlag 16 Uhr meinen vorläufigen Feierabend. Andere gehen jetzt ins Wochenende, ich zum Flughafen. Wiederum andere, wie die Belegschaft des Startups, mit der mein Kumpel gerade eine Bauchlandung vollzieht, gehen baden, wie ich gerade telefonisch erfahre. Weil mittlerweile neben dem Telefon- auch der Internetzugang abgeschaltet wurde, habe sich die Belegschaft in der Frühe zusammentelefoniert, um gesammelt schwimmen zu gehen. Und da die anwesenden indischen Mitarbeiter des Schwimmens nicht mächtig waren, wurde die Tradition dieser Kunst zum Projekt des Tages erklärt. Mein Freund mutmaßt allerdings, dass die Greencard-Inder neben einem anständigen Muskelkater auch heftige Magenprobleme aufgrund des in großen Mengen konsumierten Chlorwassers bekommen würden. Das sind doch mal echte Probleme! Beladen mit Koffer und Notebook stehe ich am Empfang und lasse mir ein Taxi kommen. Die Guten-Tag-Damen sind schon auf dem Sprung und ich meine eine Pikkoloflasche hinter dem Tresen erspäht zu haben. Das scheint ein weit verbreitetes Phänomen zu sein, denn wann immer ich freitags in der Niederlassung bin – und das ist so ziemlich der einzige Wochentag, an dem ich die Niederlassung überhaupt betrete, falls ich nicht gerade mein Auto dort abholen muss – werden ab 16 Uhr im Sekretariat die ersten Flaschen geköpft. Alleine würde sich keine der Damen das Etablieren dieses Brauchs trauen, aber sie sind ja zu zweit. Die anderen Damen der Etage stellen dann ihre Telefone auf die gastgebenden Mädels um und tun ihr Bestes, um mitzuhalten. Wenn ich es recht überlege, habe ich die Damen noch nie wirklich nüchtern gesehen. Aber bei der Dame hier ist es doch nur eine Wasserflasche – hätte mich auch gewundert, wenn man das hier im Empfangsbereich durchgehen lassen würde. Da rollt auch schon das Taxi heran. Ich verabschiede mich und eile nach draußen. Eine Fuhre zum Flughafen findet der Fahrer gut; mit Aufträgen wie diesem beglücke ich verlässlich ihn und seine Kollegen in der ganzen Republik. Er redet in einem solchen Dialekt auf mich ein, dass ich mich frage, ob ich mich in den nächsten Monaten daran gewöhnen werde. Werde ich schon, wie immer. Wahrscheinlich fange ich bald selbst an, ein paar der lokal kolorierten Aussprüche zu verwenden. So etwas konnte ich noch nie verhindern; es ist so etwas wie ein flüchtiges Souvenir. Und wenn es dann soweit ist, werden mich meine Leute zu Hause wieder amüsiert darauf aufmerksam machen. Meine Leute. Ich freue mich auf heute Abend. Wirklich. Das wird schön, endlich wieder ein paar Stunden mit Menschen zu verbringen, denen man nichts vorspielen, nichts beweisen muss. Denen muss ich nicht mit jedem Satz demonstrieren, wie kompetent und zuvorkommend ich bin. Auf der Fahrt zum Flughafen sehe ich die Stadt zum ersten Mal bei Tageslicht. Es ist eigentlich ganz schön hier. Ich bin gespannt, wie es hier im Sommer aussieht. Einige der Jahreszeiten werde ich ja hier erleben. Es geht nur mäßig voran, da wir mitten in den Berufsverkehr geraten sind. Den Fahrer stört es nicht, mich auch nicht. Ich habe es nicht eilig. Schließlich angekommen schulde ich ihm einen ordentlichen Betrag. Ich denke für diese Taxifahrten sollte ich in Zukunft immer einen größeren Geldschein vorrätig halten.

Auf dem Weg zu den Self-Check-In Schaltern halte ich Ausschau nach eventuell in dieser Stadt tätigen Kollegen, ohne Erfolg. Die trifft man dann doch nur unerwartet. Erwartet hingegen habe ich schon fast, dass der Automat nicht funktioniert, sein mechanischer Nachbar allerdings auch nicht. Und so werde ich wohl in der Lounge einchecken. Dort angekommen, muss ich mich gedulden, bis ich dran bin, weil einer der Senator-Klasse-Fraktion einen Tanz aufführt. Die glauben sich alleine aufgrund der Tatsache, dass ihre Firma schon besonders viele Tickets für sie bezahlt hat, Starallüren leisten und ein divenhaft dünnes – an geschniegelte Chihuahuas erinnerndes – Nervenkostüm zur Schau tragen zu müssen. Dies zeigt sich beispielsweise darin, dass mit Wechsel vom Frequent Traveller zum Senator diesen Reisenden plötzlich alle Sitzplätze, die in Reihe 4 oder gar noch dahinter liegen, inakzeptabel erscheinen. Bewundernswerter Gegenpol hierzu ist die nachhaltige Freundlichkeit des Bodenpersonals der Lufthansa, das auch beim zwanzigsten Mal noch geduldig darlegt, dass auch ein Senator eine Maschine, die schon fast auf dem Rollfeld steht, wirklich nicht mehr erwischen kann, auch wenn er drei Minuten vorher noch telefonisch umbuchen konnte. Bei der Deutschen BA hingegen werden offensichtlich nur Mitarbeiter eingestellt, die bei anderen Fluggesellschaften wegen grober Vergehen gegen die Freundlichkeit im Umgang mit der zahlenden Kundschaft entlassen wurden. Eine Kollegin, die an einem späten Freitagabend mit einer Tasche und einem kleinen Gepäcktrolley einchecken wollte, musste nach langer heftiger Diskussion den Trolley aufgeben, da er mit 7,3 kg Gewicht ganze 1,3 kg über der zulässigen Grenze für Handgepäck von 6 kg lag. Auch der Hinweis, dass die Beraterin selbst mit ca. 55 kg deutlich weniger wiege als ihr Kollege mit 80 kg, der ebenfalls gerade eingecheckt hatte, führte nicht zum gewünschten Erfolg; der Trolley war der Dame am Schalter zu schwer. Die noch vorgebrachte Bitte, das Gepäck trotzdem mit an Bord nehmen zu dürfen, um das lange Warten am Gepäckband in München umgehen zu können, wurde zügig mit der Antwort beschieden, dass in München die Gepäckausgabe immer schnell abliefe und man dort nie wirklich warten müsse. Am Gate angelangt wurde uns dann lapidar mitgeteilt, dass der Flug ausgebucht und deshalb generell nur ein Handgepäckstück erlaubt sei, was offensichtlich der tatsächliche Grund für das rigide Regime war. Am Zielflughafen drehte das Gepäckkarussell dann erst einmal eine Viertelstunde lang genüsslich seine Runden, bevor es sich bequemte gelangweilt von unserem Gepäck abzulassen.

Noch bevor ich es mir mit meiner frisch gegriffenen Wirtschaftszeitung bequem machen kann, klingelt das Handy. Und als hätte ich es geahnt, ist es mein Partner, um mir kurzatmig mitzuteilen, dass etwas Unerwartetes dazwischengekommen ist und wir das Beurteilungsgespräch verschieben müssen. Fantastisch. Nein wirklich, ich freue mich sogar darüber. Früh aus dem Büro herausgekommen und das mühsame Gespräch habe ich mir für heute auch erspart. Perfekt. Dann kann ich mich sogar daheim noch ein wenig entspannen, bevor wir heute Abend losziehen, anstelle des oft erprobten fliegenden Wechsels. Herrlich, mein Wochenende beginnt genau hier und jetzt! Derart aufgepeitscht schreite ich zur Bar und hole mir ein feierliches Feierabendpils. Das letzte von gestern Abend ist zwar noch nicht ganz raus aus dem Blutkreislauf, aber Wochenende ist Wochenende. Und später gehen wir ohnehin in unser Stammlokal, wo dann gut getrunken und gegessen wird. Außerdem teilte mir mein Partner am Telefon gerade noch mit, dass mein Duz-Kundenkollege vom Dienstag in der folgenden Woche in einer unserer Niederlassungen ein Bewerbungsgespräch hat. Gut so. Ich würde mich wirklich sehr freuen, wenn es klappt. Im jetzigen Stadium des Recruitings wird ihm ganz sicher noch der Himmel auf Erden versprochen, also, dass er nur auf Projekte geschickt werden wird, die seinen Qualifikationen entsprechen und womöglich auch noch in seiner bevorzugten Region; dass ich nicht lache. Jetzt erst mal Prost – Prost. Während das erste, bestimmt aber nicht letzte Bier des Tages so langsam den Beraterbody wieder auf Betriebstemperatur bringt, fängt mein Blick an durch die Lounge zu schweifen und bleibt am Fluginformationsmonitor einen Moment hängen. Jede auf der Anzeige aufgeführte Stadt weckt Erinnerungen an berufsbedingte Einsätze. Schon komisch, wie sich Assoziationen zu diesen teilweise kryptischen dreistelligen Flughafen Codes gesellen. Was hat J in HAJ eigentlich mit dem Flughafen in Hannover zu tun? Andere Städte sind da deutlich besser, leichter identifizierbar: HAM für Hamburg, FRA für

Frankfurt, D für Düsseldorf und auch noch MUC für München. So sind die Codes auch immer auf den netten Reiseplänen der Reisebüros vermerkt. Da wird dann schnell aus einem Hin- und Rückflug von Frankfurt nach München FRA-MUC-FRA.

Zu meiner Freude über meine unerwartete Entlassung ins Wochenende gesellt sich nun aber doch die skeptische Frage, ob ich das hier wirklich schon Freizeit nennen kann. In einer Flughafenlounge, im Anzug, umgeben von zahlreichen Anzug oder Kostüm tragenden Geschäftsreisenden. Im einzigen Fernseher flimmert ein Nachrichtensender, nichts um einen unentschlossenen, aber nichtsdestotrotz aufgeputschten Geist auf die bevorstehenden Abendfreuden einzustimmen. Sicher würden manche der Anwesenden lieber eine der etablierten Soaps schauen. Aber eingedenk der zu erwartenden Revolte der Mitreisenden hat, soweit ich mich erinnern kann, niemand versucht eine Soap einzuschalten. Wenigstens die Börsenkurse beschließen die Woche mit einem Gipfelsturm, da müssen auch ein paar von Meinen dabei sein. Na, das ist doch wenigstens etwas. Der erste Schluck Wochenende tut gut. Ich lehne mich zurück und schließe für einen Moment die Augen und stelle mir vor ich würde gleich in Urlaub fliegen. Wäre das schön. Mittlerweile erwäge ich sogar, mal ein paar Tage alleine in den Urlaub zu fliegen, nur um mal ein wenig Zeit für mich zu haben, denn wenn ich zu Hause dieses Bedürfnis auch nur andeute, bekomme ich zu hören, dass ich doch ständig Zeit für mich hätte: im Zug, im Flugzeug, abends im Hotel. Als ob das so besonders viel mit erholsamer Freizeit gemein hätte; etwa genauso viel wie eine zweistündige U-Bahnfahrt mit dem Cola-Fanta-Bier-Mann aus dem Park. Ja, genau. Vor mir liegen noch 30 Minuten Wartezeit, eine Stunde Flug und wieder 30 Minuten Fahrzeit zur Niederlassung, was ich mir auch hätte sparen können. Na ja, Schwamm drüber.

Ausgiebig strecke ich mich. Meine Knochen tun mir von der Lauferei und Schlepperei ein wenig weh. Das scheint mir eine Berufskrankheit von Vielreisern zu sein. Ich sehe an mir herunter, am Beraterkörper. Beraterkörper sind irgendwie alle ähnlich. Haare: Kurz geschnitten und gepflegt, Gesicht: Immer freundliches Lächeln oder sachkundig konzentriert – zumindest beim Kunden, Ohren: Open 24/7, Hals: wird immer vom Schlips in Form gehalten, Arme: Unnatürlich verlängert, eben vom Schleppen, Brust: Schmerzt manchmal – auch von innen, Bauch: Tendenz – wachsend, Hintern: Tendenz – expansiv, ******: tropft mittlerweile schon mal nach, Beine: Modell speckiger Marathonläufer, Füße: breit und duftig. Ich schaue in die Runde und sehe lauter abgekämpfte Gesichter, von denen sich harte Arbeitswochen ablesen lassen. Alle wollen nur noch nach Hause. Unter ihnen sind auch so einige, die ihr Alkoholproblem nicht verhehlen und ungeniert einen Drink nach dem anderen herunter kippen, ohne ihn zu genießen. Hatten die eine schlechte Woche oder ist das schon die Regel geworden. Womöglich beides? Ich weiß es nicht und werde es bei meinen Vermutungen belassen. Die einzige Frau in der Lounge setzt sich natürlich genau gegenüber von mir. Sie lächelt freundlich und fängt an, mit wichtiger Mine an ihrem Notebook zu arbeiten. Frauen in Lounges haben immer die gleichen Kostüme an. So scheint es mir zumindest. Wobei Männer ja auch immer dunkle Anzüge tragen. Arbeitet sie wirklich oder sind das vielleicht ein bisschen viele Mausklicks? Könnte es sein, dass sie, hinter dem Display verschanzt, ihrem Spieltrieb freien Lauf lässt? Sie würde es aber bestimmt nicht zugeben, wenn es so wäre. So lausche ich, mittlerweile etwas beunruhigt durch die neuerlich angekündigte Verspätung, dem regelmäßigen Klicken ihrer Maus. Ich widme mich meinem Wirtschaftsmagazin. Konzentrieren kann ich mich allerdings nicht, so sehr ich es auch versuche. Ich freue mich so sehr auf später. Darum überfliege ich das Magazin und markiere mir mit kleinen Rissen die Artikel, die ich lesen möchte, wenn ich mehr Ruhe dazu habe – ein frommer Plan. Nicht wenige der Exemplare wandern so präpariert ungelesen in den Altpapiercontainer. Die Runde für heute Abend sehe ich schon vor mir. Es sind sogar ein paar Leute dabei, die ich eine ganze Weile nicht gesehen habe, weil sie in andere Städte gezogen sind und erst vor Kurzem zurückkehrten. Die kurzen Bungee-Nabelschnüre zur Heimat eben. Mitten in meine Vorfreude quäkt der Lautsprecher der Lounge. Ein Blick auf die Uhr bedeutet mir, mich fertig zu machen, da das jetzt der Aufruf meines Fluges sein muss. Gerade habe ich meine Siebensachen in Händen, da hallt das hässliche Wort ‚Verspätung' durch den Raum. Eine halbe Stunde Verspätung. Fantastisch. Hat sich was mit gemütlichem Fertigmachen. Ich schalte das Telefon wieder ein, das ich nach dem entwarnenden Anruf meines Partners abgestellt hatte und informiere meine Freundin, die ich ja eigentlich uninformiert überraschen wollte. Sie tröstet mich damit, dass ja nun schon fast Wochenende und somit Zeit zum Entspannen ist. Danke, hätte ich fast vergessen. Sie fährt dann schon mal vor. Ich sei ja sowieso mit dem Auto unterwegs, so dass es kein Problem sein sollte nachzukommen. Dass sie nicht mehr jedes Mal auf mich warten und auch schon mal etwas auf eigene Faust unternehmen soll, hat sie sich wirklich zu Herzen genommen. Besser, sie fängt ohne mich an zu feiern, als dass sie sauer wegen meiner Verspätung ist, und ich ein entsprechend schlechtes Gewissen haben muss. Da nun alle einen Vorsprung haben werden, wenn ich eintreffe, entschließe ich mich meinerseits für Ausgleich zu sorgen, und so ist das zweite Bier schon fast geleert, als ich mich wieder in meinen Ledersessel fallen lasse. Jetzt geben wir aber richtig Gas, was? Apropos: Was mache ich denn jetzt eigentlich mit meinem Auto? Na, eins geht noch. Eins ist keins und dreimal eins genauso. In diesem Moment lächelt mich die Dame, die die gelesenen Tageszeitungen von den Sitzmöbeln einsammelt, freundlich an. Was sie wohl von mir denkt? Wieder so ein arroganter junger Schnösel im Anzug? Ein Jungsäufer? Dass ich hier trinke, um Geld zu sparen? Ich würde sie gerne fragen und mich erklären, aber das wäre nun wirklich zu viel des Guten. Und tun würde ich das bloß für mich selbst; als ob es sie interessiert, warum ich trinke. Wie komme ich überhaupt darauf? Werde ich sentimental oder wieso löst sich in diesem Moment die Distanz zu dieser sicher netten Frau, die ich in meinem Leben wohl nicht wieder sehen werde? Höchste Zeit diesen Flug hinter mich zu bringen und endlich meine Freunde zu sehen.

Umgebucht. Umgebucht!

Jetzt müsste es aber bald soweit sein, wir sind schon 3 Minuten über der angekündigten Zeit. Aufs Stichwort erklingt eine sachlich weibliche Stimme aus dem Lautsprecher, um die nagende Ungewissheit zu beenden. Vielen Dank. Die Flugnummer ist meine. Bingo. Und? Der Flug wurde gestrichen und die Passagiere auf eine Maschine 3 Stunden später umgebucht. Ende der Durchsage. Ende der Vorfreude. Mir wird heiß vor Wut und Hilflosigkeit. Ich schließe die Augen und vor dem schwarzen Himmel hinter meinen Lidern erscheint ein gleißendes Feuerwerk zorniger Explosionen. Das darf einfach nicht wahr sein. Wieso,

wieso heute, damit ist alles hin. Weil irgendjemand seinen Job nicht richtig gemacht hat, bin ich jetzt mit all diesen Menschen, die mir nichts bedeuten, hier gestrandet. Ich hatte einen Vorsprung, es hätte alles super laufen können, und statt dessen endet es hier. Ich hätte sicher nicht die Kraft all die zu vermöbeln, die für das soeben annoncierte Versagen verantwortlich sind. Wenn ich, um hier doch noch fort zu kommen, einen meiner Mitreisenden opfern müsste, ich würde es tun. Von wegen das Glas ist halbvoll, Bullshit. Das ganze Positiv-Gelaber der Woche fällt von mir ab und ich bin nur noch sauer. Mein Kiefer verspannt sich und ich bemerke, dass ich ihn unbewusst etwas nach vorn geschoben habe. Ich kann quasi fühlen wie die Haare auf meinen Armen dick und schwarz wachsen; jetzt fehlt nur noch, dass mir eine Keule aus der rechten Hand wächst. Es ist halbleer, das verdammte Glas. Und gleich ist es ganz leer, dazu muss es nicht einmal mehr schlimmer werden. Ich werde das Auto in der Niederlassung stehen lassen, um mich mit Sack und Pack und im Anzug in unser Bistro zu begeben. Im Anzug sieht man ja betrunken immer noch besser aus als in zivil. Noch mal Prost. Jetzt ist mir erst einmal alles egal. Vielen der anderen Mitreisenden geht es offensichtlich ähnlich, denn die Mannschaft hinter der Bar sieht sich von einem Moment zum nächsten von durstiger und zu allem entschlossener Kundschaft umzingelt, die es sich offenbar vorgenommen hat, selbige sturmreif zu trinken. Ich bin die Sturmspitze und ziehe mich, mit einer doppelten Ration Bier besänftigt, wieder auf den Sessel zurück, der für die nächsten 180 Minuten mein Zuhause sein wird. Ich versuche meine Freundin anzurufen, aber sie ist offenbar schon unterwegs und hat das Handy zu Hause vergessen. Der Einzige, dessen Nummer ich dabei habe, hat seine Mailbox angestellt. Erneut der Technik ausgeliefert gebe ich der dann zu Protokoll, dass ich mich deutlich verspäten werde und man möge doch bitte meiner Freundin Bescheid geben. Die Antwort wird mir auf meine Mailbox gesprochen, als ich gerade mein viertes Bier an der Bar hole und das Handy nur still in der Obhut meines treuen Freundes, dem Sessel, genauer in der zurückgelassenen Anzugjacke vibriert. Laute Musik und Lachen im Hintergrund. Ich erfahre, dass man sich prächtig amüsiere und ich doch bald dazu kommen solle. Man wolle anschließend vielleicht noch in den und den Laden gehen. Meinetwegen, ich bin dabei, wenn auch nur im Geiste. Ich komm' mir vor wie Yoda beim Barbecue auf Endor.

Ein paar der Mitgestrandeten fangen Gespräche an. Ich lasse meiner grimmigen Laune in meinem Gesichtsausdruck freien Lauf und kann mir so sicher sein, dass ausgerechnet mich niemand freiwillig ansprechen wird. Ich will das alles nicht mehr. Karriere, hör mal zu: Ich würde jetzt doch gerne was ganz anderes machen und jetzt auch bitte ganz woanders sein. Und wenn ich jetzt sage, meine ich jetzt. Also? Na gut, dann jemand anderes. Wo bleiben eigentlich diese Headhunter, wenn man mal einen von denen braucht? Wieso ruft jetzt keiner von denen an und malt mir in den schillerndsten Farben aus, dass er den Job überhaupt für mich gefunden hat? Stattdessen rufen die in der Regel nur an, um mir Jobs anzubieten, die exakt dem entsprechen, was ich momentan mache, aber nie ist etwas dabei, was ich gerne machen würde. Sich die Präferenzen zu merken, die sie bei jedem ihrer ungebetenen Anrufe abfragen, sprengt dann doch den windschnittigen Horizont dieser Zunft. Sooft ich auch schon detailliert geschildert habe, wie ich mir den gewünschten Job vorstelle, sooft bekam ich dann doch den denselben angeboten, den ich gerade ausübe, nur eben bei einer anderen Firma. Zwecklos. Berater sind für Headhunter verglichen mit Firmenlenkern nur Massenware. Andererseits sollte ich mich um mein Fortkommen nun wirklich selber kümmern können. Na ja. Andere machen sich ihren Job ja auch bequem, so dass sie sich dort recht geborgen fühlen können. Das sollte ich vielleicht einfach auch mal versuchen. Wie die Kollegen, die es schaffen pünktlich jeden Freitag spätestens zur Mittagszeit in der Niederlassung zu sein. Das sind dann auch dieselben, die immer wenn es darum geht, irgendwelche Gimmicks abzustauben, als erste zuschlagen und dann auf einmal mit dem Gesamtsortiment, den T-Shirts, Schreibetuis oder Visitenkarten mit Firmenlogo aufwarten. Die haben sie dann dank ihrer Anwesenheit zum besten Zeitpunkt abgreifen können. Sind das dann nicht die schlausten Bauern mit den dicksten und auch noch meisten Kartoffeln?

Die Geißel

Wie kommen die nur auf ihre Mindeststundenzahlen? Oh nein. Das ist jetzt genau das Stichwort, das ich gar nicht gebrauchen kann. Wieder wird mir warm. Und das liegt jetzt gerade mal nicht am Alkohol. Mir fällt nur gerade ein, dass ich meine Stundenerfassung für diese Woche noch nicht gemacht habe – wenn es eine heilige Pflicht in diesem Beruf gibt, dann diese! Ich muss meinem Arbeitgeber die Grundlage liefern, satte Rechnungen zu schreiben. Das fehlte mir noch. Ich brauche sonst schon alle Sinne in Top-Zustand, um das Gewirr aus Arbeits-, Reise- und anderweitig klassifizierbarer Zeit plausibel aufzubereiten. In meinem jetzigen Zustand wird das zum mentalen Kraftakt. Wenigstens war diese Woche recht klar gegliedert. Als das noch monatlich gemacht wurde, kam ich regelmäßig so richtig ins Schwitzen, weil die Rekonstruktion anhand meiner manchmal wirren Aufzeichnungen noch schwieriger war. Also gut. An sich müsste ich die Stunden online erfassen, aber einmal kann das Sekretariat auch etwas für mich tun. Die haben sonst schon keinerlei Arbeit mit mir, weil ich alles selbst organisiere. Also notiere ich meine Zeiten nur kurz auf einem Zettel und rufe im Sekretariat an, um die Zahlen durchzugeben. Tuut.

- Hallooo.

Ja, dachte ich mir. Es ist tatsächlich wieder Prosecco-Zeit und das nicht zu knapp. Auch gut, so merkt wenigstens mein telefonisches Gegenüber nicht, dass ich selber auch schon einen im Tee habe. Ich gebe meine Stunden durch, das heißt ich versuche mich mitsamt meinen Informationen gegen das Gegacker im Hintergrund durchzusetzen. Dass ich dabei mitten in der Lounge die Namen der Kunden laut aufsage, wie bei einer Lesung des Who-Is-Who der deutschen Marktwirtschaft, stört mich dann trotz meines fortgeschrittenen Stadiums doch ein wenig; das macht man eigentlich nicht und diese Diskretion wurde uns von Anfang an eingebläut. In Situationen wie diesen weiß ich dann auch warum: Wie sieht denn das aus? Als wir dann mit den Stunden durch sind, erfahre ich noch, dass ich zum wiederholten Male Tutor geworden bin. Gratuliere, Zigarre gefällig? Nach weiteren fünf endlosen Minuten haben wir alle Übertragungsverluste ausgemerzt und wir beenden das Gespräch. Und als ob das noch nicht genug gewesen wäre, fällt mir beim Anblick der ausgemergelten Akkustandsanzeige des Telefons ein, dass ich das Ladegerät im Hotelzimmer vergessen habe. Nächster Anruf: Hotel. Ich bin schon so genervt, dass ich mich von einer Auskunft zum Hotel verbinden lasse, statt die Nummer herauszusuchen. Das Ladegerät könne man mir nachsenden, bietet die Dame vom Empfang an. Danke, aber legen sie es bitte einfach beiseite. Ich bin spätestens nächste Woche wieder bei Ihnen im Hause. Danke. Ja, tschüss. Vergessen habe ich es, weil es an der Steckdose hinter dem Vorhang eingesteckt war. Wenn ich genauer darüber nachdenke, hätte ich es auch dort lassen können, denn selbst wenn das Zimmer über das Wochenende vergeben ist, wird wohl kaum jemand bei seinem privaten Trip sein Handy aufladen müssen. Das bleibt doch entweder zu Hause, oder wird gleich geladen mitgenommen. Oder auch nicht. Ist mir jetzt gerade mal egal. Obwohl – so ein ausschließlich privates Handy ist sicher etwas Feines. Da kann man fast immer ohne Bedenken rangehen. Man muss nicht bei bestimmten Vorwahlen zusammenzucken, weil man weiß, dass es der Kunde ist, bei dem man vielleicht eine 80%ige Wackellösung zurückgelassen hat, um sie in der Folgewoche oder auch gar nicht zu einer soliden und guten zu machen. Ich muss mir unbedingt eine dieser SIM-Karten besorgen, mit der man verschiedene Nummern betreiben kann.

Heulen könnte ich, so alleine und elend fühle ich mich. Aber das habe ich mir schon lange selbst verboten. Ich gebe mir den Alkohol so ordentlich, dass ich den Aufruf zum Boarden nur noch teilnahmslos registriere. Trotz aller Regelungen, wie dem Einsteigen nach Zonen, oder dem frühzeitigen Boarden, gibt es auch heute wieder Durcheinander. Und wieder sind die vielfliegenden Kollegen die Wurzel des Übels. Wenn sich der Einsteigebeginn nähert, werden sie unruhig. Dennoch bleiben sie zunächst prinzipiell sitzen, denn durch ein sofortiges Aufstehen und Anstellen würde man sich dem Verdacht aussetzen, ein ungeübter Seltenflieger zu sein. Die dadurch in Kauf genommenen Nachteile werden beim anschließenden Schlangestehen durch ‚dynamisches Boarding', sprich: plumpes Vordrängeln, wieder wettgemacht. Und obwohl nun wirklich jeder einen festen Sitzplatz zugewiesen bekommen hat, stürmen gerade die grauen Adler in den dunklen Anzügen so schnell und so weit wie nur irgend möglich vor, um als erste an Bord sein zu können. Vermutlich auch vor allem deshalb, weil sie noch ihre durchgeschmuggelten Trolleys in den Gepäckfächern nahe des eigenen Sitzplatzes unterbringen wollen. Zugegebenermaßen gibt es nichts Dümmeres, als gerade in einem ausgebuchten Flug sein Gepäck in einem Fach deutlich hinter der eigenen Sitzreihe verstauen zu müssen, da die Woge der ausströmenden, genervten Passagiermasse einen immer wieder in die Reihe zurückdrängt und man letztlich warten muss, bis auch wirklich der allerletzte Passagier das Flugzeug verlassen hat, bevor man an seinen Koffer gelangt. Das andere Extrem des gelassenen Mitreisenden ist auch nicht viel besser, nämlich dann, wenn man einen Fensterplatz erwischt hat und schnell aus dem Flieger möchte, um rechtzeitig zum Termin mit dem Vorstand zu kommen. In einem solchen Fall ist nichts schlimmer als der freundliche Herr, der am Gang sitzt und einem gelassen

- No, die lass'ma erst alle aussteig'n, dann hamma mehr Platz

in die für derart fehlplatzierte Gemütlichkeit tauben Ohren volkstümelt. Insbesondere dann, wenn die eigenen Vorgesetzten in Reihe 3 gesessen hatten und schon ungeduldig am Gate warten. Resignierendes Hinundherblicken zwischen diesen beiden Spektrumspolen mehr oder weniger menschlichen Verhaltens bedeuten für mich in diesem Moment 90 Grad zwischen verächtlichem Hass und demütigendem Scham.

Nicht einmal der Start macht mir heute die übliche Freude. Endlich angekommen finde ich im Bistro, meist Ausgangsbasis für Züge durch die Gemeinde mit meinen Freunden, niemanden mehr vor. Hätte ich mal meine Mailbox abgefragt, dann hätte ich erfahren, dass man sich doch noch umentschieden hat, ich sei ja wohl noch im Flieger. Eine improvisiert gegrölte Reinhard May-Imitation im Hintergrund verrät mir, dass es auch dort sehr heftig zugegangen ist. Über den Wolken. Ich habe den Kanal in jeder Hinsicht voll und rufe mir das letzte Taxi für heute und fahre nach Hause. Morgen werde ich sicher erfahren, dass man noch die neu eröffnete Diskothek aufgesucht hat und einen Riesenspaß hatte. Wortlos bezahle ich den Taxifahrer und hoffe insgeheim, dass meine Freundin schon zu Hause ist; ist sie nicht. Ich mache mir noch eine Brausetablette Aspirin fertig und trinke dazu beinahe einen ganzen Liter Wasser. Gelernt ist gelernt. Ich schlafe sehr, sehr schnell ein.

Samstag

Der frühe Vogel

Gerädert und desorientiert wache ich auf. Nun sollte man eigentlich meinen, dass ich aufgrund der allgegenwärtigen Anhaltspunkte in meinen eigenen vier Wänden – vor allem durch die Gegenwart meiner Süßen – beruhigt durchatmen und zurück in mein flauschiges Kopfkissen sinken kann. Dieser eigentlich solide Heimvorteil aber wird durch den allzu regelmäßigen ausschweifenden Freitagabend wieder wettgemacht, und so muss ich mir erst mal – wie an jedem Morgen, in letzter Zeit – ins Bewusstsein rufen, wo ich bin. Ein kiloschwerer Stein fällt mir vom Herzen, als ich realisiere, dass heute Samstag ist und keine Arbeit auf mich wartet. Also keine Arbeit im herkömmlichen Sinne. 7 Uhr 30 verrät mir der Wecker. Schielend, mit einem Pelz auf der Zunge und einer kaugummiartig zerkauten Masse unter der Schädeldecke raffe ich mich auf. Selber schuld. Der Magen kämpft offenbar schon länger gegen einen gewissen Überdruck an und Galle brennt sich den Weg die Speiseröhre hinauf zur Sonne. Meine Süße schläft noch tief und fest, es war wohl spät gestern. Aber ich erinnere mich weder daran, wie ich ins Bett gekommen bin, noch daran wann sie nach Hause kam. Es ist so schön neben ihr aufzuwachen. Das würde ich gerne jeden Morgen haben. Sie riecht so gut. Mir wird klar wie sehr ich noch verliebt in sie bin. Später wird sie sich wieder über die kleinen Feuchtbiotope lustig machen, die ich mit halb geöffnetem Mund auf Kopfkissen und Bettlaken geschaffen habe. Ich mache mich auf den Weg zur Küche und bekomme im langen geraden Flur dorthin das Ausmaß meines gestrigen Exzesses zu spüren. Bis zum sicheren Zieleinlauf teste ich mit meinen sensiblen Schultern die Rauhfasrigkeit des Wandbelags auf Abrieb. Alles noch gut. Mit geübten Handgriffen wird Kaffee aufgesetzt – gleich mal sechs Tassen. Sachte Geräusche dringen aus dem Schlafzimmer. Auf dem Weg in die Küche war ich wohl lauter als ich dachte. In ihrem Seidenpyjama steht sie mit verstruppeltem Haar in der Tür.

- Kaffee?

Das ist das erste Wort, das sie herausbringt. Recht hat sie. Guten Morgen, schöne Frau. Obwohl es noch so früh am Morgen ist, sind wir gut gelaunt und machen nach den ersten zwei Tassen ein Katerfrühstück. Rühreier mit Speck, vier für mich, zwei für sie. Der Verlauf des gestrigen Abends ist keiner Erwähnung wert. Zu oft ist uns so etwas schon passiert. Wir beschließen kurzer Hand unsere Erledigungen direkt nach dem Frühstück anzugehen, damit wir vielleicht am Nachmittag etwas Zeit für uns haben. Eine gute Idee.

Also starten wir durch. Nach dem Duschen kommt schon die erste Hürde des Tages. Was ziehe ich denn an? Unter der Woche ist das ja kein Problem, aber ich werde den Teufel tun und am Wochenende auch noch einen Anzug tragen. Und sollte es doch einmal soweit sein, hoffe ich, dass jemand so nett sein wird, meine offensichtlich hoffnungslose Verirrung durch Einbringen eines Begrenzungspfahls in meinen Schädel zu beenden. Mein bescheidener Fundus an Freizeitklamotten scheint mir von Mal zu Mal mehr out of date. Mein Anspruch an Privatkleidung ist leider so in den Hintergrund getreten, dass es schon eine Weile her ist seit meinem letzten Kaufrausch. Einem Kaufrausch ähnelt mein Einkaufen deshalb, weil ich, wenn ich einmal Klamotten einkaufe – das ist etwa ein Mal pro Jahr – dann kaufe ich konsequenterweise auch gleich für ein Jahr ein. Meine Süße staunt in diesen Momenten nicht schlecht, wenn 4-stellige Beträge an einem Vormittag über den Tisch gehen. Dabei bin ich leider nicht mehr so stilsicher, wie ich es gerne sein würde. Mein Bezug zu modischer Freizeitkleidung hat in den letzten Jahren sehr gelitten. Wann immer mir etwas gefällt, was ich im Fernsehen oder an anderen sehe, ist es schon wieder überholt, bis ich dazu komme mir etwas Ähnliches zu kaufen. Oft bekommt man diese Sachen schon gar nicht mehr, dann komme ich mir besonders blöd vor, wenn ich im Laden danach frage. Und wenn ich jetzt so in meinen Kleiderschrank blicke, wird mir klar, dass ich bald wieder einkaufen sollte. Aber nicht heute, denn wenn wir schon so früh loskommen, dann möchte ich den Samstag nicht mit Klamotten kaufen verbringen. Also das Übliche: 501 und ein Hemd, an die Füße kommen die Timberlands. Die Bomberjacke, die auch im Schrank hängt, wartet schon seit Langem auf ihren nächsten Einsatz. Wenn meine Süße nicht den Aufstand proben würde, sobald ich sie herauskrame, würde ich spätestens vor dem Spiegel feststellen, dass ich zu alt für so was geworden bin. Die Jacke mit dem fetten Logo meines Arbeitgebers werde ich sicher auch nicht tragen, obwohl es die Einzige ist, die witterungsgerecht wäre. Die Zeiten, als ich sie mit stolz geschwellter Brust getragen habe, sind mittlerweile vorbei. Als ich schließlich angezogen bin und an mir herabsehe, fällt mir auf, dass ich nur noch Markensachen kaufe. Das ist doch wenigstens eine Art der Orientierung beim Einkaufen. Überhaupt kaufe ich nur noch Sachen, auf denen eine mir sympathische Marke prangt. Der perfekt konditionierte Konsumsklave. Und wenn dann auch noch ein Gimmick an dem Artikel dranhängt, bin ich verloren und nehme den Preis nur noch am Rande wahr.

Bevor wir das Haus verlassen schaue ich noch in der Küche nach, ob der Müll so voll ist, dass er heruntergebracht werden sollte. Auf die Erfüllung der wenigen Pflichten, die ich im Haushalt noch habe, wird sorgsam geachtet. Natürlich ist er randvoll und muss raus. Sie lässt gerne mal etwas übrig, damit ich am Wochenende auch mal etwas tue. Post ist keine für mich gekommen. Genau gesagt kam da einiges, aber nur von Hotels und Autovermietungen, Kreditkartenfirmen und von der Bank. Die schreiben mir alle fleißig. Das waren leider auch die Einzigen, die an meinen Geburtstag gedacht haben, ganz im Gegensatz zu meinen Freunden. Danke Freunde! Die Auswahl der einzukaufenden Lebensmittel muss ich meiner Süßen überlassen, weil ich nun wirklich der Letzte bin, der den Überblick darüber hat, was noch vorrätig ist und was nicht. Dabei greifen wir gerne und reichlich zu Markenprodukten, denn für das sinnvolle aber ebenso leidige Preisvergleichen habe ich nun wirklich keine Lust mir die Zeit zu nehmen. Paradox dabei: Jedes Wochenende bin ich zugegen, wie wir reichlich einkaufen. Zu sehen oder zu essen bekomme ich davon aber allenfalls einen Toast oder was es sonst am Wochenende so zum Frühstück gibt. Und das auch nur dann, wenn wir nicht außerhalb frühstücken, aber das ist schon okay. Das Einzige, was mir hier im Supermarkt wirklich wichtig ist, ist dass ich mal eine Zeitung mit Lokalteil in die Finger bekomme, um meinen Draht zur Heimat nicht gänzlich zu verlieren. Gut, nächste Station: die Reinigung. Einen Parkschein löse ich nicht. Erstens ist mir die Rennerei zwischen Automat und Auto zu viel und zweitens rechnet sich ein Parkschein bei mir nie. Die Tickets, die ich ab und zu bekomme, kosten mich immer noch nur einen Bruchteil der Parkscheine, die ich ansonsten jedes Mal hätte lösen müssen. Zusammen mit den Anzügen bringe ich auch meine Hemden weg. Selbst bügeln kann ich sie nicht. Ich habe das einmal versucht – an einem Geschirrtuch habe ich das mal üben wollen und habe es nach fünf Minuten, faltig wie es war in die Ecke gefeuert und das Bügeleisen seither nie wieder angerührt. Und meine Süße sieht es zurecht nicht ein, meine Hemden zu bügeln. Allerdings ist es eine Qual für sie, zuzusehen, wie viel Geld ich in der Reinigung lasse. Glücklicherweise fahren wir heute nicht in die City, denn dort lasse ich mich nur allzu gerne zu Frustkäufen verleiten. Das tut immer gut, mit den neu erstandenen Trophäen nach Hause zu kommen. Er hält nicht lange an, der Rausch, aber ein High ist es allemal. Und wenn zugeschlagen wird, dann aber XXL. Einmal wollte ich eine Taschenlampe kaufen, um sie im Auto dann immer parat zu haben. Und weil ich sie im Fernsehen schon immer klasse fand, kaufte ich eine Maglite. Aber nicht die Standardgröße, nein, dann doch gleich das Modell mit den fünf Monozellen. Kollegen sind da einfallsloser. Da sind es ausschließlich PC-Teile, die gekauft werden. Unoriginell, aber zweifellos konstruktiver. Aber letztendlich ist es egal was gekauft wird, Hauptsache es ist teuer, also qualitative Markenware, auf die man sich ruhigen Gewissens verlassen kann.

Zu Hause angekommen rufe ich, während meine Süße den Einkauf in der Küche verstaut, kurz bei unseren Freunden an, um zu sehen, was heute Abend ansteht. Zumindest versucht ich es.

- Oh, Salut. Excuse moi. Encore une fois, oui.

Jetzt ist es mir schon wieder passiert?

- Pierre?

Fragt meine Süße.

- Ja, schon wieder

Schon wieder habe ich es geschafft zu vergessen, dass man zu Hause keine Null für eine Amtsleitung vorwählen muss. Außerdem wähle ich in letzter Zeit jede Nummer mit Vorwahl, auch die am Ort. Und schon wieder habe ich aus diesem Grund die Nummer in Frankreich angerufen, die ich bei diesen Gelegenheiten schon einige Male erreicht habe. Dann meldet sich immer ein Pierre, der sich mittlerweile schon freut, mal wieder aus Deutschland angerufen zu werden. Wenn er meine Stimme hört, weiß er gleich Bescheid. Ich habe ihm das mal mit meinem überschaubaren Französischvokabular erklärt, warum ich immer wieder anrufe, damit er nicht womöglich die Polizei wegen fortgesetzter telefonischer Belästigung einschaltet. Seitdem mag er mich irgendwie. Beim erneuten Versuch komme ich dem Ziel näher, wenn auch ohne den gewünschten Erfolg: keiner da bei den Freunden, sind wohl auch gerade im Einkaufsgetümmel. Nächster Anruf – am Sonntag würde ich gerne mit meinem besten Freund vergangener Zeiten etwas unternehmen. Und da ich sonst schon selten Sport treibe, versuche ich das Nette mit dem Nützlichen zu vereinen und verabrede mich für den Sonntag Mittag zum Radfahren. Andere Sportarten fallen aus Zeitgründen flach. Laufen ginge noch, aber das ist mir zu einsam. Weil es etwas Sportliches ist, kann meine Süße eigentlich auch nichts dagegen haben. Hat sie auch nicht. Zwar vereinnahmt sie mich sonst gerne gänzlich, wenn ich mal da bin, aber für Sport ist immer Platz. Mit dem Radfahren haben wir, der Freund und ich, vor ein paar Monaten angefangen. Junge, das war ein Aha-Erlebnis, mal wieder auf einem Fahrrad zu sitzen. Ich besitze zwar schon eine ganze Weile wieder eines – ein sündhaft teurer Frustkauf mit guten Vorsätzen – aber benutzt hatte ich es bis zu jenem Tag nie. So bestieg ich vor Monaten zum ersten Mal seit meiner Kindheit dieses Fahrrad und mir ist fast schwindlig geworden, weil ich die Perspektive beim Fahren, die ja nichts mit dem mir mittlerweile zur zweiten Natur gewordenen Erleben als Autofahrer gemein hat, nicht mehr gewohnt war. Das hat mich ehrlich schockiert. Ich erinnere mich noch wie ich früher die halsbrecherischsten Abfahrten und Kunststückchen veranstaltet habe. Jetzt fühle ich mich unbeweglich und unsicher auf diesem Vehikel. Puh. Wie die Zeit doch vergeht. An mir vorbei bretterten zwei Mädels, eines fahrend, das andere saß auf dem Gepäckträger und tippte eine SMS in ihr Handy. In meinen Augen war das Akrobatik vom Feinsten. Ab in den Moskauer Staatszirkus mit den beiden. Die Abendplanung und -organisation überlasse ich vielleicht besser sowieso meiner Süßen, denn so manche aus unserem Freundeskreis distanzieren sich zunehmend von mir. Sie sagen ich werde immer arroganter. Das sehe ich nicht ganz so. Das sind genau die Leute, die bei gemeinsamen Unternehmungen immer nur von ihren Problemen vorjammern, ohne auch nur den

Ansatz zu zeigen, an ihrer Situation etwas ändern zu wollen. Anstatt die Sachen anzugehen und zu überlegen, was möglich und angebracht wäre, was etwas Risikobereitschaft für einen Gewinn an Lebensqualität bringen könnte, wird lieber herumgejammert und geklagt. Wenn ich dann meine Meinung zum Thema beisteuere, gibt es regelmäßig Verstimmungen. Ich kann es nicht mehr ignorieren, wenn Menschen sich ihren Problemen so kampflos hingeben und die Folgen dieser Aufgabe an anderen in Form ausgedehnter Jammertiraden auslassen. Gut, dann bin ich eben arrogant. Aus meinen Gedanken reißt mich jäh die Planung für den Nachmittag, die mir meine Süße aus der Küche zuruft. Sie hat einen neuen Schrank für das Wohnzimmer erstanden und der muss jetzt langsam mal aufgebaut werden. Die letzten Wochenenden hatte ich immer noch Ausreden parat, weil mir so was nicht sonderlich viel Spaß macht. Na, dann bauen wir heute mal und putzen danach gemeinsam die Wohnung. So habe ich mir den Samstag nicht vorgestellt. Bin ich das eigentlich noch selbst, der so stramm verplant durch das Wochenende hetzt? Viel lieber hätte ich endlich mal meine Ruhe. Ein wenig Zeit für mich. Niemanden unterhalten müssen, nichts unternehmen müssen, niemandem die Erledigung von irgendetwas schulden.

Es war bereits früher Abend, als wir mit allem fertig wurden. Zwischendurch gab es nur die Pause, in der wir telefonisch den Abend geplant haben. Dieselbe Runde von gestern, aber etwas Ruhigeres ist geplant. Ein Spieleabend? Klasse. Das macht immer Spaß. Da kann man sich wenigstens mal unterhalten und brüllt sich nicht durch den Lärm einer Kneipe Belanglosigkeiten oder Durchhalteparolen ins Ohr. Irgendetwas ist anders dieses Wochenende. Wir haben noch gar nicht darüber gesprochen, was wir mit unserem Sonntag anfangen.

Endlich

Die abendliche Runde war auf ganz eigenartige Weise sehr ernüchternd und so sind wir viel früher als erwartet schon wieder zu Hause. Statt bei angeregter Unterhaltung in einem Bistro fanden wir uns zu einem Heimbesäufnis mit Brettspiel wieder, bei dem nur wieder die alten Storys aufgewärmt wurden. Wann immer ich versuchte ein vernünftiges Gespräch anzuzetteln, driftete es nach

Minuten in die bekannte Phrasendrescherei und Vergangenheitsbeschwörung ab. Meine Freunde sind mir größtenteils wirklich fremd geworden. Sie interessiert es überhaupt nicht, was in meinem Leben los ist, möchten ihrerseits aber auch nichts von sich erzählen. Vielleicht weil ich immer nur alle paar Wochen dabei bin? Muss ich mir Vertrauen und Interesse durch örtliche Anwesenheit verdienen? Meine Süße bemerkte, dass der Abend ziemlich in die Hose zu gehen drohte und wir beschlossen bald nach Hause zu gehen. Etwas ist anders heute. Still ist es. Wir machen es uns auf dem Sofa bequem.

- Wir müssen reden

sagt sie.

- Ich weiß

sage ich.

Glossar

7P-Regel: ‘Proper prior preparation prevents poor piss performance.’ Frei übersetzt: Eine saubere Vorbereitung verhindert eine besch*******, armselige Leistung"

Analyst/Consultant/Senior/Junior/Manager/Director/Partner: Bestandteile von Stellenbezeichnungen in der Beratungsbranche. Der Erzähler befindet sich in einer Struktur, in der der Partner dem Manager und der Manager dem Consultant vorgesetzt ist.

Attachment: An eine E-Mail angehängte Datei.

Backoffice: Die Angestellten einer Unternehmensberatung, die nicht direkt beim Kunden, sondern in der Niederlassung in unterstützenden Funktionen oder Administration tätig sind.

Backup-Folien: Präsentationen werden heutzutage überwiegend mit Hilfe von Computern und Projektoren (Beamer) gehalten. Für den Fall, dass die technischen Gegebenheiten den Einsatz dieser Technologien nicht erlauben, nimmt man als Ersatz dafür die zu präsentierenden Seiten als Folien. Diese können dann mit Hilfe des meist vorhandenen Overhead-Projektors gezeigt werden.

Beamer: Von Beam = Strahl (engl.) Videoprojektor zur Projektion von Filmen bzw. Daten auf eine Leinwand, insbesondere für Präsentationen und Großveranstaltungen.

Billable / Chargable hours: Vom Berater erbrachte Arbeitszeit, die dem Kunden in Rechnung gestellt werden kann.

Briefing: Kurze mündliche oder schriftliche Einweisung (vom engl. ‚brief‘=kurz, bündig).

Casual Friday: Auf Freitage beschränkte gelockerte Kleiderordnung. Häufigste Ausprägung: Weglassen der Krawatte

Corporate Design: Visuelles einheitliches Erscheinungsbild eines Unternehmens, das das Unternehmen nach innen und außen als Einheit erscheinen lassen soll. Es beinhaltet Gestaltungsrichtlinien für das Logo, Schriftarten, Farben etc.

Counterpart: Gegenstück (engl.)

Downgrade: Herabstufung, Rückschritt, Verkleinerung

Flip-Chart: DIN A1 großer Papierblock, der auf einem dafür vorgesehenen Ständer befestigt ist.

Giveaways: Kleine Geschenke, die Beratungsunternehmen ihren Kunden machen

Go / No go: Grundsatzentscheidungen im Projektverlauf, die eine Fortführung oder einen Stopp bewirken

Goodies: siehe Giveaways

G-Shock: Digitaluhrreihe von Casio, die sich durch besonders robuste Gehäuse und Funktionenvielfalt auszeichnet.

Intranet: auf browsertechnologie basierendes firmeninternes Informationssystem

Kick-Off: Auftaktveranstaltung zu Projektbeginn

Lines of Business, Divisions, Regional Office: Bestandteile von Organisationsformen von Unternehmen.

Mounties: Mitglied der berittenen Canadian Mountain Police

Newbie: Neueinsteiger (vom englischen 'new' - neu)

Notebook: Tragbarer Personal Computer; gehört zur Grundausstattung des Beraters

Overhead-Projektor: Leistungsstarker Projektor für transparente beschriftete oder belichtete Folien.

Palm: Handflächengroßer PDA, daher der Name Palm

PDA: Personal Digital Assistant - elektronischer Organizer mit Kalender- und Telefonbuchfunktion.

Recruiting: Personalbeschaffung

Recruitingveranstaltung: Veranstaltung (Messe) auf der Unternehmen mit Bewerbern zusammentreffen

Review: Überprüfung und Bewertung eines Projektes oder eines Mitarbeiters

Silent Agreement: Stille Übereinkunft

Social Event: Arbeitsfremde Veranstaltung mit Kollegen und ggf. Kunden

Staffen: Ein Projekt mit Mitarbeitern besetzen

Steps: Schritte (engl.)

TAE-Dose: Telefonanschluss, an dem man ein Notebook anschliesst – genauer das Modem – um ins Internet zu gelangen.

Task: Aufgabe (engl.)

Templates: Vorlagen aller Art, die nach Bedarf angepasst werden

Time-Sheet: Zeiterfassungsbogen, meist in elektronischer Form

Touchpad: Eingabegerät für den PC, Alternative zur Maus

Triage: Bestandsaufnahme im Notfall.

Nachschlag

Wir danken

Vor allen anderen danken wir unseren Familien, der Gipfeltreffengemeinde, Ingo Sauer, Andrea Sauer, Melanie Sahnau, Martina Krotthammer, den ehemaligen Kollegen und der Konsumgüterindustrie. Weiterhin geht unser Dank an: Cornel Bender, Joern Blanken, Steffi Hemken, Axel Krüger, Serena Meier-Kowolik, Hans-Peter Mohl, Michael Müller, Hajo Pflüger, Achim Reinhold, Tania Ribeiro, Anja Rönnfeld, Stefan Schade, Judith Schemel, Andreas Seitz und allen, die uns in sehr ereignisreichen Zeiten unterstützt und vor allem ertragen haben.

Zum Cover

Du weißt, du bist entweder eine Prostituierte oder ein Berater, wenn:

- Du sehr schräge Arbeitszeiten hast
- Du sehr gut bezahlt wirst, um Deinen Kunden glücklich zu machen.
- Du nicht einmal besonders gut in Deinem Job sein musst.
- Man viel für Dich bezahlt, aber Dein Chef das Meiste für sich behält.
- Du eine enge Beziehung zu Deinen Kollegen entwickelst.
- Du sehr viel Zeit in Hotelzimmern verbringst.
- Deine Schuhe sehr schnell abgenutzt sind.
- Du dafür belohnt wirst, Fantasien in den Köpfen Deiner Kunden zu wecken.
- Es schwer für Dich ist, eine Familie zu haben.
- Der Kunde Dich verhaut, und Du einfach zum nächsten geschickt wirst.
- Dir auf die Frage, womit Du Dein Geld verdienst, keine direkte Antwort einfällt.
- Du morgens zum Kunden gehst und großartig aussiehst – abends beim Heimkommen dagegen furchtbar.

Kontakt

mail@fra-muc-fra.de
http://www.fra-muc-fra.de